Shooting
슈 팅

김기호 저

도서출판 두남

추천의 글

이 수 열 한국축구연구원 원장

우리나라 대표팀 경기를 보면서 팬들이 해설자로부터 가장 많이 듣는 멘트가 있다.

"골 결정력 부족"

경기를 주도하는 것 같은데 왜 골이 안 들어갈까?

경기 중 득점 기회가 없지는 않은 것 같은데 왜 마무리를 짓지 못할까?

정말 우리나라 선수들은 '골'만 넣지 못하는 것일까?

대표팀이 세계적인 강팀과의 경기에서 나쁘지 않은 내용을 선보이고도 결국 승리하지 못하고 돌아올 때 축구 팬이라면 누구나 한번쯤은 이런 생각을 해봤을 것이다.

그렇다면 골 결정력이 뛰어난 세계 수준의 팀과 우리 대표팀의 차이는 무엇일까? 유럽과 남미의 강호들은 득점 기회가 오면 잘 놓치지 않는다. 그리고 잠잠하다가도 필요한 순간에 멋진 슛을 선보이며 경기의 성패를 가른다. 슛의 세기와 정확도 모두 일품이며, 감탄사를 자아낸다.

하지만 그보다 더 눈에 띄는 것은 슛을 하는 공격수의 임펙트 타이밍과 위치, 그리고 침착함이다. 강팀들의 경기를 보면 공격수가 좋은 타이밍에 좋은 위치를 선점하여 자신감 있게 슛을 시도한다. 당연히 골이 나올 확률이 높을 수밖에 없다.

물론 우리나라에도 슛의 세기와 정확도가 수준급인 선수가 적지 않다. 하지만 슛 능력을 보여줄 기회를 잡지 못하면 의미가 없다. 세계 수준의 공격수와 우리나라 공격수의 가장 큰 차이는 바로 이것이다. 세계 수준의 공격수는 공격이 개시되는 시점에 이미 마무리 순간 발생할 수 있는 다양한 가능성과 패턴을 머릿속에 그린다. 반면 우리나라 공격수는 일단 전방까지 전진하고 난 후에야 급히 생각한다. 문전 처리 과정에서 머뭇거림이 많고, 슛 기회가 왔을 때 침착성이 부족한 건 이런 영향이 크다.

왜 그럴까? 브라질 선수들은 아주 어린 시절부터 스스로 상상하는 것을 즐긴다. 상대를 제치기 위해, 슛하여 득점하기 위해 끊임없이 상상하고 상상한 것을 거침없이 펼친다. 실패와 성공을 거듭하는 과정에서 자연스럽게 골을 넣는 비법을 터득한다. 유럽 선수들은 브라질 선수들만큼 상상력이 풍부하지는 않다. 대신 공격 상황에서 발생할 수 있는 모든 가능성을 인지하고 전술적으로 풀어나간다. 유럽의 우수한 지도자들은 과거부터 브라질 공격수들의 번뜩이는 아이디어들을 전술적으로 패턴화시켜 왔다. 선수들은 철저하게 체계화된 프로그램 속에 어떤 순간에도 자연스럽게 패턴을 활용하고 응용할 수 있도록 길러진다.

반면 우리나라는, 냉정히 말하면 위의 둘 중 어느 쪽도 아니다. 한국축구는 기본기에 대한 중요성을 깊이 인지하고 있지만, 정작 그 기본기를 전술화시키는 과정의 세밀함은 아직 떨어지는 편이다. 열심히 기술을 익히고 신체를 탄탄하게 만드는 것도 중요하지만 선수들이 다양한 상황을 머릿속에 그리며 플레이할 수 있도록 여건을 만들어 주는 것이 더 중요하다.

그런 의미에서 이 책은 슛에 통달하고 골 결정력을 높이고자 하는 축구인들에게 좋은 지침서가 될 것이라 기대하고 있다. 슛을 잘할 수 있는 방법뿐만 아니라 슛 기회가 발생할 때 시도할 수 있는 다양한 패턴을 세분화하여 언급하고 있다. 나아가 각 패턴에 대한 연습 방법까지 빠짐없이 제시하고 있다.

이 책에 나와 있는 패턴들을 꼼꼼하게 숙지한 후 필드 위에서 적용해보고 응용해보기 바란다. 상상하는 즐거움과 슛하는 재미를 알아가는 과정에서 자연스럽게 창의적으로 슛 기회를 만들고 능숙하게 골을 넣는 자신을 발견하게 될 것이다.

- 한국축구연구원 원장
- 축구 전술사 1. 남미_브라질,
  한눈에 훑어보는 축구 전략의 역사,
  한눈에 축구의 전략을 읽는다 저자
- 언론학 석사(논문 : 프로축구단 SNS 공식 팬페이지 서비스에 대한 기대가치충족 연구)
- 前 한국축구신문 축구 전술 칼럼니스트

서문

P·R·E·F·A·C·E

어떻게 하면 지금보다 더 잘할 수 있을까?

국가 대표팀의 경기력에 우려를 보내는 이들이 많습니다.
최근의 2 경기를 살펴보면 2017년 6월 8일 02:00(한국시각) 한국은 이라크(FIFA 랭킹 120위)와의 평가전을 득점없이 0:0으로 비겼습니다. 놀랍게도 90분 동안 골문 안으로 향한 유효 슛이 단 하나도 없었습니다.

2017년 6월 14일 04:00(한국시각)에 벌어진 카타르와의 2018 러시아 월드컵 아시아 최종 예선 A조 8차전에서 2:3으로 패했습니다. 1984년 이후 카타르에 당한 첫 패배입니다. 이 경기 여파로 울리 슈틸리케 감독이 경질됐습니다. 2018 러시아 월드컵에 나가도 승점자판기가 될 것으로 예측하는 이들이 적지 않습니다.

역대 한국의 각급 축구대표팀은 아시아권 밖의 수준 있는 팀과의 경기에서 체력과 조직력으로 경기를 풀어나가려고 해왔습니다. 개인 기술 능력이나 상황 판단 능력이 이들에 뒤지기에 어쩔 수 없이 선택한 고육지책이었지요. 그러나 이렇게 해서는 월드컵이나 올림픽 등 중요 국제대회에서 결코 탁월한 성적을 낼 수 없습니다. 주요 대회를 앞두고 대표팀의 골 결정력 부족을 지적받지 않은 적이 몇 번이나 있었던가요? 대표팀의 고질적인 득점력 빈곤이 해결될 기미가 보이는가요?

"어느 학생(선수)이 그 수업을 완료했는지 못했는지를 설명하는 데 있어서 가장 중요한 요인은 교사(감독 코치)에게 달려 있다." (Guskey)는 지적 그대로 교육의 성과를 이야기할 때 교사(감독 코치)의 지도력이 필연적으로 등장합니다.

감독 코치는 알아야 합니다. 득점하기가 매우 쉽다는 걸 하루 빨리 깨달아야 합니다. 선명하게 계획된 슛이 날아올 때 골키퍼가 할 수 있는 일이 거의 없다는 걸 알아차려야 합니다. 그러나 감독 코치에게 영향 받은 선수는 줄기차고도 끈질기게 득점하기가 어렵다고 생각하고 있습니다.

실상은 득점이 어려운 게 아니고 선수 자신의 슛 품질이 조악하기 때문에 득점에 실패하고 있습니다. 경기에서 무득점은 흔히 있을 수 있는 일이고 3골 넣으면 많이 득점했다고 만족합니다. 많이 잘못된 생각이지요. 경기마다 5골 이상 넣어야 관중에 대한 예의입니다. 그 이상도 어렵지 않습니다. 90분이라는 충분한 경기 시간이 있지 않는가요! 놀랍게도 선수가 득점하기 어렵다고 생각하든, 쉽다고 생각하든 그 생각 그대로 됩니다. 골 결정력이 슛 자신감과 비례하기 때문이지요.

"수업의 질은 결코 교사의 질을 능가할 수 없다."는 지적 그대로 골 결정력 역시 결국 감독 코치의 지도력으로 귀결됩니다. 감독 코치의 평생교육(Lifelong Education)이 그 감독 코치의 경쟁력입니다. 이때 책은 가장 강력한 평생교육 수단 중의 하나입니다. 한국은 축구 지식이 빈곤하고 부족한 나라입니다.

한국은 해마다 5만 5천여 권의 신간을 출판하는 세계 7위의 출판대국이지만 매년 한국인이 쓴 축구전문서가 1~2권 있을까 말까 하지요. 외국 축구서적 번역본이 주류를 이루고 있습니다. 거기에다 초판 1,000권 팔리는 축구전문서가 매우 드물지요. 축구서적을 한 번 내었다가 환멸을 느끼고 그후로 축구서적을 출판하지 않기로 결정한 출판사가 한둘이 아닙니다.

2017년 7월 14일 현재 대한축구협회에 등록한 축구팀이 3천365개 팀이고, 감독 코치는 최소 1만 명 이상입니다. 협회에 등록하지 않은 팀과 감독 코치까지 더하면 더욱 많습니다.

이들 중 7%만 구입해도 1,000권을 넘기나 이런 일은 거의 일어나지 않고 있습니다. 선수의 장래를 책임지고 있는 감독 코치가 책을 읽지 않는다면 무엇으로 가르치려고 하는가요?

오히려 축구매니아와 선수 학부모가 구입하는 축구서적이 감독 코치보다 더 많습니다. 서점에서도 찬밥 신세입니다. 축구서적 신간이 잠시 서점 매대에 놓여 있다 서가로 옮겨지고 이어 창고로 퇴출됩니다. 서점과 인터넷서점에서 사라지기 전에 구입해 놓지 않으면 헌책방(또는 인터넷헌책방)을 전전해야 합니다. 이마저도 운이 좋아야 만날 수 있고 대부분 구할 수 없습니다. 지면이 재산인 언론에서도 축구서적 출판은 보도하지 않습니다. 출판계에서 영향력이 거의 없기 때문이지요.

하여 저자 외에는 축구서적이 출간되었다는 걸 아는 이가 거의 없습니다. 기막힌 현실입니다. 일부러 대형서점의 축구 코너에 가서 확인하거나 인터넷서점에서 검색해야 알 수 있습니다.

감독 코치는 공부하여 아는 만큼만 가르칠 수 있습니다. 이러하기에 진정으로 잘 가르치려는 사람은 배움을 게을리 하지 않습니다. 일본은 축구 전문서 종수도 많고 판매도 최소 1만권을 쉽게 넘기지요.

이게 축구서적 집필에 대한 강력한 동기로 작용합니다. 그들이 책을 읽고 공부를 한다는 증거입니다. 국가대표팀을 비롯하여 한국축구가 일본에게 추월당한 건 다 이유가 있습니다. 한국축구는 예나 지금이나 여전히 국제 경쟁력이 없습니다. 유럽에 비해 최소 30년 이상 뒤져 있고 그 격차는 줄어들고 있지 않습니다. 유럽축구의 장점을 벤치마킹조차 못하고 있습니다. 거듭 말하건데 한국은 축구 지식이 부족한 국가로 줄기차게 서비스 적자를 기록하고 있습니다. 왜 이런 일을 계속 반복해야 하는가? 해결 방법이 없는가요?

축구는 상대보다 득점을 많이 하는 팀이 승리합니다.
득점이 축구 경기의 꽃입니다. 득점이 없는 경기를 하는 건 관중과 시청자들에게 대한 배신행위이지요. 경기장을 찾고 싶은 마음을 빼앗아가는 원흉입니다. 그러면 무엇으로 어떻게 골 결정력을 혁신할 수 있는가요?

여러 가지 방법이 있을 것입니다. 그 중의 하나가 슛을 과학적 체계적 통합적으로 알려주는 슛 전문서를 활용하는 것입니다. 이 책은 한국 최초 유일의 슛 전문서입니다. 골 결정력을 배가시키는 정보를 제공하는 것이 이 책의 목적입니다. 압도적인 볼 점유율로 일방적인 경기를 펼치면서 수십 번 슛하고도 득점하지 못하는 경기가 적지 않습니다. 반면에 극단적인 수비 중심의 경기를 하다 기습 한 방으로 1 : 0으로 이기는 경기도 많습니다. 결국은 골 결정력입니다. 슛하지 않으면 득점이 없고 슛 중에서도 위협적인 유효슛만이 득점을 만들어냅니다.

그러나 현실은 어떠한가요?
A팀과 각급 대표 선수와 K리거는 한국 최고 수준의 선수들입니다.
그러나 이들의 골 결정력이 평범합니다. 초·중·고·대학 실업팀은 말할 필요조차 없습니다. 상대팀들의 수비 조직력이 현저하게 탁월하여 이런 결과가 생기는가요? 아닙니다. 그러면 골키퍼가 뛰어나서 그러한가요? 이 역시 아닙니다. 한국이 배출한 세계적인 골키퍼가 있는가요? 선수는 매 경기마다 슛을 합니다. 그러나 슛에 대한 자기 자신만의 철학과 스포츠물리학 그리고 경쟁력있는 슛 노하우를 가지고 슛하는 선수가 몇 명이나 있는지 궁금합니다. 그냥 감으로, 경험으로 슛하고 있지 않는가요? 그 결과 어처구니 없는 슛이 쏟아지고 관중과 시청자들을 탄식하게 합니다. K리그에 관중이 적은 건 득점수와 깊은 관련이 있습니다.

저는 한국 축구계의 무명소졸입니다.
아직 제도권 축구계에 한 번도 등장하지 못한 어중이떠중이입니다.

한국축구를 위해 이루어 놓은 업적도 없습니다. 기껏해야 축구전문서 8권을 출간했을 뿐입니다. 이런 사람이 이 책을 썼다는 건 요행이요 행운이 아닐 수 없습니다.

자기 자신에 대해 조금은 알고 있습니다. 탁월성과는 거리가 먼 평범한 사람입니다. 그러나 축구 공부는 세계의 그 누구에게도 뒤지지 않아야한다고 생각하고 힘써 노력하고 있습니다. 축구에서 이루고자 하는 목표는 원대합니다. 크고 가치 있으며 대담한 계획을 가지고 있습니다.

빈약하고 둔한 머리로 책을 쓰면서 생각이 떠오르지 않을 때마다 머리카락에 쥐가 났고 이윽고 원고를 탈고할 즈음에는 전보다 머리카락이 더 하얗게 되었습니다.

올해는 한국축구 136년(1882~2017)이 되고 대한축구협회 창립 69주년이 됩니다. 이 오랜 기간 한국축구계에 세계에 앞서 있는 혁신이 하나라도 있었던가요? 대한축구협회와 각급 축구대표팀, 프로축구연맹과 22개 프로축구단, 17개 시·도 협회, 협회 등록된 모든 팀들, 선수 감독 코치 학부모가 축구에 투입하는 시간 돈 노력에 비해 산출되는 결과물이 지나치게 졸렬합니다. 그동안 배출한 월드 클래스 선수가 단 한 명이라도 있었는가요? 월드 클래스의 재능은 즐비했습니다.

1983년 5월 8일 K리그 출범 이후 지금까지 프로구단이 줄기차게 적자행진을 해오고 있는 이유는 무엇이며 해결 방법이 없는가요? 역대 A팀 감독을 역임하고 지금도 축구계에서 온갖 대접과 영화를 누리고 있는 분들이 어떤 생각을 가지고 있을까요?

"나는 한때 대표팀 감독으로서 한국 축구 발전에 큰 공헌을 했다. 축구 지도력도 최정상급이며 제자들이 무수히 축구계에서 활동하고 있다. 사람들은 나의 축구 이력에 존경을 보내고 있다. 나는 한국 축구계의 지대한 공로자야!"

이와 달리 또 하나의 입장이 있을 수 있을 것입니다.

“나는 그 당시 대표팀 감독을 지냈다. 그러나 한국 축구 성장에 조금이나마 도움이 되었던가? 대표팀 운영에 대한 시스템을 하나도 남겨주지 못했다. 더 잘할 수 있었는데 그렇게 밖에 하지 못한 점을 깊이 반성한다. 한국축구가 여전히 유럽보다 30년 이상 뒤지고 있다. 국가대표팀 감독을 지낸 나의 책임을 통감한다. 고요히 생각해보면 난 한국축구에서 대접받기만 했을 뿐 해 놓은 게 없어. 죄송한 마음 가득하다.”

이전과는 현저하게 다른 현실을 만들어내어야 하는 과제가 한국 축구인들에게 주어져 있습니다. 한국을 축구 선수 대비 세계 최대의 프로선수 수출국으로 만들어야 합니다. 그리하여 매년 수십조 원의 수익을 올려 한국경제에 기여하면 나쁠 게 없습니다.

해마다 월드 클래스 선수를 배출해야 합니다. 왜 스페인 독일 등지로 축구 유학 가야 하나요? 세계 축구 강국의 선수, 지도자, 피지컬 트레이너, 마케팅 전문가, 행정가들이 한국으로 유학오도록 해야 합니다.

한국을 세계 축구의 중심으로 만들어야 합니다. 생활축구에서 세계의 모범이 되면 축구의 저변 확대, 관중석 점유율, 우수 선수 조기 발굴이 저절로 이루어질 것이다. 프로구단 흑자 경영을 이루어 내어야 하지요. 이 외에도 많이 있습니다. 1983년 5월 8일 K리그 출범 이후 어느 프로구단도 못하고 있습니다. 이게 어려운가요? 아닙니다. 쉬운 일입니다.

이제 책 속으로 걸어들어가 볼까요? 이 책은 모두 6부로 이루어져 있습니다. ‘제1부 슛에 대한 이해’는 34편의 글을 담고 있습니다. 슛이 무엇이며 어떻게 해야 골 결정력을 높일 수 있는지 구체적인 방안을 알려주고 있습니다. 감독 코치는 슛의 실체를 밝게 알고 슛을 선수에게 가르쳐야 합니다. 선수는 슛이 무엇인지 적확하게 알고 자신만의 슛 노하우를 가지고 슛해야 득점력에 혁명을 일으킬 수 있습니다.

‘제2부 메시와 호날두 슛의 차이점’에서는 현재 최고의 골잡이인 두 선수의 슛의 차별성을 소개하고 있습니다. ‘제3부 팀(개인) 연습과 슛 연습

시 반드시 지켜야할 원칙'에서는 연습 효과를 배가시킬 수 있는 여러 가지 방안을 소개하고 있습니다. 실행하면 전과는 다른 효과를 절감하게 됩니다. '제4부 코칭 예시 : 인스텝슛'에서는 '인스텝슛'이라는 주제를 선수에게 어떻게 전달하는지를 자세히 보여줍니다. '제5부 슛 연습 방법'에서는 말 그대로 100여 가지의 슛 연습 방법을 그림과 해설로 제시하고 있습니다. 슛 패턴별로 나누어 상황을 단순화시켜 알려주며 파급력과 확장력이 보다 큰 슛 연습 방법을 선정하기 위해 노력했습니다. 제1부와 제5부가 이 책의 핵심 부분입니다.

프로축구 선수가 되려고 결정한 선수는 이 책을 반드시 읽어야할 첫 번째 사람들입니다. 가능한 빨리 읽고 연습하고 마스터하여 세계의 경쟁자보다 더 빨리 경기에서 활용하기를 기대합니다. 그리하여 경기마다 최고 득점자, 대회마다 득점왕을 목표로 하고 성취하세요.

감독 코치에게도 필수적인 책입니다. 슛 지도에 두고두고 텍스트로 활용할 수 있습니다. 자녀의 성공을 그 누구보다 염원하는 선수 부모는 이 책을 참고하여 자녀에게 슛을 직접 가르칠 수 있습니다.

이외에도 감독 코치 지망생, 축구매니아, 조기축구회원, 대학의 축구학과 교수와 학생, 이외 여러 축구 관계자들이 요긴하게 활용하기를 희망합니다. 이 책을 읽고 활용하는 모두가 득점력을 배가하려는 뜻을 달성하기를 기원드리며 감사의 마음을 전합니다.

'지식의 사회성'은 언제 어디서나 누구에게나 그대로 적용됩니다.
이 책 내용 중 저자가 창조한 지식은 하나도 없습니다. 정리했을 뿐입니다. 그동안 읽은 책, 월간지, 논문, 신문, 부정기간행물, 축구카페와 블로그의 정보에 힘입은 바 큽니다. 인용한 자료는 그 페이지에 출처를 모두 밝혀 놓았습니다. 축구에 밝은 분들과의 대화도 요긴하게 도움이 되었습니다.

'제2부 메시와 호날두 슛의 차이점'에서는 강경훈 선생님이 많이 도와주셨습니다. 감사드립니다. 이수열 한국축구연구원 원장님의 구체적인 조언도 책의 완성도를 높이는데 크게 기여했습니다. 김문기 코치님과 서정빈 코치님과의 대화는 책쓰기에 대한 영감을 길어 올리고 집필 추진력을 성큼 높여 주었지요. 인터넷에서 만나는 문홍 감독님의 축구 동영상 강의도 매우 요긴하게 활용했습다. 김태열 마포신북클럽 총감독님의 브라질 경험담을 듣고 탁월한 드리블 지도를 보면서 동기부여를 받곤 합니다. 곽기주 보경기획 실장님이 선명한 솜씨로 책 속의 그림과 도해를 그려 주어 책의 완성도와 가독성을 성큼 높여 주었습니다.

출판을 결정하고 원고를 책으로 완성한 두남출판사의 전두표 사장님, 실무를 정확하게 그리고 추진력 있게 풀어나가는 이승구 상무님, 원고를 편집한 박소희 과장님에게 깊은 감사의 마음을 전합니다. 태양같은 열정으로 날마다 괄목상대 일취월장하는 박서준 선수(표지 사진)가 하루 속히 세계적인 선수로 성장하기를 기대하며, 표지 사진을 제공한 박용호 선생님에게 거듭 고마운 마음을 전합니다. 이제 이 책의 출간에 심부름을 하였으니 다시 주제를 정하여 또 하나의 책쓰기에 도구로 쓰임받기를 소망합니다.

지금까지의 이야기와는 다른, 그 무엇보다 중요하고 반드시 알고 실천해야할 과제를 함께 나누고자 합니다. 안타깝게도 너무나 많은 분들이 동의하지 않을 것입니다. 그렇다고 여기는 분들은 소수일 것으로 예측됩니다. 그러나 이건 인간의 판단과 선택에 영향받지 않는 우주의 섭리입니다. 진리는 다수결로 결정되지 않습니다.

축구선수는 왜 축구를 할까요? 선수마다 다르겠지만 "세계적인 선수가 되면 돈을 많이 번다. 인기도 최고다. 어디서나 좋은 대접을 받는다. 나 자신을 자랑하고 드러낼 수 있다." 등 이런 이유에서 크게 벗어나지 않을 것입니다.

다시 질문드립니다. 축구선수는 왜 축구를 할까요? 선수마다 이런 저런 이유를 말하지만 누구도 부정할 수 없는 이유는 "몸이 있기 때문에 축구를 합니다." 코치 감독도 그러합니다. 세상 떠난 후에는 축구를 할 수 있나요?

사람에게는 3가지 생명이 있습니다. 세 번째 생명이 '돈'입니다. 두 번째는 몸입니다. 세 번째는 가장 중요하고 오직 유일한 생명인 영혼입니다. 돈은 사람에게 무엇일까요? 돈은 몸을 위해 사용되고 몸은 곧 욕망입니다.

돈은 양날의 칼과 같습니다. 정당하게 벌어 어려운 이웃(고아, 과부, 독거노인, 병자, 외국인 등)에게 무제한의 구제를 할 때만 돈은 아름답고 장엄하며 거룩합니다. 그렇지 않으면 돈은 자기 자신의 영혼을 파멸시키는 올무가 될 뿐입니다. 돈은 '현대판 神'이 되어 뭇 사람들에게 경배받고 있습니다. 부정한 방법으로 지나치게 돈을 사랑하는 사람들로 인해 온갖 죄악과 범죄로 넘쳐나고 있습니다. 축구계도 예외는 아닙니다.

매월 얼마를 기부하고 있나요? 전혀 하지 않는 분은 기부를 시작하고 하시는 분은 지금보다 더 하기를 권유드립니다. 거의 대부분 자신의 수중에 있는 돈은 일견 자기 자신의 것으로 생각하고 있습니다. 이런 분들은 돈을 자기 자신과 가족만을 위해 사용합니다.

돈은 자기 자신의 소유가 아니고 신(神)이 올바르게 관리하고 활용하라고 맡겨주신 것입니다. 돈은 결코 자신의 것이 아닙니다. 돈은 소유가 아니라 존재입니다. 이러하기에 정당하게 벌어 이웃에게 무제한의 구제를 해야 하고, 돈이 아무리 많아도 검소하게 생활하며, 부지런히 일해야 합니다.

자신의 것이 아니라 맡아 관리하는 돈을 자신의 욕망 충족에만 사용해 버리면 훗날 자신의 영혼이 그 엄하고 중한 책임을 져야 합니다. "신(神)이 세상에 거지를 둔 것은 부자를 시험하기 위해서다." 라는 말을 스쳐 지나가 버릴 수도, 깊이 명심할 수도 있습니다.

필리핀의 영부인이었던 마르코스 이멜다는 구두를 무려 3천 켤레 소유했습니다. 청나라 말기 귀족들은 연일 산해진미 파티를 열었고, 더 먹을 수 없으면 거위털을 목구멍에 넣고 토한 후 다시 먹었습니다. 당시 상하이에는 굶어 죽은 어린아이 시신이 9만 구 이상이 버려져 있었는데, 중국 어디서나 이런 상황이었지요. 민중들은 죽음보다 차가운 분노를 품고 있었으며, 청나라는 망할 수밖에 없었습니다.

손흥식씨(광주광역시)는 728회의 헌혈로 한국기록이며 신장 하나와 간 1/2을 장기 기증했습니다. 회사원 고영씨는 2007년부터 연봉의 80%를 털어 어려운 곳에 기부하고 있지요. 로버트 도허티(잉글랜드)는 지금까지 1조 5,600억 원을 기부했습니다. 그가 돈버는 이유는 이웃을 돕기 위해서라고 합니다. 이처럼 돈에 대한 철학의 차이는 극명하게 다른 행동으로 나타납니다.

두 번째 생명이 몸입니다. 몸은 돈보다 더 소중합니다. 몸이 아플 때 돈 아끼려고 치료받지 않는 사람 있나요? 몸은 실로 소중합니다. 그 이유는 무엇일까요? 축구를 잘하기 위해서, 병원에 입원하지 않고 건강하게 살기 위해서, 몸이 건강해야 사업 공부 업무 등에서 자신의 의지대로 할 수 있으므로 몸은 소중합니다. 그러나 몸이 소중한 가장 큰 이유는 이것입니다. 몸이 살아 있을 때에만 영적(靈的) 전쟁에서 이길 수 있는 기회가 있기 때문입니다. 몸의 사망 이후에는 그 어떤 기회도 없습니다. 살아 있을 때에만 기회가 있습니다. 영적 전쟁에서 패배한 후 사망한 인생만큼 불쌍한 인생은 없습니다. 그런 사람이 세상에서 누린 권력, 돈, 명예, 이런 건 아무 의미도, 어떤 가치도, 조금의 소용도 없습니다. 그런 사람들은 애초부터 태어나지 않았으면 더 좋았을 인생들이었습니다. 왜 그러한지 아시나요?

일찌기 조나단 에드워드는 "사람이 지옥의 실체를 안다면 함부로 살 사람이 하나도 없을 것이다."라고 하였습니다. 이 세계를 유튜브에서 확인할 수도 있습니다.

가장 중요한 생명이 영혼(靈魂)입니다. 유일하며 영원한 생명이지요. 돈과 몸은 한시적이기에 진정한 생명이 아닙니다. 영혼은 몸 안에 거주합니다. 몸이 죽으면 영혼은 몸을 빠져 나옵니다. 이 영혼은 몸처럼 보고 듣고 말하고 냄새 맡고 느끼는 기능을 그대로 가지고 있습니다. 오히려 몸보다 더 섬세하고 더 선명하게 더 생생하게 느끼고 반응합니다.

고통을 느끼는 면에서도 그러합니다. 영혼은 불멸입니다. 영혼은 죽을 수도 자살할 수도 없습니다. 두렵고 떨리는 일입니다. 몸이 태어났으니 살아갈 수밖에 없습니다. 그러면 인생에서 가장 중요한 일이 무엇일까요? 자신의 영혼이 영적 전쟁에서 승리하여 영적 평강을 누리는 일입니다. 이보다 더 중요한 일은 이 세상 어디에도 없습니다. "천하를 얻고도 몸을 잃으면 무슨 소용이 있는가?"라는 말보다 "천하를 얻고도 자신의 영혼을 구원받지 못하면 무슨 소용이 있는가?"가 정확한 표현입니다.

영적 전쟁에서 실패하면 초강대국의 대통령도, 세계 최고의 부자도, 월드컵축구 우승도, 올해의 축구선수도, 하버드대의 총장도, 지상에서 가장 인기 높은 가수 영화배우도 그리고 그 어떤 부귀영화도 아무 소용이 없습니다. 세상에서 가장 위험한 일이 영적 무지입니다. 영혼은 죽지 않고 영원히 존재합니다. 몸은 길어야 100년입니다.

몸이 이 세상에서 사는 100년은 영원 속에서 '순간(눈을 한번 감았다 뜨는 사이의 시간)'보다 더 짧은 아무 것도 아닌 시간입니다. 영원히 살 것처럼 온갖 세상의 것을 탐하며 부정부패를 저지르는 인생만큼 영적으로 위험한 건 없습니다. 축구선수가 프로선수가 되지 못할 수도, 선수로 실패할 수도 있습니다. 그러나 인생에서는 절대로 절대로 실패해서는 안됩니다. 몸이 살아가는 인생에서도 축구는 전체가 아닌 한 부분일 뿐이며 영혼의 세계에서는 더욱 그러합니다. 자신의 영혼이 평강을 누리도록 몸이 구별되고 거룩한 생활을 하여야 합니다. 인생의 목적은 행복(몸의 욕망 충족)이 아니라 거룩(영혼의 평안)입니다!

축구는 소중합니다. 그러나 영혼의 평강에 비하면 아무 것도 아닙니다. 구별된 삶을 살아 축구에서도, 영적 전쟁에서도 승리하기를 소망합니다.

무엇보다 자신의 힘으로, 가지고 있는 돈으로 살아가고자 했고, 삶의 의미도 모르고 영적으로 무지하고 초라했던 저자에게 값없이 따뜻한 햇볕과 신선한 공기를 주신 신(神)의 은혜에 무한 감사를 올립니다. 지구에 비가 오지 않으면, 햇볕이 비치지 않으면 돈 아무리 많아도 인류가 살아갈 수 있나요? 현재의 지구 공전 궤도가 태양에 조금 더 가깝거나 멀어지면 인류를 비롯한 지구 생명체가 모두 타죽거나 얼어 죽게 됩니다. 이걸 사람이 만들었나요?

그저 고맙고 감사할 뿐입니다. 자고 나면 날마다 24시간을 지갑에 촘촘히 넣어주시고 의지할 것 하나 없는 너무나 부족한 사람이 언제나 소망으로 살아가게 하여 주시는 신(神)에게 무한 감사드립니다. 자신이 아무 것도 아니라는 걸 한시라도 잊지 않게 하여 주시고 바닥까지 낮아져 주께 하듯 사람을 섬기며 힘써 사랑하게 하여 주시옵기를 간구드리옵니다. 자신이 주인공이 아니라는 걸 항상 자각하여 사람들의 종으로, 청지기로, 심부름꾼으로 세상을 걸어가게 하여 주시옵소서. 세상 사람들 모두가 영적 전쟁에서 승리하기를 기원드립니다. 인간이 절대로 자신의 힘(돈)으로 살아갈 수 없고 더없이 연약한 존재라는 걸 알게 해주신 신(神)의 은혜에 한없는 감사와 영광을 올립니다.

2017년 8월 23일
고요하고 온화한 땅 용성에서
저자 김 기 호

차 례

C·O·N·T·E·N·T·S

Part I

슛에 대한 이해

1 논스톱 슛을 하라!

경기의 목적이 승리다. 득점의 다수로 승패를 가린다.

1,000골 이상 득점한 전설적인 슈터 루이스 아르티메의 지적 그대로 "슛하지 않으면 득점은 없다." 그러면 어떤 슛을 해야 하나?
득점 확률이 가장 높은 슛을 해야 한다. 그것은 논스톱 슛이다.
왜 그런가?

몇 가지 기록(통계)를 살펴보자.
논스톱 슛을 단 한 번의 터치도 없이 곧바로 슈팅하는 것으로 정의하면 유로 2004에서는 전체 77골 가운데 논스톱 슈팅에 의한 득점이 44골이었다. 54.5%다. 유로 2008에서는 준결승전을 앞둔 6월 25일 현재 68골 가운데 51골이 논스톱 슈팅에 의해 나왔다. 75%에 이른다. 페널티킥과 프리킥에 의한 득점을 포함하면 유로 2008에서 터진 거의 모든 골이 논스톱 슈팅으로 기록됐다고 해도 지나치지 않다.

'세계 축구의 중심' 유럽의 슈팅 타이밍이 갈수록 빨라지고 있는 가운데 한국축구는 이와는 동떨어진 움직임을 보여 우려를 사고 있다. 한국대표팀은 2007년 2월 6일 영국 런던에서 치른 그리스전 이후 A매치에서 8승 8무 4패를 기록하고 있다. 20경기에서 39골을 넣었고 17골을 내줬다. 39골 가운데 논스톱 슈팅에 의한 득점은 17골이다. 44% 수준이다. 80%에 가까운 유럽축구와 비교하면 차이가 크다.

허정무 감독이 이끄는 대표팀은 논스톱 슈팅에 의한 골이 더욱 적다. 한국 공격수들은 슈팅 기회에서는 습관적으로 볼을 끌다가 상대 수비수에게 볼을 빼앗기거나 슈팅 타이밍을 놓치기 일쑤다. 공격수만의 문제도 아니다. 미드필더나 수비진영에서 패스가 한 박자씩 늦게 들어가다 보니 공격수들은 한정된 공간에서 상대적으로 많은 수비수와 다툼을 벌여야 한다. 슈팅 기회를 잡지 못한 공격수들이 해법을 찾지 못해 볼을 끄는 답답한 축구가 반복된다. 대표팀 미드필더 김두현(웨스트브롬위치)은 SPORTS 2.0과의 인터뷰를 통해 "사람은 늦어도 볼은 빨리 돌아야 하는데 아직은 잘 안 되고 있는 게 사실"이라고 말했다.

– SPORTS 2.0 2008년 6월호 p.32 / 김덕중 기자

또 하나의 분석에서는 슈팅하기 직전 4회 이상 터치하면 득점 가능성이 8% 아래로 떨어진다고 한다.

논스톱 슈팅이 68.2%, 투 터치 슈팅이 20.5%였다.

3회 이상 볼 터치하면 부상 가능성도 성큼 높아진다고 한다.

2014 K리그의 경우 슈팅 수, 유효 슈팅과 득점 비율을 산출해보면 전체 슈팅 수는 4,907개로 경기당 21.25개를 기록하여 9.8개의 슈팅 당 한 골을 기록하였다. 유효슈팅은 2,263개로 경기당 9.93개를 기록하여 4.5개 유효슈팅 당 한 골을 기록하였다. 즉, 한 경기에 10개 정도 슈팅에 한 골, 또는 유효슈팅 5개 중 한 골을 득점한 것이다.

– 12가지 코드로 읽는 대한민국 축구 / 김용진 외 / 나무와 숲 / 2016. 4. 15 / pp.179~180

선수는 같은 순서로 반응한다. 눈으로 보고 머리로 판단하고 선택한 후 몸으로 행동한다. 이 과정이 적확하고 빠를수록 최적의 행동을 할 개연성도 높아진다.

논스톱 슛의 특징이 즉시성과 의외성이다. 발리슛이나 헤딩슛은 더욱 그렇다. 빨리 슛 할수록 슛이 어디로 올지 예측하기 힘들어져 골키퍼가 슛의 비행 방향을 보고 반응하기(움직이기) 전에 골인되는 경우가 속출한다. GK마다 개인차가 있지만 슛에 반응하는 시간(출발시간)은 평균 0.55초다. 행동하는 시간(도착시간)은 이보다 더 늦다.

여기서 잠시 출발시간과 도착시간에 대해 알아보자.
가령, 100m 달리기에서 출발시간이란 출발신호인 총소리를 귀로 듣고 뇌가 명령을 내려 첫 발을 떼기 직전까지의 시간을 말한다. 도착시간이란 첫 발을 뗀 후 100m 지점을 통과하는 순간까지의 시간을 말한다. 우사인 볼트는 출발시간은 경쟁자보다 늦으나 도착시간이 빨라 1위로 골인한다. 근육(특히 달릴 때 폭발적인 파워를 내는 대요근)과 발목 힘이 강하기 때문이라고 한다.

그런데 논스톱 슛이 생각보다 그리 쉽지 않다. 선수 본인이 이걸 실감하고 있다. 볼의 이동 스피드가 빠를수록 더욱 그러하다. 정확한 임팩트가 어려워지기 때문이다. 잔디 위를 굴러가는 볼보다 비행하는 볼이 더 어려운 건 이런 이유에서다. 여기에다 수비수의 방해와 압박을 이겨 내야 한다.

논스톱으로 슛해도 골문을 벗어나거나 골키퍼에게 안기는 슛으로는 득점할 수 없다. 위협적인 유효 슛만이 득점 가능성을 결정적으로 높인다. 하지만 이런 슛은 경기 중 몇 번 나오지 않고 있는 실정이다. 대표팀에서도 K리그에서도 ……

여기에서 정확성, 즉 볼에 대한 정확한 임팩트가 핵심이라는 걸 알게 된다. 고도의 물체(볼)추적시력이 요구된다. 움직이는 물체(볼)의 중심을 세밀하게 추적하면서 정확하게 임팩트하는 능력이 득점의 성패를 좌우한다. 축구에서 정확성이란 임팩트의 정확성이다. 지금보다 득점력을 배가시키기 위해 무엇을 어떻게 할 것인가?

질 문

1. 현재 나의 논스톱 슛 수준이 어느 정도인가?
2. 물체추적시력 향상 방안을 가지고 있는가?
3. 지금까지의 슛 중 논스톱 슛 성공 경험을 계속 그리고 효과적으로 활용하고 있는가?

2 투 터치 슛을 완전정복하라!

2012년 8월 8일 런던올림픽 축구 준결승전 한국 대 브라질전.

후반 12분 레안드로 다미앙이 페널티 박스 안 왼쪽 터치라인 가까이에서 골문 중앙으로 대각선으로 빠져나오는 땅볼 패스를 오른발 인사이드로 방향을 바꾸어 놓자마자 즉시 슛, 골인시켰다. 순간에 종료된 슛이라 골키퍼는 어떤 반응도 하지 못했다. 투 터치 슛의 정수를 보여주는 한 장면이었다.

2002 월드컵 한국 VS 포르투갈 (2002.6.14 밤 8시 30분 인천문학경기장).

후반 25분 포르투갈 진영을 밀고 올라간 이영표는 날카로운 센터링을 포르투갈 골문 앞으로 깊숙하게 날려 보냈다. 그곳에는 박지성이 있었다.

콘세이상을 앞에 두고 박지성은 그 볼을 가슴으로 살짝 받아 오른발로 툭 차서 띄어 콘세이상의 움직임을 흐트러뜨린 뒤 왼발로 강슛을 성공시켰다. "지성이가 반대쪽으로 들어가는 것을 보고 길게 띄었는데 다행히 잘 맞아 떨어졌다."고 경기가 끝난 뒤 이영표는 말했다.

– TV도 잡지 못한 2002 월드컵 드라마 / 고두현 지음 / 지문사 / 2002.11.20 / 12,000원 / p.58

경기 중 투 터치 슛을 해야 할 때는 어느 상황인가?

너무나 많다. 수시로 발생한다.

1) 등을 상대 문전으로 향해 있으면서 볼을 받을 때

2) 수비의 근접 압박으로 슛할 수 있는 공간이 나지 않을 때
3) 슛 각도가 나오지 않을 때
4) 몸의 균형이 흐트러져 한 번에 슛을 쏘기 어려울 때
5) 동료가 정확하지 못한 패스를 낼 때

물론 논스톱 슛이 가장 좋다.

그러나 위와 같은 요인으로 한 번에 슛할 수 없는, 즉 '투 터치 슛'을 해야 하는 상황이 자주 일어난다. 이걸 제대로 해내느냐 여부에 따라 공격수의 값어치가 달라진다. 필드 플레이어는 누구나 투 터치 슛을 마스터해두어야 한다. 그렇지 못하면 슛 기회를 만들지 못하는 어려움을 계속 겪게 된다. 감독 코치는 상황별 슛 연습(패턴 연습) 시 반드시 투 터치 슛을 가르쳐야 한다.

볼이 선수의 활동 범위 안에 있는 한 어느 누구라도 연습을 통하여 투 터치 슛(세컨드 터치 슛)을 실행할 수 있는 기량을 익힐 수 있다.

투 터치 슛 연습이 주는 효과는 매우 크고도 지속적이다.

이 연습은 투 터치 슛 능력을 개발시켜줄 뿐만 아니라 선수 자신이 전혀 가망이 없다고 판단되는 명백한 상황이라도 곧바로 자신에게 유리하도록 바꿀 수 있다는 사고방식을 심어주기까지 한다. 익혀두면 선수는 계속 자기 자신의 득점 무기로 사용할 수 있게 된다.

여기서 세밀하게 주목해야 할 점이 있다. 투 터치 슛의 성패 여부는 첫 터치의 정확성에 달려 있다는 사실이다. 즉, 볼 컨트롤 능력이 등장하는 것이다. 첫 터치를 2차 동작(그 후의 슛)을 쉽게 할 수 있도록 최적의 상황으로 만드는 능력이다. 경기 중 첫 터치의 중요성을 아무리 아무리 강조해도 조금도 지나치지 않다. 투 터치 슛을 만드는 상황은 다양하지만 크게 8가지 유형으로 분류할 수 있다.

아래는 잔디 위를 굴러가는 볼과 공중 볼을 모두 포함하고 있다.

1) 땅볼 패스를 공중으로 들어올리기

2) 방향 전환

3) 공중 볼 옮기기

4) 두 수비 사이로 볼 이동

5) 상대 수비의 키 넘기기

6) 상대 수비 좌우로 볼 이동하기

7) 상대 수비를 돌아 나가기

8) 오프 사이드 순간 침투 후 가슴으로 볼 컨트롤

경기 중 누구는 능숙하게 투 터치 슛으로 득점을 올린다. 또 누구는 둔탁한 첫 터치로 슛 기회조차 만들지 못한다.

질 문

1. 현재 나의 투 터치 슛 능력이 어느 정도이며 세계 경쟁력이 있는가?
2. 선수 여러분의 팀은 슛 연습 시 상황별 투 터치 슛(패턴 연습)을 하고 있는가?

3 딛는 발의 방향이 슛의 비행 방향이다

2016~2017 시즌 유럽챔피언스리그 8강 2차전 바르셀로나 vs 유벤투스. 전반 18분 조르디 알바의 패스를 받아 메시가 페널티 마크에서 슛, 볼이 오른쪽 골포스트 밖으로 벗어났다. 이 경기에서 바르셀로나는 12번 슛했는데 메시가 7번, 네이마르가 3회, 이니에스타가 1회, 로베르토가 1번 슛했다.

이 중 유효 슛은 전반에 딱 1번(메시) 나왔으나 위협적이지는 못했다. 11번의 슛이 골문 밖으로 향했다. 세계 초일류팀의 슛 품질이 이럴 때도 있고 결과는 합계 득점 0 : 3으로 바르셀로나가 탈락했다.

슛이 휘고 비틀리는 건 크게 2종류다. 좌우로, 위 아래로 휘어 들어오는 것이다. 일반적으로 인스텝슛이나 인사이드 슛은 좌우로 거의 휘지 않는다. 이와 같은 슛은 딛는 발의 방향이 곧 볼의 비행 방향이다.

슛하는 선수의 두 발은 그 선수의 것이다. 남의 발이 아니다. 자신의 한 발을 슛하는 방향으로 딛으면 되는 것이다. 골문의 폭이 7.32m이니 이 범위 안에서 목표로 한 방향으로 딛으면 된다. 단, 골포스트를 향하면 안된다. 골포스를 맞고 들어갈 수도 있고 튕겨 나올 수도 있기 때문이다.

특히 원정경기에서는 주의해야 한다. 골포스트와 크로스바가 홈팀의 수비 역할을 할 개연성이 있다. 슛하는 방향으로 딛기, 너무나 쉽다고 생각들지 않는가?

딛는 발의 방향이 슛의 비행방향이다. 누구나 알고 있는 상식이다. 그런데 경기 중 너무 많은 슛이 골포스트 밖으로 벗어난다. 터치 라인을 깊숙히 파고든 윙어가 골문 중앙으로 빠른 대각선 땅볼 크로스를 내면 쇄도하던 공격수가 슛한다. 많은 경우 볼이 양쪽 골포스트 밖으로 벗어난다.

왜 그런가? 선수는 그 이유를 알고 있는가? 딛는 발이 골문 밖으로 향해 있어서다. 움직이는 볼을 보고 뛰어드는 게 아니라 몸의 중심이, 즉 가슴이 골문을 향해 쇄도하면 자연스럽게 딛는 발을 양쪽 골포스트 사이에 두게 된다.

경기를 보면 골문 밖으로 난사하는 어처구니없는 슛을 수시로 보게 된다. 해결 방법이 있나? 그렇다. 너무나 간단하다. 몇 가지 간단한 연습으로 바로 고칠 수 있다. 많이 있지만 한정된 지면이기에 두 가지만 제시한다.

1) 볼없이 드리블하다 슛하기

2인 1조(공격수와 골키퍼). 경기 중 공격수와 골키퍼가 마주친 1 : 1 상황으로 가정하고 연습한다. 골키퍼는 공격수를 주시하면서 한쪽 골포스트에서 다른 쪽 골포스트로 천천히 왔다갔다 이동한다. 페널티 아크에서 공격수가 볼없이 지그재그로 45도 각도로 움직이면서 골키퍼가 없는 방향으로 슛하는 동작을 한다. 감이 올 때까지, 딛는 발을 자유자재로 딛을 수 있을 때까지 연습한다. 10분 안팎이면 충분할 것 같다.

2) 반원패스

2인 1조. A가 센터서클의 가운데 점에 서서 논스톱으로 인사이드 패스를 낸다. B는 A에서 7m 떨어진 거리를 유지하면서 중앙선까지 좌우로 달리면서 A의 패스를 인스텝킥으로 한 번에 돌려준다.

이 연습의 목표는 딛는 발을 정확하게 딛는 것이다.
A가 논스톱으로 인스텝킥으로 B에게 볼을 돌려줄 때 딛는 발이 정확하게 B에게 향해 있어야 한다. 패스내고 돌려주는 스피드는 익숙해지는 만큼 점점 빠르게 한다.

이 두 가지만 마스터해도 월드컵 결승전이나 유럽챔피언스 결승전에서 얼마든지 골문 밖으로 나가지 않는 유효 슛을 마구마구 쏠 수 있다. 선수들이 미친듯이 달리게 하고, 복잡하고 화려한 연습보다 보다 기초적이면서도 과학적이고 파급력이 큰 연습을 해야 한다.

감독 코치는 자신의 연습 내용을 자신에게 이해시킬 수 있어야 하고, 축구를 밝게 아는 사람들에게도 효과적이라고 인정받는 연습을 해야 한다. 왜 국가대표팀에서, K리그에서 골문 밖으로 나가는 슛이 난무하는가?

질 문

1. 슛하기 직전 딛는 발의 방향을 의도적으로 계획하고 딛는가?
2. 자유자재로 딛는 발의 방향을 선택하는 효과적 과학적 연습 프로그램을 가지고 있는가?

4 발리슛의 스페셜리스트가 되자

이동국 선수의 발리 슛(volly shooting)이 유명하다.

발리 슛으로 득점을 많이 하고 있다. K리그 득점 신기록 보유자로 득점할 때마다 기록을 갈아치우고 있다. 발리슛이 이동국 선수의 득점 전매특허가 된 듯하다.

발리 슛은 반드시 마스터해두어야 한다. 경기 중 발리 슛 기회가 너무 많기 때문이다. 통계 분석에 의하면, 공중볼이 경기 중 40% 내외라고 한다. 상대 문전에서의 공중볼이 발리 슛 기회라고 해도 과언이 아니다. 거기다 발리 슛은 득점 확률이 매우 높은 슛이다.

공중볼에 대한 발리 슛이 논스톱으로 이루어지고, 헤딩처럼 의외성과 즉시성이 풍부해 골키퍼가 슛 방어를 위해 준비할 수 있는 시간이 매우 적다. 예측 불가능한 슛이다. 공중볼의 운동 에너지를 방향을 바꾸어 그대로 전달하기에 강력한 슛을 쏠 수도 있다.

발리 슛은 축구에서 매우 특별한 슛이다. 선수에게 최상의 슛 성취감을 선물하고 관중에게는 가슴이 시원해지고 체증이 내려가는 듯한 통쾌함을 가득 전해준다. 슛 중에서도 백미다.

축구 이론과 선수 지도에 밝은 김병윤 감독은 이러한 발리 슛을 연습하는 5단계를 제시하고 있다.

1) 볼 없이 딛는 발과 차는 발의 올바른 자세 연습
2) 2명 1조로 정지된 볼을 차는 연습
3) 개인이 볼 펜듈럼을 이용하는 연습
4) 2명 1조로 볼을 던져줘서 차는 연습
5) 2명 1조로 킥을 이용하여 볼을 차는 훈련

물론 이후에는 수비의 방해가 있는 경기 상황과 같은 발리 슛 연습이 진행될 것이다.

발리 슛의 성공 여부 역시 임팩트의 정확성에 달려 있다. 빠르게 비행하는 볼의 무게중심을 추적하면서 미리 계획한대로 임팩트해야 하는 것이다. 12가지가 넘는 시각 능력 중 물체추적시력(동체시력), 주변인지시력이 특히 요구된다. 공중볼에 대한 수비와의 경합에서 궤도(궤적) 예측력이 앞설수록 볼의 선취경쟁에서 이길 수 있다.

발리 슛할 때 슛한다는 기분보다 볼에 정확하게 맞힌다는 마음으로 슛하는 선수도 있다. 바람직하며 지혜로운 판단이고 선택이다. 이런 선수들은 정확성을 최우선으로 하기에 파워를 약간 줄인다.

디에고 마라도나는 발리 슛에 대해 이렇게 들려준다.
"떠 있는 볼의 처리가 익숙해진다면 그것만큼 간단한 것은 없다. 볼이 떠 있는 상태라 가볍게 때리기만 해도 강한 볼을 때릴 수가 있고, 가볍게 건드리기만 해도 자기가 마음먹은 위치로 가져갈 수가 있다.

떠 있는 볼은 발목의 스냅만으로 어떤 패스든 할 수 있다. 이럴 때 나는 볼과 놀고 있는 느낌이 든다.

공격 시 하프라인을 넘었을 때 떠 있는 볼을 보면 슛 찬스라고 생각하라."

– 마라도나의 수퍼축구 / 다카시 히로시 / 행림출판 / 1988. 8. 22 / p.25

질 문

1. 발리 슛할 때 어떤 점이 제일 어려운가?
   그 해결 방법은 무엇인가?

5 연습경기에서 필드 플레이어가 GK 역할을 해보자

경기 중 포지션 체인지는 필드 플레이어 사이에서 이루어진다.

여기서 더 나아가 연습경기에서 필드 플레이어가 골키퍼 역할을 하게 해보자. 한 선수가 45분 정도 골키퍼 역할을 하는 것이다. 재미있고 독특한 경험이 될 것이다.

이렇게 하는 목적은 GK가 슛을 막아내는 게 매우 어렵다는 걸 깨닫게 하는 것이다. 즉, 득점하기가 매우 쉽다는 걸 알게 하기 위해서다. 또 하나는 GK의 심리를 알고 활용하는 것이다. 사실 수퍼 세이브는 거의 없다. 골키퍼가 선방할 수 있는 방향과 스피드로 슛했기에 수퍼 세이브처럼 보이는 것이다.

축구 역사에서 모든 골키퍼가 골을 허용했다. 골키퍼의 반응시간보다 골라인을 통과하는 슛 스피드가 더 빠르기 때문이다. 월드컵 대회마다 최우수 골키퍼에게 '야신 상'을 수여한다. 그 레프 야신도 현역 시절 무수한 필드골, 페널티킥, 프리킥, 자책골을 내주었다.

골문에 서 있으면 온갖 궤적을 그리면서 슛이 들어온다. 좌우로 비틀리고 상하로 꺾인다. 심지어 S자로 날아오기도 한다. 중장거리 슛이 지나치게 빨리 골인되기도 한다. 수비와 상대 공격수들에 의해 시야가 가리기도 한다.

프리킥의 벽을 넘어 순간에 골인된다. 수비 맞고 굴절되어 엉뚱한 방향으로 골인되기도 한다. 조그마한 틈이 있어도 슛이 들어온다. 더러 수비가 자책골을 넣기도 한다. 골키퍼 혼자 감당하기에는 17.86제곱미터(2.44×7.32m)의 골문이 너무 넓다.

이런 원인으로 득점하기가 지금 생각하고 있는 것보다 훨씬 쉽다는 걸 GK 경험을 통해 완벽하게 알아야 한다. '골 넣기가 어렵다.'고 생각하는 선수는 그런 결과를 낳는다. '득점하기 너무 쉽다.'라고 생각하는 선수도 그런 결과를 낳는다. 생각하는대로 이루어진다. 그리고 거의 대부분의 경우, 골키퍼는 슛이 골문으로 들어오는 것 보고 그 다음에 반응할 뿐이다.

질 문

1. 득점이 어렵다고 생각하는가, 쉽다고 생각하는가?
   그렇다면 그 이유는 무엇인가?

6 슛 패턴을 정리하여 상황별로 슛 연습하자

처음 가는 길은 물어가면서 가게 된다. 여러 갈림길을 만났을 때 이정표도 없고 질문할 사람도 없으면 당황하게 된다. 그러나 한번 가본 길은 스스로 찾아갈 수 있다. 여러 번 가본 길은 지름길로 갈 수도 있다. 축구경기에서의 득점도 그렇다.

100경기쯤 풀경기 동영상을 자세히 보면, 아니 시간을 절약하기 위해 경기 하이라이트만 봐도 슛 패턴을 구조화시킬 수 있다. 가장 빈도 높은 슛이 무엇인지도 알 수 있다. 이걸 슛 연습에 활용하는 거다.

먼저, 슛이 일어나는 상황을 구조화시킨다.

일반적으로 크게 이렇게 나눌 수 있다.

1) 중장거리 슛
2) 드리블로 수비를 돌파한 후 또는 슛 각도를 열어 슛
3) 투 터치 슛
4) 헤딩 슛
5) 세트 플레이
6) 개인 돌파 후 슛
7) 공간 침투하면서 패스 받아 슛
8) 벽패스(wall pass)를 받아 슛
9) 골키퍼나 수비가 걷어낸 볼을 잡아 슛

10) 골키퍼가 쳐낸 PK를 쇄도하면서 슛

11) 칩샷

12) 오버헤드 슛

둘째, 위의 12가지 슛 패턴을 다양한 슛 상황으로 구체화시킨다. 예를 들면, 헤딩슛은 점프의 최고점에서 헤딩슛, 다이빙 헤딩슛, 백 헤딩슛, 측면 헤딩슛, 쇄도하면서 헤딩슛, 등을 문전으로 향한 상태에서 점프하면서 이마로 방향을 바꾸는 헤딩슛 등으로 나눈다.

셋째, 위의 헤딩슛 상황 하나하나를 경기 상황으로 만들어서 연습한다. 가령, '점프의 최고점에서 헤딩슛'은 크로스와 센터링으로 나누어 연습한다. 수비가 없는 자유로운 상황에서, 1~2명의 수비가 낮은 강도로 방해하다 적극 방해하는 상황으로, 골키퍼와 공중볼 선취경쟁을 하는 상황으로 등 경기에서 일어났고, 또 발생할 수 있는 다양한 상황을 설정하여 연습한다.

넷째, 압박의 강도를 점차 높여가 경기 상황으로 연습한다. 1인 연습에서 수비의 방해가 있는 연습으로, 개인전술에서 부분전술 팀전술로, 연습 상황에서 경기 상황으로 방해의 강도를 높여간다. 수비의 방해도 그냥 서 있는, 제한된 방해로, 최고의 압박으로 변화시켜간다.

지도자는 선수시절의 경험이나 선호하는 연습 방법을 적당히 섞어서 연습해서는 안된다. 언제나 미리 계획적 의도적 과학적 구조적 통합적으로 충실하게 준비한 '교수학습지도안'에 따라 연습해야 한다. 이렇게 슛 패턴을 정리하여 상황별로 슛 연습을 하자. 여기에서 벗어나는 슛이 거의, 아니 0.03%도 안 될 것이다. 이걸 책으로 내면 여러 권 출판할 수 있을 것이다.

한번 가본 길은 스스로 찾아갈 수 있고, 여러 번 가본 길은 최단거리로 갈 수 있다. 마찬가지로 상황별 슛 연습을 해두면 경기 중 그런 상황이 나와도 침착, 정확하게 슛할 수 있다.

스포츠에서 새로운 것을 배운다는 것은 새로운 신경망을 형성시켜 반복 행동을 자동화시키는 과정이다. 프로선수들의 훈련과정은 근육을 훈련시켜 몸이 알아서 반응하는 상태가 될 때까지 훈련을 반복하고 지속한다. 반복되면 자동화되고 반응시간이 줄어들게 되어 최고의 운동기량을 갖게 된다. 이것이 반복학습의 힘이다.

– 멘탈의 비밀 / 박영곤 / 도서출판 벗 / 2015. 10. 12 / p.250

질 문

1. 감독 코치는 다양한 상황별 슛 패턴을 문서화해 두었으며, 이걸 연습시키는가?

7 혼자 해결하는 능력을 가져라

경기 중 어떻게 볼을 소유하는가?

선수 개인은 드리블이고 팀은 패스다. 드리블과 슛은 어떤 관계가 있을까? 스트라이커는 혼자 해결하는 능력이 필수다. '혼자 해결하는 능력'이란 선수 개인이 드리블 돌파 후 득점하는 능력을 말한다. 여러 말할 것 없이 메시가 이걸 선명하게 보여주고 있다. 이런 역량이 없고 패스 받아 골 넣는 공격수는 반쪽선수라 값어치가 현저하게 떨어지고, 수준 높은 수비수들에게 통하지 않는 경우가 많다.

참고로 스트라이커(striker)가 가지고 있어야 할 6가지 역량은 아래와 같다. 축구 이론에 해박한 김병윤 감독의 지적이다.

1) 상대의 강한 압박을 벗어날 수 있는 수준급 기술
2) 우군 선수들과의 상호 연계 플레이 능력
3) 볼을 갖고 있지 않을 때의 효과적인 움직임
4) 물리적인 빠른 스피드와 파워 및 체력
5) 투쟁심과 같은 강한 정신력
6) 공격력 못지않은 수비력

공격의 목적이 득점이다.

선수 개인이 드리블로 상대팀 선수를 모두 제치고 득점하는 역량이 있다면 굳이 패스하지 않아도 된다. 볼을 잡을 때마다 이런 능력을 발휘하는 선수는 없다. 그러나 슛하기로 결정한 후 수비 2~3명을 드리블 돌파 후 득점할 수는 있다.

1986 멕시코 월드컵에서 상대팀 감독은 절정의 기량을 표현하는 마라도나를 봉쇄할 수 있는 방법을 찾을 수 없었다. 당시 아르헨티나의 카를로스 빌라르도 감독은 3-5-2 전술을 채택했고, 미드필드를 강화한 후 마라도나는 세컨드 스트라이커로 자유롭게 활동하도록 했다.

일반적인 수비 형태로는 상대 진영을 초토화시키는 마라도나를 막을 수 없었다. 이에 영향을 받아 이후 새로운 전술이 등장하는데 아리고 사키의 지역방어 수비다. 그전에는 지역방어란 개념이 아예 없었고 대인방어 일색이었다.

사키(당시 AC 밀란 감독)는 공수 간격을 30m, 좌우 폭을 30~35m로 극도로 좁힌 4-4-2를 선보였다. 선수와 선수 사이의 간격을 좁혀 마라도나(당시 나폴리 소속)가 지나는 길목과 볼이 통과할 수 있는 통로를 차단하려고 시도했다. 마라도나라는 걸출한 선수가 새로운 전술을 창조하는 결과를 가져온 셈이다. 누구나 마라도나와 같은 기량을 소유할 수는 없어도 가치 있는 스트라이커라면 필요 시 2~3명의 수비를 허물고 득점할 수 있어야 한다.

축구에는 6대 개인기가 있다. 킥 패스 슛 드리블 헤딩 볼컨트롤인데, 이런 순서대로 마스터하기가 어렵다. 킥이 가장 쉽고 볼컨트롤이 가장 어렵다. '어렵다'는 건 그만큼 마스터하는데 시간이 많이 걸린다는 걸 의미한다. 선수는 언제 '축구에서 뜻을 이룰 수 있다.'는 자신감을 가지게 될까? 경기 중 1:1 돌파가 성공하고 공중볼 컨트롤이 마음먹은 대로 될 때다.

볼을 뺏기지 않고 드리블로 목표 지점에 볼을 이동할 수 있으면 자신감이 성큼 높아진다. 이런 선수는 슛하는 순간을 스스로 선택하고 결정할 수 있다. 페널티박스 안에서 전속력으로 드리블 돌파를 결행하면 PK를 얻어

내기도 한다. 여기에다 드리블이 탁월한 선수는 패스 능력도 출중하다. 패스 받을려면 각도와 공간을 가지고 있어야 한다. 이 둘이 막혀 있어도 뛰어난 드리블 소유자는 드리블로 각도를 열고 공간을 만들어 패스 낸다.

이외에도 드리블의 가치는 이루 말할 수 없을 정도다. 이처럼 슛과 드리블은 바늘과 실 같아서 떼어서 생각할 수 없다. 걸출한 스트라이커가 되고 싶은가? 수비 2~3명을 돌파하고 혼자 해결하는 능력을 소유하고 싶은가?

그런데 드리블 실력 향상에는 오랜 시간이 걸린다. 이전과는 다른 획기적인 방법도 있어야 한다. 여기에다 드리블을 세계적인 수준으로 가르치는 감독 코치가 있는지 궁금하다. 한국 내에서는 상대적으로 드리블을 잘 가르치는 곳이 3곳 있다. 혹시 감독 코치가 이 3곳만큼 가르칠 자신이 없으면 이들을 정기적으로 초빙하여 배울 수도 있다. 아쉽게도 이 정도로 사고가 열린 감독이 희귀할 정도로 매우 매우 드물다.

거의 대부분의 감독 코치는 외부의 전문가집단, 집단지성 활용은 생각조차 하지 않고 있다. 오로지 감독 코치 자신의 경험과 지식만으로 가르친다. 그 결과 천재적인 재능의 선수가 점점 둔재로, 박제로 되어간다. 그 폐해가 선수와 선수 부모에게 고스란히 전가되고 있는 형국이다.

이제는 부모가 나서야 한다. 선수 부모가 나서서 드리블을 잘 가르치는 전문가에게 배울 수 있는 기회를 만들어주어야 한다. 여기저기서 배울 수 있다. 꼭 소속팀 감독 코치에게만 배워야 하는가?

질 문

1. '혼자 해결하는 능력'이 공격수의 가치를 결정하는 핵심 요소 중 하나다. 그러면 감독 코치는 세계에서 가장 정확하게, 가장 빠르게, 가장 수준 높게, 가장 효과적으로 드리블을 마스터할 수 있는 방법을 찾아내어 선수를 가르치고 있는가?

8 최고의 슛 연습 파트너, 벽!

연습은 무얼 하는 것인가? 볼 터치(임펙트)다.

같은 90분 연습하더라도 볼 터치를 더 많이, 더 자주 하는 팀이 더 충실한 연습을 하고 있는 것이다. 축구가 삶과 문화의 핵심인 남미와 유럽은 우리보다 훨씬 일찍 축구를 시작한다. 걷기 시작하면서부터 남자 어린애는 모두 축구를 시작한다고 해도 과언이 아니다. 이미 그들이 볼 터치에서 한국 선수들과 비교할 수 없을 정도로 앞서 있다.

개인 기술 능력이 보다 완전하고 탁월한 동료와 연습할 때 경기력 향상이 배가된다. 동료의 장점과 강점을 흡수할 수 있어서다. 일종의 잠재적 교육과정으로 기능한다.

요청하면 개인시간에 언제나 나와 연습해주는 선수가 있다면 보다 효과적인 연습을 할 수 있다. 혼자서는 할 수 없고 둘이 있어야 하는 연습도 소화할 수 있다. 참고로, 개인연습은 2인 1조로 하는 게 가장 효과적이다.

같은 학년 중 마음이 통하는 동료를 서로 개인 연습 파트너로 정해 연습하기를 권유 드린다.

이걸 모두 가지고 있는 존재는 오직 하나, 벽(shooting board)이다. 주위에 슛 보오드가 없으면 학교의 구령대, 운동장의 옹벽, 계단도 좋다. 이것조차 없으면 골문 뒷쪽에서 골 네트를 벽으로 사용할 수도 있다. 벽은 걸출하고도 매우 친절한 연습 파트너다. 볼을 보내면 반드시 되돌려준다. 이러하기에 볼 터치 횟수가 가장 많은 연습이 된다. 기술적으로도 완벽하다. 단 한 번의 실수도 하지 않는다.

선수의 잘못을 말없이 알려준다. 언제나 선수가 연습하러 오기를 기다리고 있다. 밤에 가도 벽은 피곤해하지 않는다. 신 새벽에 가도 깨어 있어 선수를 기다리고 있다. 사용료를 한 푼도 달라고 하지 않는다. 에너지 공급도 전혀 요구하지 않는다. 찾아보면 벽이 어디에나 있다. 그런데 선수는 개인연습 시간에 벽을 얼마나 자주 활용하는가?

볼을 벽에 치고 있는 도중에서 일단 볼을 머리나 가슴이나 발의 인스텝 등으로 멈추고 밑에 떨어뜨리지 않고 다시 벽치기를 시작하는 기술도 경쟁을 하는 동안에 몸에 익히게 되었다.

나보다 두세 살 위인 덩치가 큰 엔리케는 꽤나 지기를 싫어하는 성격으로, 나이가 어리고 꼬마인 내가 대개의 기술을 곧 마스터해버리기 때문에 화가 나서 점점 복잡한 것을 생각해내서는 나에게 해보라고 도전해 오곤 했다.

어떤 팀에도 소속되지 않고 무아지경에 빠져 볼과 놀고 있던 그 시절이 현재의 나를 만들었다고 말할 수 있을 것이다.

– 마라도나의 수퍼축구 / 다카하시 히로시 / 행림출판 / 1988. 8. 22 / p.35

내 머리는 너를 잊은 지 오래
내 발길도 너를 잊은 지 너무도 오래
오직 한 가닥 타는 가슴 속
목마름의 기억이
네 이름을 남몰래 쓴다
타는 목마름으로

타는 목마름으로

– 김지하의 시 〈타는 목마름으로〉의 한 부분.

선수는 벽이 자신에게 무얼 해줄 수 있는지 알아야 한다. 타는 목마름으로 벽을 찾아가야 한다. 벽을 깊이 사랑해야 한다. 벽에 침을 뱉으면 벽의 도움을 받지 못할 것이다. 낙서도 하지 마라. 밤에 누가 보지 않는다고 고마운 벽에 오줌 누는 행위는 배은망덕하기까지 하다. 한결같이 벽을 존중하고 예의와 겸손을 실천해야 한다. 훗날 메시와 호날두 이상 성공해도 고향 와서는 벽에게 인사드리는 걸 잊지 않아야 한다.

물 1병과 수건 그리고 연습 계획을 가지고 벽으로 걸어가자. 가서 최고로 활용하자! 슛 킥 패스 헤딩 볼컨트롤 체력 등 연습할 수 있는 프로그램이 무궁무진하다. 경기력을 획기적으로 향상시키는 비결이 벽에 감춰져 있다. 물론 슛 연습에도 안성마춤이다.

질 문

1. 감독 코치여, 팀에 슛 보오드가 있는가?
   선수에게 벽을 활용하는 과학적 구조적 통합적 계획적 창조적인 연습 프로그램을 가르쳤는가?
2. 선수, 매주 벽을 활용하는 연습 횟수가 몇 회 정도인가?

9 슛 템포를 반 박자, 한 박자 이상 빠르게 하면?

이전보다 득점을 훨씬 더 많이 하게 된다.

리그나 대회의 득점왕이 될지도 모른다. 앞의 글 '논스톱슛을 하라'에 있는 내용 그대로 골 결정력이 가장 높은 슛이 논스톱 슛이다. 즉시성과 의외성이 가득한 헤딩슛과 발리슛이 특히 그러하다. 볼을 4번 이상 터치하면 득점 확률이 8% 이하로 내려간다는 대회 득점 분석도 있다.

숫을 빨리 할수록 득점 확률이 높아간다.
슛 타이밍을 늦추어야할 경우는 매우 드물다. '칩샷'처럼 골키퍼를 속이고 슛하는 동작이 그렇다. PK에서 파넨카 킥 정도다. 거듭 말하지만 이런 경우는 많지 않다.

득점하려면 가능한 빨리 슛해야 한다. 반 박자, 아니 한 박자 빨리 슛할수록 더욱 좋다. 반 박자 빠른 슛이란 한마디로 볼을 길게 끌지 않고 슛하는 것이다. 터치 수를 되도록 적게 가져가면서 슛하는 것이다.

하나의 보기를 들면, 상대 문전에서 스트라이커가 수비를 돌파하면서 슛할 때 수비를 완전히 돌파하지 않고도 슛 각도가 열리면 바로 슛하는 것이다. 이 경우 스트라이커가 수비 앞에 위치하지 않고 수비와 평행한 위치에 있게 된다.

그 수비를 완전히 돌파하고 슛하려는 선수가 많은데, 그러면 늦다. 골키퍼에게 슛의 방향과 높이 그리고 스피드를 예측하고 준비하는 시간을 주게 된다. 공격수의 딛는 발, 슛하는 발의 부위, 가슴이 향하는 방향, 몸의 위치, 달려오는 각도와 스피드 등을 보고 골키퍼는 침착하게 준비하여 막아 낸다.

투 터치 슛의 성패도 정확성과 슛 타이밍의 빠르기에 달려 있다. 투 터치 즉, '탁 탁' 하는 두 리듬으로 전개되는데 두 번째 '탁'이 슛이다. 이걸 가능한 빠르게 순간에 해내야 한다. 순간이란 눈을 한번 깜빡이는 시간을 말한다.

그러기 위해서는 볼을 가능한 몸과 가까이 위치하도록 컨트롤해야 한다. 거리가 가까울수록 스윙 거리가 짧아져 더 빨리 슛할 수 있기 때문이다. 그냥 보면 사소하고 아무 것도 아닌 것 같지만 이 간발의 시간 차이가 득점 여부를 결정짓는다.

백 스윙 거리를 최소화하거나 아예 하지 않는 템포 슛에도 익숙해야 한다. 득점 여부는 골키퍼의 반응시간과 슛 비행 스피드와의 시간 싸움으로 판가름 난다. 중장거리 슛할 때도 백 스윙과 팔로우 스루를 가장 빠르게 하려고 노력해야 한다. 슛을 빨리 하는 만큼 비례하여 득점이 발생한다는 걸 명심하기 바란다.

슛 동영상을 자세히 보라.
그러면 느끼는 점이 없는가?

질 문

1. 템포 슛할 때 백 스윙의 거리와 시간이 어느 정도인가?

10 슛이 잘못되었을 때 원인을 찾아 바로 교정하자

너무나 상식적인 지적이다.

그런데 경기와 연습에서 이런 상식이 제대로 지켜지고 있는가? '상식이 통하지 않는 세상'이라는 말이 흔하게 쓰이는 세상 아니던가?

학교시절을 지나온 사람은 누구나 시험을 본 경험이 있다. 중간고사 기말고사 월말고사 쪽지시험 등 시험은 왜 보는가? 몇 가지 이유가 있다.

첫째, 학생의 성취 수준을 확인하기 위해서다. 이걸 통해 교사가 잘 가르치고 있느냐의 여부를 확인하게 된다. 둘째, 시험의 객관성 신뢰도 난이도를 점검한다. 평균점수가 지나치게 높거나 낮으면 출제에 문제가 있을 개연성이 높다. 셋째, 학생에게 자신의 현재 학력을 알려주기 위해서다. 목표로 한 명문대학교에 진학하려면 지금보다 더 '학습에 필요한 시간'을 확보해야 하는 학생도 있다. 넷째, 교사가 새로운 수업 전략을 짜기 위해서다. 더 효과적이며 구조적으로 학력 향상을 성취해낼 수 있는 교수학습이론과 교육공학을 개발해야 하는 과제가 주어져 있다. 이 중 셋째와 넷째가 가장 중요하다.

경기 분석도 시험 치는 목적과 유사한 면이 아주 많다. 경기 후 경기 분석을 왜 하는가? 선수들의 슛 능력에는 개인차가 있다. 누구는 중장거리 슛에 강하고, 또 누구는 헤딩슛에서 경쟁 우위를 보여준다. 그 선수는 빠른 템포 슛에 능하지만 저 선수는 크로스 바 위를 한참이나 지나가는 어처구니 없는 슛의 명수다. 칩샷에 뛰어난 선수도 있다. K리그의 경우 9.8회 슛하여 1골 들어가는 빈도를 보여주고 있다. 생각보다 골 결정력이 높지 않다.

슛을 득점으로 연결시키지 못하는 원인도 다양하다. 골키퍼의 선방, 자유로운 슛을 방해하는 잘 조직된 수비, 수비 맞고 굴절되는 볼, 홈 피치의 골포스트와 크로스 바의 수퍼 세이브 등 많다.

그러나 가장 결정적인 요인은 공격수 자신에게 있다. 미리 선택하여 단호하게 슛해야 한다. '한번 슛에 1골'을 목표로 해야 한다. 3번 슛해 1골 들어가면 골 결정력이 높다고 만족하는 건 멍청이 짓이다. 무엇보다 중요한 것이 득점하지 못한 슛에 대한 깊은 성찰이다.

원인이 무엇인가? 해결방법이 있는가? 개가 토한 것을 다시 먹듯이 잘못을 계속 반복할 필요가 전혀 없다. 잘못한 슛을 즉시 고칠 수 있어야 한다. 물론 이렇게 하려면 선수가 축구 이론에 밝아야 가능하다. 득점에 실패한 모든 슛에는 그 원인이 반드시 있다. 감독 코치는 이걸 찾아내고, 해결방법을 선수에게 가르쳐주어야 한다.

한편으로는, 고등 선수 이상은 더 이상 어린아이가 아니다. 스스로 잘못을 교정하는 능력을 가지려고 한결같이 노력해야 한다. 찾아보면 이게 생각보다 훨씬 쉽다는 걸 경험하게 된다. 축구 이론에 밝으면 즉시 고칠 수 있다. 이론의 힘이다.

질 문

1. 지난 해 몇 번 슛하여 몇 골을 기록했는가?
   득점하지 못한 슛에 대한 해결책을 찾았으며 연습을 통해 마스터했는가?

2. 감독 코치는 획기적인 득점력 향상 방안을 선수에게 전했는가?

11 슛 임팩트 순간 발을 최대한 힘주어 단단하게 만들어라

슛은 볼의 소유가 아닌 볼을 차내는 행위다. 헤딩슛도 그렇다. 이러하기에 반탄력을 가장 크게 만드는 게 필수다. 그 방법은 발목을 고정 후 힘주어 단단하게 하고 발도 최대로 딱딱하게 만드는 것이다.

인스텝슛을 보기로 들어보자. 인스텝슛은 접근, 백 스윙, 임팩트, 팔로우 스루라는 4가지 동작으로 이루어진다. 백 스윙을 시작할 때는 부드럽게 시작하나 스윙하면서 점점 발목과 발등의 중심을 고정시켜 단단하게 하여 임팩트 시 최고로 단단한 상태로 볼을 가격하는 것이다. 이 상태로 슛이 완전히 끝나는 시점까지, 즉 팔로우 스루를 마치는 시점까지 유지해야 한다.

한국 최고 수준의 선수들인 대표팀이나 K리그 경기를 자세히 지켜보라. 이렇게 하지 않는, 못하는 선수가 생각보다 훨씬 많다는 걸 발견하게 될 것이다. 임팩트 시 발목이 고정되어 있지 않아 발이 흔들리며 임팩트해 정확성이 감소한다. 팔로우 스루 도중에 발끝이 올라와 발목이 고정되지 않고 풀리는 경우가 너무 많다.

슛 스피드를 떨어뜨린다. 골키퍼를 도와주는 결과를 낳는다. 이 쉬운 걸 아직도 고치지 못하고 잘못을 반복하고 있는가? 기초가 부실한 선수가 월드 클래스가 될 수 있는가? 그 오랜 시기 동안 그 선수를 가르쳐온 감독 코치들은 어떻게 가르쳤는가? 19세가 지나 성인이 된 선수는 스스로 생각하고 교정하며 창조하는 능력이 없는가?

연습 중에 선수에게 "지금 무슨 연습을 하고 있지? 이 연습의 목적이 무엇이지?" 하고 질문하면 답하지 못하는 선수가 부지기수다. 연습 전에 미리 알려주었는데도 그러하니, 소속팀에서 어떻게 연습하는지 짐작이 가곤 했다.

한국축구계의 연습 현장을 가서 보라!
무엇을 가르치는가? 어떻게 가르치는가? 축구 연습은 가르치고 배우는 과정, 즉 교육이다. 거기에 교수학습이론이 적확하게 적용되고 교육공학이 효과적으로 활용되고 있는가?
무엇을 가르쳐야 하는가? 기본 핵심 요소를 집중적으로 가르쳐야 한다. 이게 가장 파급력이 크다. 가장 빨리 개인 기술 능력을 향상시키는 지름길이다.

어떻게 가르쳐야 하는가? 학습 결손이 없도록 완전학습을 추구해야 한다. 교육 경쟁력은 잘 가르치는 교사에게 달려있다. 축구도 그렇다. 잘 가르치는 비결? 충실한 준비에 있다. 한국의 축구 감독 코치들의 지도력이 세계 경쟁 우위를 보여주어야 한다. 그 결과로 탁월한 선수들이 계속 배출되어야 한다.

질 문

1. 슛할 때 마음으로 자신의 발목과 발을 점검하고 있는가?

12 초등 선수는 슛 연습을 하지 않아야 하는가?

많은 사람들이 "초등선수는 무릎과 관절을 보호하기 위해 슛 연습을 하지 않거나 자제해야 한다."고 말한다.

나의 입장은 확고하다. 초등 선수, 반드시 슛 연습을 해야 한다. 슛 이론도 깊이 있고 명쾌하게 가르치고, 과학적 구조적 계획적으로 슛을 연습시켜야 한다. 일찍 마스터할수록 경쟁자보다 먼저 경기에서 활용할 수 있다.

그 무엇보다 기본기를 세밀하고 수준 높게 마스터하려면 '유연성'이 반드시 필요하다. 초등선수는 성인선수에 비해 현저하게 유연하다.

슛이 무엇인가? '임팩트'다.
그 이상도 그 이하도 아니고 슛이 바로 임팩트다. 감독 코치, 선수가 이걸 빨리 인식해야 한다. 중장거리 슛, 초장거리 슛 등 슛 거리는 근육의 발달 정도에 의해 결정된다.

초등선수에게 슛 연습을 시켜서는 안된다고 말하는 사람들이 적지 않다. 그 이유는 무엇인가? 초등선수는 경기에서 슛하지 않는가? 오히려 필드 플레이어 모두에게 반드시 그리고 적극적으로 가르쳐야 한다. 단, 주의할 점이 있다. 왕성한 성장기인 초등선수는 발달 과정에 있다. 근육, 인대, 건, 관절에 무리가 가지 않도록 거리, 횟수, 시간 등을 적정하게 조정하여 연습해야 한다. 학년에 따라, 개인차에 따라 달리할 수 있다.

슛 거리는 6~10m, 횟수는 1일 20회 이내(좌우 양발 합계)로 하면 문제가 없을 것이다. 물기에 젖은 무거운 볼을 다루는 빗속에서는 슛 연습을 하지 않는 게 현명하다. 한발로만 슛해서는 안되고 좌우 양발을 번갈아가며 슛해야 한다.

이때 슛 연습의 목표는 강력한 슛이 아니다.
세밀한 볼 주시, 정확한 임팩트, 딛는 발의 고도의 평형성 유지, 올바른 자세(접근 스윙 임팩트 팔로우 스루), 슛 방향 선택, 슛 감각 익히기 등이 목표다. 빨리, 강하게 보다 정확성에 중점을 두어야 한다. 슛의 성패를 좌우하는 중요 요소 중 하나가 자신감이다. 어릴수록, 일찍 시작할수록 편안한 심리 상태에서 자신있게 슛할 수 있게 된다. "세 살 버릇 여든까지 간다."는 속담을 생각해보라!

또 한 가지 지켜야 할 점이 있다. 슛이 형편없을지라도 절대로 꾸중하거나 야단쳐서는 안된다. 오히려 격려하고 연습할수록 더 잘할 수 있다고 장려해야 한다. 경기나 연습 중에 슛이 골인되지 않을 때 큰 소리로 호통치는 감독 코치가 있는데, 이는 너무나 무지하고 책략없는 짓이다. 선수에게 도움이 되기는 커녕 혼란만 일으킬 뿐이다.

한국의 중, 고등 선수들이 브라질 아르헨티나 등 남미의 초등 선수들의 개인기를 보며 좌절감을 느끼는 경우가 많다. 그들이 못하는 걸 그곳 남미의 초등 선수들이 쉽게, 자연스럽게, 순간에 해내는 걸 보고 나서다.

질 문

1. 초등 선수들에게 최적의 슛 연습 방법을 제공하고 있는가?

13 온 몸으로 슛하라!

선수는 왜 축구가 어렵다고 생각할까?

3가지 원인이 있다. 자기 자신, 볼, 수비의 방해다. 자신의 체력이 후반전에 뜻대로 되지 않고, 상대 수비를 앞에 두고 생각대로 볼 다루기가 쉽지 않고, 그림자 수비의 격렬함에 힘들어 하면서 축구가 어렵다고 생각한다. 하지만 이런 판단은 상황에 따라 다르다. 초일류는 축구가 너무 단순하고 쉽지만 또 누구는 볼이 오는 게 겁이 난다.

슛에 있어서도 그러하다. 득점 상위 선수가 하위 선수보다 슛 횟수가 훨씬 많다. 자신감의 차이다.

하여튼 공격수는 득점을 해야 한다. 이게 임무다.
그러면 어느 부위로 슛을 할 수 있고, 해야 하는가? '발과 이마로 슛한다'는 고정관념에서 즉시 탈출해야 한다. 축구의 경기 규칙에 의하면, 핸드볼 반칙에 해당하는 손과 팔을 제외한 온 몸으로 슛할 수 있다.

실제로 이렇게 슛해야 할 상황이 등장하곤 한다. 가령, 오른쪽 터치라인을 화살처럼 돌파한 윙어의 땅볼 크로스가 전진해온 골키퍼를 지나 골라인과 수평으로 빠르게 빠져나가고 있다. 가장 가까이 있는 공격수가 아무리 빨리 달려도 볼에 닿을 수 없다.

이때 어떻게 해야 하나?

오직 하나, 몸을 던져 슬라이딩하듯이 발바닥으로 슛하는 것이다.

결국 그 상황에서 득점할 수 있는 최적의 몸의 부위로 슛해야 하는 것이다. 가슴으로 밀고 들어가고, 무릎으로 슛할 수도 있다. 어깨는 헤딩만큼이나 슛에 유용하게 활용할 수 있다. 급히 슛해야 할 때 발끝으로 찔러차기로 종종 득점을 만들어낸다. 슛하기 위한 사전 준비도 필요없다. 백스윙도 필요없고 자세를 만들지 않아도 된다. 수비의 태클보다 더 빨리 슛할 수 있다.

아브라히모비치처럼 발뒤꿈치로 득점하는 걸 심심치 않게 볼 수 있다.
심지어 페널티 킥에서 발뒤꿈치로 득점하는 선수도 있다.
어느 순간 엉덩이로, 등으로 득점하는 선수도 한둘이 아니다.

슛의 목적이 무엇인가? 득점이다. 득점에 성공한 슛이 가치 있는 슛이다. 발과 이마로 슛해야 한다는 선입견에 사로잡혀 득점에 실패해서는 안된다. 적재적소, 때는 지금이다!

불필요한 산뜻함을 추구하다 득점에 실패해서는 안된다. 그런데 이렇게 득점하려면 평소에 완벽하게 연습해두어야 함은 말할 필요도 없다.

질 문

1. 발과 이마 이외의 몸의 부위로 득점한 적이 있는가?

14 슛이 패스인가?

그렇다!

슛이 패스다.

패스는 방향과 높이(정확성), 스피드, 타이밍이라는 기술적인 요소를 가지고 있다. 슛은 골키퍼가 잡지 못하는 곳으로 골문 안의 골라인을 통과시키는 패스다.

경기에서 볼을 이동시키는 방법은 패스와 드리블 2가지다.

득점이란 반칙하지 않고 상대 골라인 넘어로 패스나 드리블로 볼을 이동시키는 행위다. 물론, 드리블보다 패스가 비교할 수 없이 훨씬 효과적이라는 건 상식이다.

선수 학부모의 상담전화를 받곤 한다.

2017년 2월 중순 한 선수 아버지와 통화 중 이런 대화가 오갔다.

그 분 : 한국 축구선수들의 골 결정력이 좋지 않은 이유를 아나요?

나 : 모릅니다. 궁금합니다.

그 분 : 패싱력이 약하기 때문입니다.
특히 가까운 거리에서 정확하고 빠른 패스를 못하기 때문이지요.
슛이 패스입니다.

나 : 그렇군요. 슛에 대해서 깊이 생각하셔서 그런 통찰에 도달했군요.

그렇다. 패스나 킥이 상대 골문으로 향할 때 그 패스와 킥은 슛이다. 그러면 선수는 몸의 어느 부위로 슛할 수 있는가? 핸드볼 반칙(축구의 경기규칙 제12조 반칙과 불법행위)에 해당하는 손과 팔이 아닌 온몸으로 하면 된다. 일반적으로 발이 75% 이상, 머리(헤딩)가 25% 내외 그리고 나머지는 1% 정도다. 득점도 이와 비슷한 비율로 이루어진다.

자연스럽게 킥과 헤딩에서 경쟁 우위를 가지고 있는 선수는 더 많이 득점할 수 있는 역량을 가지고 있다는 걸 선수 스스로 깨달아야 한다. 상대의 압박이 치열한 좁은 공간에서 정확하고 빠른 패스를 내는 선수도 그러하다. 자기 자신에게 무한한 자신감을 가지고 이런 능력을 상대 문전에서 적극적으로 슛으로 연결시키자.

그러면 이런 일이 수시로 일어날 것이다. 선수의 발을 떠난 슛을 보자마자 골키퍼가 몸을 날려 차단기를 내렸으나 볼은 이미 골네트 안에서 펄펄 뛰고 있었다. 홈그라운드의 골포스트와 크로스바도 그 슛을 막아내지 못했다.

"패스하듯이 슛하라!"라는 축구 격언이 있다. 선수가 반드시 실행해야 하는 매우 중요한 지적이다. 이런 가벼운 마음으로 슛하면 보다 침착하게 슛하게 된다. 즉, 임팩트 할 볼 부위를 자세히 보고 정확하게 터치하게 되어 골 결정력이 높아지게 된다. 현실은, 대부분의 한국 축구선수들은 슛 기회가 오면 지나치게 흥분한다. 흥분하면 볼의 무게중심을 자세히 보지 못한다. 자연스럽게 실축 가능성이 높아진다. 득점력이 빈곤한 중요 원인 중의 하나다.

질 문

1. 나의 패스(킥)의 정확성, 스피드, 타이밍은 세계 경쟁력을 가지고 있는가?
2. 그 상황에서 최적의 몸의 부위로 슛을 성공시키고 있는가?

15 양발잡이는 한발잡이보다 득점력을 최소 2배 이상 높일 수 있다

걸음마를 막 시작한 어린 아이에게 축구공을 주면 본능적으로 타고난 발로 볼을 찬다. 이처럼 태어날 때부터 양발잡이는 없고 보다 편안한 발을 가지고 있을 뿐이다.

득점력이 탁월한 선수를 sharp shooter, marks man(표적을 맞히는 선수), goal genius 등으로 부른다. 선수는 누구나 이렇게 되고자 하는 열망이 있다. 이 경지에 오르는 가장 강력한 방법이 양발잡이가 되는 것이다.

한발잡이보다 두발잡이(양발잡이)가 위협적인 유효 슛을 쏠 가능성이 최소 2배 이상 높다. 무엇보다 한발잡이는 슛할 때 딛는 발의 정확성에 어려움을 겪게 되는데, 특히 골라인에 대해 비스듬하게 전력질주하면서 슛할 때 그러하다. 오른발잡이는 왼발로 딛고 오른발로 슛하는데 익숙하다. 오른발잡이는 그 반대이다.

오른발잡이가 중앙에서 골문 왼쪽으로 비스듬하게 최고 스피드로 달리면서 슛할 때 딛는 발(오른 발)을 정확하게 딛는 데(왼쪽 골포스트와 오른쪽 골 포스트 사이, 더 정확하게는 미리 선택한 두 골 포스트 사이의 한 방향) 실패하는 경우가 많다. 그 결과 슛이 왼쪽 골 포스트 밖으로 벗어난다.

이걸 선수들이 수시로 경험하곤 한다. 이 순간 선수는 '관성의 법칙'에 의해 움직임이 방해받는다.

또 좌우 양발의 숙련도가 다르면 수비를 도와주는 역할도 하게 된다. 수비는 잘 사용하는 발에 주목하여 차단하려고할 것이다. 거기다 골문 앞 중앙으로 가까울수록 사용할 수 있는 공간이 좁아지고 익숙한 발로만 슛할 수 있는 기회가 그리 많지 않다. 한발잡이는 이 구역에서 특히 슛에 약점을 가지게 된다.

두 발 다 잘 쓰는 선수는 보다 다양한 포지션을 소화할 수 있다. 자연스럽게 출전 가능성이 높아진다. 감독은 이런 선수를 선호한다. 경기 중 감독이 지시하면 포지션을 바로 바꿀 수 있는 능력도 한 발만 잘 쓰는 선수보다 훨씬 많다. 상대 수비수에게 더 큰 혼란을 준다. 손흥민 선수는 오른발과 왼발을 모두 잘 쓰는 선수다.

한준희 KBS 해설위원은
"공격 루트가 점점 다변화하고 있다. 현대축구에서 양발을 쓰는 선수들이 선호되는 것이 사실이다. 좌우 미드필더를 바꾸는 스위칭 플레이나 스페인 대표팀이 쓰는 '제로톱'처럼 공격수는 수비수를 끌어내리며 빠지는 경우가 많다. 그 자리에 윙어나 미드필더가 들어가 득점을 노린다. 이 같은 멀티플레이어는 양발잡이가 유리하다. 선수들을 멀티 포지션에 세우기 위해 양발을 모두 쓰는 연습을 한다."고 들려준다.

고전적인 윙어의 위치는 오른발잡이는 오른쪽 윙어, 왼발잡이는 왼쪽 윙어였다. 현대축구에서는 다르게 적용하는 팀들이 등장하고 있다. 바로세로나의 경우, 오른쪽 윙어가 터치 라인을 돌파하기도 하지만 왼발로 중앙으로 파고 들면서(cut in) 슛하거나 패스하는 경우가 빈번하다.

측면의 방향과 쓰는 발이 다른 윙어를 기용하는 것도 바로셀로나의 전통이라고 할 수 있을 지 모른다. 오른쪽 측면에는 왼발잡이(메시, 흐리스토 스토이치코프 Hristo Stoichkov) 왼쪽 측면에는 오른발잡이(비야, 티에리 앙리)를 배치한다. 바로셀로나에서는 이들 '반대발잡이 윙어'가 수직 방향으로 돌파해 크로스를 올리기보다 중앙으로 파고 들어 슛을 할 것을 기대한다. 터치 라인을 따라 수직으로 돌파해 크로스를 올리는 것은 오히려 풀백의 역할이다.

– 더 팀, FC 바르셀로나 / 니시베 겐지 / 한스미디어 / 2012. 7. 23 / p.39

실축 후 머리를 감싸안거나, 얼굴을 하늘로 향하거나, 더러는 땅을 친다. 이렇게 계속할 필요가 있을까? 효과적인 해결 방법 중 하나가 양발을 사용하는 것이다.

익숙하지 않은 발의 운동수행 능력을 높이는 건 생각보다 쉽다.
사고로 주발을 바꾼 사례도 적지 않다. 염기훈은 왼발, 다비드 비야(스페인, 남아공 월드컵 우승 멤버)는 오른발의 명수가 되었다.

의도적으로, 계획적으로, 과학적으로 익숙한 발보다 더 자주 볼을 다루면 된다. 8 : 2를 권장한다. 반복 연습이 반응시간을 단축한다. 교치성을 높인다. 그러면 빠르게 향상되어 어느 순간 두 발의 운동수행 능력이 같아진다. 이후 킥 패스 슛 드리블 볼컨트롤에서 주발의 능력을 한 단계 이상 높이고, 다른 발이 주발의 사용 수준을 따라간다. 이렇게 계속하여 세계 최고 수준의 경쟁 우위를 확보하는 것이다. 어릴수록 좋다.
일찍 시작할수록 효과적이다. 프로선수도 늦지 않다.

이 경우 시작이 반이다.
실패를 반복할 것인가, 생각만 하는 바보로 남을 것인가?
이 글을 읽는 순간 바로 시도할 것인가?

질 문

1. 두 발로 자유자재로 슛하고 있는가?
   한발만 사용하고 있다면 언제 양발잡이가 되려고 하는가?

16 루이스 아르티메가 들려주는 '득점의 비결'

1960년대 아르헨티나를 대표하는 공격수(센터포드)였다.

애틀란타에서 프로 생활을 시작했으며 리버플레이트(아르헨티나), 인디펜던트, 팔메이라스(브라질), 나시오날(우루과이), 풀미넨세(브라질) 등에서 활약했으며 수많은 득점을 거듭했다. 1936년생으로 1966년 런던월드컵에 아르헨티나 대표로 참가, 3골을 기록했다.

1) 슛하지 않으면 득점은 없다

득점할 수 있는 위치에서 볼을 소유하면 지체없이 슛하라!
무얼 하기 위해 패스하고 드리블하며 킥하는가?

2) 불필요한 산뜻함을 과시하지 마라

그림 같은 슛이든 가까스로 굴러 들어가는 슛이든 같은 1골이다.
기교를 부리려다 득점에 실패해서는 안된다. 최근 10수년간 세계에서 가장 뛰어난 스트라이크는 게르트 뮐러라고 생각한다. 그는 자신이 할 수 있는 모든 방법으로 득점을 올리고 있었다. 모양에 구애받지 않고 슛을 따냈다. 나도 그 상황에서 최적의 방법으로 슛했다. 무릎으로도 슛했고, 축구화의 바닥으로 볼을 밀어 넣기도 했다.

3) 라인을 활용한다

공격수는 필드 위에 그려진 라인을 보면 등 뒤의 공간을 파악할 수 있다. 상대 골문을 등지고 볼을 받고 돌아서자마자 슛할 때 골문을 보지 않아도 골문의 위치를 알 수 있다. 이렇게 하면 슛이 보다 신속해지고 간단하기에 수비는 막기 어렵다. 슛할 때 골문을 확인하기 위해 새삼 얼굴을 들 필요가 없다. 등 뒤에 페널티 아크가 있으면 바로 뒤에 골문이 있다. 코너 플래그나 골라인 등을 보고 어디쯤 골문이 있는지 짐작할 수 있고, 순간적으로 어떻게 해서 슛해야겠다는 계획을 세울 수 있다.

4) 애석하게 여기지 않는다

득점에 실패했다고 해서 머리를 껴안거나 운이 없다고 애석하게 여기고 하늘을 쳐다보는 따위의 어설픈 행동을 나는 한번도 한 적이 없다. 이렇게 하면 상대로 하여금 용기를 북돋게 하고 자기 편을 의기소침하게 만든다. 재빨리 잊고 플레이에 집중하는 편이 훨씬 더 좋다.

5) 두려워하지 않는다

스트라이커는 무엇이든 두려워해서는 안된다. 최초의 슛이 카메라맨과 부딪치고 다음의 슛은 코너 플래그 쪽으로 크게 벗어나며, 세 번째의 슛은 광고 간판에 맞는 일이 있을 지도 모른다. 그렇다고 해서 네 번째의 슛을 주저한다면 결코 승리를 손 안에 넣을 수 없다. 스트라이커는 자기의 사전에서 '두려움'이란 말을 지워버려야 한다. 실패를 두려워하면 안된다.

6) 주도권은 공격수에게 있다

공격수는 주도권을 쥐고 있다는 점에서 수비보다 유리하다. 수비는 공격수의 행동(결정)에 뒤늦게 반응할 수 있을 뿐이며 공격수의 의도를 알 수도 없다. 따라서 수비의 움직임은 나의 첫 동작보다 늦어진다. 이 1/10초 정도의 늦음은 슛을 성공시킬 수 있는 충분한 시간이다.

7) 슛의 결단을 다시 한다는 것은 있을 수 없다

슛하려고 결단했으면 슛해야 한다. 슛 아닌 다른 플레이를 해서는 안 된다. 강력하게 또는 교묘하게 그리고 한 템포 늦추거나 골키퍼의 머리 위를 넘기거나 어쨌든 슛을 쏘아야 한다. 플레이의 최종 목적이 슛이다.

8) 골은 실수에서 생겨난다

경기에서 얻은 결론은 "골은 90% 실수에서 생겨난다."는 점이다. 상대 수비의 실수에서 골이 생겨난다. 잘못된 위치 선정, 볼을 뺏고자 성급하게 덤벼들기, 수비의 발 맞고 굴절되어 엉뚱한 방향으로 비행하는 볼, 투 터치 슛에 대한 간발의 차이로 늦은 반응, 서로 미루기 등등 수비 실책이 수시로 일어난다. 교묘하고 기민한 동작으로 상대의 허를 찌르며 모든 찬스를 이용해야 한다.

질 문

1. 나는 나만의 특화되고 앞서 있는 슛 원칙을 가지고 있는가?
2. 슛 실패 후 나는 어떤 동작을 하며, 그게 바람직한 제스처인가?

17 골키퍼가 가장 막기 어려워하는 슛 코스는 어디인가?

잉글랜드 프리미어리그(EPL)는 세계 최고의 선수들이 모인 첫째 가는 리그다. 축구 시장 크기도 가장 크다. 이런 프리미어리그지만 중계방송을 자세히 보고 있으면 유효슛, 그것도 위협적인 유효슛이 생각보다 적다는 걸 느끼게 된다. '왜 그럴까?' 하는 의문이 생긴다. 감독 코치가 이걸 해결해 주지 못하고 있는가?

유럽축구 이야기가 나온 김에 잠시 한국축구와 비교해 보자. 적지 않은 유럽축구인들이 "한국축구는 유럽축구에 30년 이상 뒤져 있다."고 말하곤 한다.

정말 그럴까?

K리그의 중계권료는 65억 원이고 프리미어리그는 3조 1,000억 원이다. 포그바 한 선수의 이적료가 1,350억 원이고 올 해 대한축구협회 예산이 830억 원 정도다. K리그 신인 자유계약금이 1억 5천만 원 이하이나 유럽에는 제한이 없다. 2016년 헤나투 산체스(벤피카 리스본)의 바이에른 뮌헨 이적료가 450억 원이었다. 올 해 레알 마드리드는 18세의 음바페(모나코)에게 1억 유로(1,213억 원)을 베팅하겠다고 발표했다. 연봉도 천문학적인 금액일 것이다.

경기분석 도구인 '프로존'(주로 프리미어리그에서 사용)이나 2014년 브라질 월드컵에서 독일 우승에 크게 기여한 '매치 인사이트' 이런 장비가 대한축구협회는 물론 22개 K리그 구단에 하나도 없다. 반면 웬만한 유럽 프로구단은 이걸 소유, 활용하고 있다.

2008 베이징 올림픽 야구 우승(한국) 이후 한국프로야구와 K리그와의 격차는 점점 커지고 있다. 지금의 대한축구연맹, 한국프로축구연맹, 22개 프로구단의 경영 마인드로는 절대로 한국프로야구를 따라잡을 수 없을 것 같다.

본론으로 돌아와서, 골키퍼가 가장 막아내기 어려워하는 슛 코스는 어디일까? 골문 안으로 향하는 킥(슛)이든 헤딩슛이든 첫째, 무릎 아래 높이로 양쪽 골포스트 가까이 바짝 붙어 들어오는 슛이다. 둘째, 골포스트와 크로스 바가 만나는 부근으로 날아오는 공중볼이다.

왜 그런가? 이것도 상식에 지나지 않는다. 축구에서 다른 것도 대부분 상식에 지나지 않는다. 조금만 생각하면 바로 알 수 있다. 이런 슛에 GK는 몸을 날려 손으로 막으려고 하는데, 여기까지 도달하는 데 더 많은 시간이 걸리기 때문이다. 그래서 막기 어렵고, 득점 가능성이 높기에 이런 슛을 싫어하는 것이다. 그러면 슛하는 선수가 이걸 알고, 이 코스로 정확하고 빠르게 슛할 수 있는 킥(헤딩) 능력이 있는가?

질 문

1. 슛을 미리 이 두 방향으로 정하고 슛하는가?

18 슛할 때 시선 처리와 마음 처리, 어떻게 하고 있나?

사람은 자신이 인식하지 못하는 세계는 생각할 수도, 말할 수도 없다.

모르는 필리핀 토속어로 논리를 전개할 수 있는가? 듣지도, 가보지도 못한 아프리카 라이베리아 오지의 그 마을에 누가 살고 있는지 아는가?

축구도 그렇다. 감독 코치도, 선수도, 학부모도 그렇다.
아는 만큼 실행할 수 있다. 밝게 알면 정확하게 수행할 수 있다.

모든 연습은 이론의 확인에 지나지 않는다. 그렇다면 매 연습 전에 선수에게 이론을 가르쳐야 하는가? 너무나 당연하다. 아쉽게도 이렇게 하고 있는 감독 코치가 있는가? 왜 이걸 하지 않는지 안타깝고 개탄스럽다. 경기력이 획기적으로 빨리 향상되는데 …… 반드시 이렇게 해야 한다. 선택이 아닌 필수다.

경기도 이론의 확인에 지나지 않는다. 이걸 감독 코치, 선수, 학부모가 빨리 깨달아야 한다. 이래야 사유의 도약, 경기력의 혁신이 일어난다. "그 나물에 그 밥"을 계속하면 월드 클래스 배출은 요원하다. 세상의 모든 잘못이 무지에서 생겨난다.

슛할 때 시선 처리와 마음 처리는 어떻게 해야 하는가?
시선 처리에서 선수는 둘 중 하나를 선택한다. 첫째, 볼에 간접시선(25%

정도)을 두고 중심시선으로 골문과 그 주위를 보면서 슛한다. 둘째, 골문과 그 주변 상황을 파악한 후 슛할 때에는 볼(임팩트 부위)를 자세히 보면서 슛한다. 둘째 방법이 골 결정력이 더 높다. 왜냐하면 볼을 보면서 슛하기에 첫째 방법보다 보다 정확하게 임팩트하기 때문이다.

그러면 슛할 때 마음은 어디에 두어야 하는가? 이런 질문을 하면 무슨 말인지 몰라 의아해하는 선수가 많다. 지금까지 만난 그 어떤 선수도 이런 의문조차 가지고 있지 않았다. 별 생각없이 경험의 관성으로 습관적으로 슛하고 있다는 증거다. 슛할 때 마음을 어디에 두어야 하는가? 볼에 닿는 (임팩트하는) 몸의 부위에 가 있어야 한다. 그것도 최고로 섬세하면서도 고도로 집중하여……

일례로, 인스텝슛할 때는 마음이 '발목과 발등의 중심에' 가 있어 정확하게 실행해야 한다. 발목을 180도 완전히 펴고 있느냐? 발등의 중심으로 볼의 무게중심을 임팩트하느냐? 헤딩 슛할 때는 헤딩하는 이마의 그 부위를 마음으로 점검해야 한다.

이런 원칙은 킥 패스 드리블 볼컨트롤 등 볼을 터치할 때 모두 그대로 적용된다. 지금까지의 의도적 계획적인 준비없이 무의식적으로, 습관적으로 슛한(임팩트한) 어제의 자신과 결별하라!

질 문

1. 슛할 때 시선이 무얼 보는가?
   슛할 때 마음은 무엇을 생각하고 점검하는가?

19 축구 동영상에서 슛 노하우를 배우자!

1960~70년대 축구선수 생활을 했던 A씨는 "우리 때는 이렇다 할 기술이 없었어. 코칭 방법도 전근대적이었지. 당시에는 유럽 선진축구를 배울 수 있는 통로는 유럽으로 직접 가는 길 뿐이었어."

그때는 그랬다.
지금은 인터넷시대를 지나 스마트폰시대다.
언제 어디서나 손쉽게 세계의 축구 정보를 찾아볼 수 있다.

선수들이 축구 동영상을 많이 본다. "왜 축구 동영상을 보느냐?"고 질문하면 뭐라고 답할까? 그 이유를 분명하고도 구체적으로 말할 수 있어야 한다. 그냥 심심풀이로, 재미로 본다면 시간 낭비가 될 개연성이 높다. "백문이 불여일견"이라는 말이 있듯이 축구 동영상은 보물창고와 같다. 경기 하이라이트, 풀경기 영상, 6대 개인기 연습 동영상, 경기 분석, 선수 분석 등 없는 게 없다. 축구 동영상에서 배울 수 있는 게 많다. 물론 슛도 배울 수 있다.

시간은 그 무엇으로도 대체할 수 없는 가장 소중한 자원이다. "보고 배워서 내 경기력으로 만들고야 말겠다."는 확고한 목표를 가지고 동영상을 보자.

한마디로 동영상을 개인 코치로 임명하는 것이다. 개인 연습할 때 활용할 수 있도록 노트에 분류하여 기록하면서 시청하자. 일례로 슛의 경우, 슛 이론 / 칩샷 / 발리 슛 / 페널티 킥 / 파넨카 페널티 킥 / 프리킥 / 프리킥 연습 방법 / 바나나 킥(슛) / 무회전 슛 / 중장거리 슛 / 경기 중 슛 / 슛 연습 방법 / 득점 분석 등으로 구별하여 기록하는 방법이다. 부모가 이렇게 하여 휴가온 자녀에게 보여 주어도 좋다.

목적적으로, 의도적으로 축구 동영상을 보면 참으로 많은 걸 배울 수 있다. 활용하지 않을 이유가 없다. 팀의 경우 식사 시간에 시청할 수 있도록 하는 것도 한 방법이다. 먼저, 활용 방법을 알고 적극 활용하기를 권유 드린다.

AS 모나코의 신성 킬리안 음바페는 18세다. 좌우 투톱 중 왼쪽 위치에서 팀의 공격을 주도하고 있다. 유럽 챔피언스리그 5경기 연속골(총 6득점)로 기염을 토하고 있다. 2017년 4월 22일 현재 약체로 평가받던 팀을 유럽챔피언스리그 4강에 올려 놓았다. 유벤투스와 준결승전을 앞두고 있다. 레알 마드리드는 음바페에게 1억 유로(1,213억 원)을 배팅했다. AS 모나코는 거절했다. 이적료 2,400억 원에 파리 생제르맹에 보냈다. 올해 대한축구협회 예산의 2.9배에 달하는 금액이다.

킬리안 음바페 경기 동영상을 보기를 권유 드린다.
무엇을 느끼고 어떤 걸 배울 수 있을까?

질 문

1. 축구 동영상을 가장 효과적으로 활용하는 방법을 알고 있는가?

20 상대 수비와 골키퍼의 약점을 활용하라

전략 전술은 감독마다 다르다.

거의 모든 감독이 경기를 준비하면서 상대팀을 분석한다. 극히 드물게 그렇게 하지 않는 감독도 있다. 대표적인 감독이 존 우든(John Wooden, 美 UCLA대 농구 前감독)이었다. 그는 상대팀 분석도, 상대팀에 맞추어 전략을 수립하지도 않았다. 자신의 팀 경기력을 극대화하여 승리를 일구어 내었다. 826전 664승 162패로 승률이 자그마치 80.4%였다. 스포츠계뿐만 아니라 그 어떤 비즈니스 리더도 그보다 높은 성공 확률을 보여준 사례는 희귀하다.

오늘날 경기 전 상대팀을 분석하지 않는 감독 코치는 없을 것이다. 어떤 형태로든 한다. 프로팀의 경우 전력분석관이 담당한다. 상대팀의 전략 전술, 압박의 형태와 구조, 주 공격 루트와 키 플레이어, 스쿼드의 강점과 약점, 수비 조직력, 동기부여 수준, 부상선수 등등 ……

스트라이커가 주로 경쟁하는 선수는 수비와 골키퍼다. 이들의 약점을 파악하여 활용하지 않을 이유가 없다. 득점할 때 매우 요긴하게 사용할 수 있다. 전력이 비슷할 때는 더욱 효과적이다.

수비의 경우를 살펴보자.

공격수와 일정한 간격을 두고 마크하는 수비수가 있다. 이 경우 적극적으로 중장거리 슛을 시도할 수 있다. 지나치게 공격적인 수비는 종종 뒷 공간을 제공한다. 부상 중에 출전한 선수도 있다. 전력질주로 돌파하면 따라오기 힘들어한다. 자제력이 부족하여 쉽게 덤벼드는 스타일에게는 드리블로 정면으로 쳐들어가 도발시킨다.

헤딩이 취약한 수비수에게는 높은 볼 경합 상황을 수시로 만들어낸다. 순간 스피드에 약점이 있고 턴이 늦은 수비수 뒤로 들어가는 스루 패스를 적극적으로 노릴 필요가 있다. 후반전 75분 이후 급격하게 체력이 떨어지는 선수는 집중 공략 대상이다. 수비가 지쳐 있어 숨소리가 가쁘면 의도적으로 1 : 1 돌파를 시도하라.

상대 수비의 습관을 파악하라.

주말리그 소속팀이 10개 팀이라면 9개 팀 수비와 골키퍼를 분석하면 된다. K리그 클래식은 12개 팀, 챌린지는 10개 팀이다. 대개 팀마다 주전이 정해져 있는데 특히 수비가 그렇다. 경기 전 감독은 수비를 먼저 확정한 뒤 다른 포지션에 배치할 선수를 구상한다. 9개 팀의 센터백 사이드백 골키퍼의 숫자는 50명 내외다.

원톱이라면 분석, 파악해야할 센터백은 20명 내외다. 그리 어렵지 않다. 프로팀과는 달리 전문 전력분석관이 없는 초 중 고 대학팀은 '경기 분석 전문업체'에 외주를 주면 된다. 현재 국내에 여러 곳 있으며 비용도 그리 많지 않다. 깊이 있고 명석하게 분석해준다.

질 문

1. 언제나 정보를 가지고 있는 쪽이 유리하다. 감독 코치는 공격수가 상대팀 수비와 골키퍼의 약점과 강점을 최고로 활용하게 정보를 주고 있는가?

21 다양한 킥을 마스터하라

경기에서 손과 팔을 제외한 온 몸으로 슛하여 득점할 수 있다.

발로 하는 슛이 75%, 헤딩슛이 25% 내외다. 나머지 부위의 슛은 미미하다. 이건 선수들이 발과 이마 아닌 부위로 슛을 적극적으로 시도하지 않는 경향이 많기 때문이다. 고정관념이 뿌리 깊게 자리하고 있지만 의도적으로 극복하려는 의지가 요구된다.

아무튼 발로 하는 슛이 3/4 이상이다. 이러하기에 다양한 킥을 마스터해야 하는 건 선택이 아닌 필수다. 킥의 마스터 여부는 정확성 스피드 타이밍을 계획적으로 통제할 수 있느냐에 의해 판가름난다.

킥에 사용되는 발의 부위는 8곳이다. 인스텝, 인사이드, 아웃사이드 인프런트, 아웃프런트, 토우(발가락), 힐(발뒤꿈치), 발바닥이 그것이다. 이 중 인스텝킥(슛)이 모든 킥(슛)의 기초이며 핵심이다. 인스텝킥(슛)을 마스터하면 나머지 7종류의 킥은 비교적 쉽게 익힐 수 있다. 이러하기에 인스텝킥(슛) 이론과 마스터 방법을 따로 자세히 올릴 계획이다.

정교하고 창의적인 킥은 감독의 전략전술 선택의 폭을 넓히고 관중들에게 축구경기의 특별한 묘미를 선물한다. 호쾌한 장거리 공중패스, 순간 돌파 후 뻗어나가는 빨랫줄 크로스, 이런 건 축구 경기 외에는 볼 수 없는 장면이다.

그리고 킥 능력이 탁월한 선수는 전문 키커로 보다 많은 득점 기회를 창출해 낸다. 페널티킥, 프리킥, 코너킥 등 세트 피스를 담당하여 슛으로 연결시킬 수 있는 것이다.

현대축구에서는 프리킥에 의한 득점으로 승부가 결정되는 경우가 적지 않다. 관심있는 사람들은 주니뉴 페르남부카누, 데이비드 베컴 등 스페셜리스트들이 프리킥으로 승부를 결정지은 사례를 알고 있다. 메시와 호날두도 프리킥이 좋지만 이들보다 한 등급 아래다. 팀에 프리킥 스페셜리스트가 반드시 있어야 한다. 프리킥 때는 거의 인프런트킥이 사용되기에 반드시 숙달해야 한다.

킥 연습은 양발로 번갈아가며 하는 것보다 먼저, 익숙한 발부터 이어서 다른 발로 옮겨가는 게 효과적이다. 가르치는 입장에서는 선수의 신체 구조와 습관에 따른 개인차를 인정하며, 장점을 극대화하는 방법을 전달해야 한다.

질 문

1. 여러분의 팀에는 현저하게 탁월한 전문 키커, 프리킥 스페셜리스트가 있는가?

22 골키퍼와 1 : 1 상황에서 매번 득점하자

골키퍼와 1 : 1 상황, 절호의 득점 기회다.

이런 기회를 살리지 못해서야 되겠는가?
평소 이런 상황을 가정하여 다양하고 효과적인 슛 연습을 해 두었는가?
그리하여 가장 빠른 반응시간 안에 슛하는가?

이 연습 때 몇 가지 점검해야 할 사항이 있다.

1) 볼을 가진 공격수의 위치와 골문과의 거리는 얼마인가?
2) 이때 골키퍼의 움직임이 어떠한가?
   전속력으로 뛰어 나오는가, 슛 각도를 좁히면서 신중하게 나오고 있는가, 제자리를 지키고 있는가?

생각을 전개하는 자원으로 공격수가 선택할 수 있는 몇 가지를 생각해 보자.

1) 골키퍼가 전속력으로 뛰어 나온다면?
   왼쪽 오른쪽 중 한 방향을 선택해 드리블 돌파 후 슛한다.
   이때 돌파 방향은 골키퍼가 몸을 돌려 따라가기 어려운(보다 시간이 많이 걸리는) 방향을 선택한다. 한 방향을 선택해 신속하게 슛해도 좋다.
2) 골키퍼가 몸을 날려 볼을 잡으려고 하면 칩샷으로 골키퍼 머리 위를

넘겨 슛한다.

3) 골키퍼와 거리가 있을 때는 골문의 한 곳을 정해 지체없이 슛한다.
4) 골키퍼가 제자리를 지키고 있으면 조금 더 전진한 후 보다 넓은 공간의(골키퍼와 두 골포스트 중 거리가 먼 골포스트) 골포스트 안 10~20cm 지점으로 낮게 깔아서 인사이드 킥으로 슛한다.

정리해보자!

골키퍼와 1 : 1 상황에서 승리하기 위해 무얼 해야 하나? 먼저, 이와 관련된 이론을 자세히 그리고 구조적으로 가르치고 골키퍼와 1 : 1에서 일어날 수 있는 모든 상황을 찾아내고, 하나 하나의 상황에서 수행할 수 있는 최적의 슛을 도출하여, 근육과 신경이 기억할 수 있을 때까지 연습하라. 이런 상황에서 득점하는 동영상을 보여주고 활용하는 것도 매우 설득력 있는 방법이다.

연습 시간에 이 주제 저 주제 등 이것 저것 연습하는 팀이 대부분이다. 물론 이렇게 해도 나쁘지 않다. 선수들은 새로운 연습에 관심을 가지며 흥미를 보인다. 그러나 여기서 더 나아가야 한다. 한 주제에 천착하는 연습도 반드시 해야 한다.

예를 들면, 위의 연습처럼 골키퍼와 1 : 1 상황에서 득점할 수 있는 연습을 일정시간 동안 집중해서 하는 것이다. 그 목표를 모두 달성할 때까지 처음부터 끝까지 그 연습에 일통하는 것이다. 연습 시간이 450분(90분 연습 5회) 필요하면 그 시간만큼 충분히 투자하는 것이다.

또 하나의 보기를 들어보자.

공중볼 가슴 컨트롤을 어떻게 마스터할 것인가? 먼저, 이론을 충분하고도 깊이 가르친다. 이어 연습에서 이것 저것 단편적으로 가르치지 않고 통합적으로 구조적으로 계획적으로 가르치는 것이다.

일어날 수 있는 모든 상황을 만들어 공중볼을 투입하고 미리 의도한대로 다루도록 연습하는 것이다. 공중으로 오는 볼을 가슴으로 슛, 패스, 방향 전환, 수비 머리 위로 넘기기, 일정한 거리로 밀어놓고 드리블, 투 터치 슛 등이 모든 것을 마스터해 놓으면 경기 중 바로 꺼내 사용할 수 있는 것이다.

이런 연습은 여러 가지 면에서 매우 유익하고 실전적이다. 먼저, 선수를 감독 코치로 만들어주는 연습이다. 둘째, 연습한 그 주제의 이론과 연습 방법에 대한 의문을 거의 대부분 해소해준다. 셋째, 더 없이 실전적이다. 경기 중 그 주제에 관련한 상황이 나오면 최적의 선택으로 온전하게 수행할 수 있는 것이다. 넷째, 선수가 개인 연습을 어떻게 해야 하는지에 대한 영감을 준다. 이 외에도 많이 있다.

골 결정력이 떨어지는 원인이 무엇일까? 평소 연습 중에 생긴 습관의 결과로 나타나는 것이다. 득점력이 떨어지는 스트라이커는 골을 넣으려는 의욕이 부족한 것이 아니라, 그 의욕을 떨어뜨리는 지도와 연습을 해온 것이 문제다.

질 문

1. 골키퍼와 1 : 1 상황에서 득점 비율이 어느 정도인가?
2. 지도자는 골키퍼와 1 : 1 상황에서 득점하는 다양하고도 효과적인 연습 프로그램이 있고, 가르치는가?

23 결정적인 기회에서 흥분하지 말고 침착 냉정하게 슛하라!

"한국 선수들은 결정적인 슛 기회에서 지나치게 흥분한다."

– 거스 히딩크

모든 선수는 득점을 갈망한다. 골을 넣고 환호하려는 열망이 가득하다. 이런 열망이 과도하게 지나치면 오히려 집중력을 떨어뜨린다. 하여 임팩트 해야 할 볼 부위를 자세히 보지 않고 슛하게 되고 득점은 무위로 끝난다. 그리고 머리를 감싸 쥔다. 더러 아무 잘못이 없는 땅을 치기도 한다.

게르트 뮐러는 어떤 선수였던가?
뮌헨의 TSV 클럽의 감독은 그에게 이렇게 말한 적이 있다. "너는 축구로 성공하기 어려울 것 같으니, 아예 다른 일을 찾아보는 것이 나을 것이다."

그 당시 게르트 뮐러는 하루 열두 시간씩 섬유공장에서 일하고 있었다. 11년이 지난 1974년, 땅딸막하고 숏다리의 이 선수는 세계 챔피언이 되었다. 독일리그와 국가대표팀에서 이 선수보다 더 많은 골을 넣은 사람은 아무도 없었다.

– 축구, 그 빛과 그림자 / 에두아르도 갈레아노 / 예림기획 / p.248

'등에 눈이 달린 폭격기'라 불린 게르트 뮐러는 176cm, 74kg의 오동통하고 숏다리로 공격수로는 뛰어난 체격이 아니었다. 그러나 아직까지 그의 분데스리가 최다 득점기록(365 골)을 아무도 깨지 못하고 있다. 2002 한일월드컵에서 호나우두가 15골로 월드컵 최다 득점기록을 경신하기 전까지 그가 월드컵 최다 득점자였다(14골). 1974 뮌헨 월드컵 결승전 결승골(서독 2 : 1 네덜란드)을 비롯하여 바이에른 뮌헨의 유럽챔피언스리그 3회 우승의 일등공신이었다.

그의 득점 비결은 여럿 있지만 그 중에서도 골 기회에서의 침착함이 단연 돋보였다. 흥분하기는커녕 덤덤했다. 서두르거나 당황하지 않았다. 냉담할 정도로 침착했다. 대부분의 한국 선수들과 선명하게 대비되지 않는가? 한국 선수들은 상대팀의 경기력이 높을수록 흥분하는 경향이 증폭된다. 여기다 개인기가 미숙할수록 흥분지수는 비례하여 높아진다.

그러나 결정적인 슛 기회에서 이렇게 생각해야 마땅하다. '지금 이 순간 이 세상에는 나와 골키퍼 외엔 아무도 없다. 슛을 방해하기 위해 달려드는 수비도 없다. 다른 아무 것도 생각하지 말고 방향을 정해 차분하게 슛하자.'

그리고 이렇게 수행해야 한다.

1) 슛 방향을 정한다.
2) 어떻게 슛할 것인지 순간적으로 결정한다.
   인사이드냐, 인스텝이냐, 헤딩이냐, 아니면 어느 부위로 ……
   강하게, 골키퍼의 타이밍을 뺏어서, 칩샷, 투 터치 슛 ……
   왼쪽 골포스트에 붙여서 땅볼로, 오른쪽 공중 모서리로 ……
3) 볼의 무게중심을 보고 임팩트할 부위를 찾아 슛(임팩트)한다.

이게 어려운가?

쉽다고?

그렇다면 너는 경기에서 왜 그렇게 슛하고 있니?

질 문

1. 절호의 슛 기회에서 슛할 때 볼의 무게중심을 세밀하게 보고 임팩트할 볼 부위를 정확하게 임팩트 하는가?

24 위치 선정 잘하면 쉽게 한 골!

뛰어난 스트라이커는 어디로 어떤 궤도의 슛을 찼는지, 누가 어떻게 볼을 가지고 있는지만 보아도 볼이 튕겨 나왔을 때에 기회를 잡을 수 있는 위치를 예측해서 움직일 수 있다. 중요한 점은 살짝만 밀어 넣으면 골을 성공시킬 수 있는 위치에 스라이커가 기다리고 있었다는 것이다.

– 스트라이카 파워 연습 메뉴 100 / 시미즈 히데토 / SRM / p.64

게르트 뮐러는 독일 축구에 지대한 공헌을 한 선수다. 선수 시절 그는 탁월한 스트라이커였다. 발군의 득점력으로 한 시대를 호령했다. 아직도 깨지지 않고 있는 분데스리가 최고 득점(365골 427경기), A매치 횟수보다 더 많은 득점(62경기 68득점), 역대 월드컵 득점 3위(2002 한일월드컵대회 직전까지 최고 득점 기록 보유), 7번의 분데스리가 득점왕 등 득점에 관한 기록을 여럿 가지고 있다.

176cm, 74kg 통통한 몸과 숏다리, 선수 시절 게르트 뮐러의 외모였다. 눈에 띄는 체격 조건도, 수비를 압도하는 체력도 아니었다. 여유 있게 수비를 돌파하는, 호쾌한 중장거리 슛을 쏘는 스타일과는 거리가 멀었다.

주 활동 무대는 페널티 박스 안이었다. 그러나 자타가 공인하는 세계 최고의 주어먹기 1인자였다. 위치 선정이 그만큼 적확했다.

인자기, 트레제게, 루드 반 니스텔루이 등도 이런 유형의 선수였다. 치차리토도 그러하다. 인자기 역시 위치 선정의 달인이었다. "쓰나미에도 살아남는 위치 선정"이라고 말하는 이도 있다. 크루이프는 "축구를 전혀 모르지만 위치 선정이 탁월하다."고, 동료들은(유벤튜스, AC 밀란)은 "테크닉은 형편없었지만 득점력이 놀라웠다."고 말했다.

빼쩍 마른 체격으로 몸싸움도 안되고, 스피드가 뛰어난 것도 아니며, 드리블이나 슛도 월드 클래스라고 하기에는 부족했다. 하지만 볼 예측 능력, 오프 사이드 붕괴 능력은 역사상 최고라고 불리며 헤딩골의 비중도 높았다.

경기를 볼 때마다 느끼지만 갑툭튀(갑자기 어디선가 튀어나와) 골을 넣는 경우가 많았는데, 그래서인지 닌자모드 다크템플러라는 비아냥을 듣지만 마지막 순간 경기의 승리를 결정짓곤 했다.

알고 나면 좋은 위치를 차지하기 위해 끝없이 움직이는 스타일로 골키퍼와 수비가 가장 싫어하는 선수 중의 하나였다. 오죽 했으면 올리버 칸은 말했다. "호돈신(호나우두)은 무서웠지만 피포(인자기)는 상당히 짜증났다." 경기 내내 수비와 골키퍼를 괴롭히고 심지어는 온 몸을 이용해 골을 넣었다.

심지어는 엉덩이로 넣은 골도 있다.

– 위치 선정 마스터 공격수 필리포 인자기 / 스포츠 난봉꾼

게르트 뮐러와 인자기에서 보듯이 최적의 위치 선정으로 쉽게 1골 넣을 수도 있다. 어떻게 하면 이렇게 할 수 있을까? 이들의 경기 동영상을 자세히 그리고 수차례 보면 될까?

순간 순간 변하는 경기 상황을 파악해내는 주변인지 시력, 주변인지 시력을 바탕으로 하는 공간지각능력, 공간과 선수 위치를 알고 볼의 이동 방향을 미리 그려 내는 예측능력, 평소 동료선수의 몸짓언어(바디 랭귀지)를 읽고 이후 플레이 전개 준비, 패스 받는 효과적인 움직임(달리기) 등을 통해 받아먹고 주어 담는 능력을 향상시킬 수 있을까?

선수들의 모범적인 움직임에서도 배우고, 선수 자신도 실전 경험을 통해 위치 선정 능력을 높여갈 수 있다. 위치 선정 능력이란 곧 패스 받는 능력과 흐르는 볼을 먼저 취하는 능력이다.

패스 받는 위치도 그렇다.
한 번의 스루 패스로 골키퍼와 마주하는 게 가장 바람직하다. 바로 슛할 수 있기 때문이다. 두 번째 좋은 위치는 최종 수비수 바로 앞에서 패스 받는 것이다. 이 수비를 제치거나 슛 각도를 열면 바로 슛할 수 있다. 패스 받았을 때 앞에 여러 명의 수비가 있다면 슛 기회를 만들기 어려울 것이다.

여기에다 경기 중 끊임없이 생각하면서, 골키퍼가 쳐낸 볼과 수비 맞으면 어디로 흐를지 예측하면서 플레이에 몰두하는 만큼 볼을 잡을 기회가 증가할 것이다.

질 문

1. 실전적이고 효과적으로 패스받는 방법을 몇 가지나 알고 실천하는가?
2. 오프사이드 무너뜨리기, 스루 패스 받기에서 수비수와의 경쟁에서 이기고 볼을 차지하고 있는가?

25 축구공의 속성을 알고 볼과 친구가 되자

축구는 득점을 많이 한 팀이 승리하는 경기다.

정당한 방법으로 볼을 목표 지점(상대 골문 골라인 넘어)으로 이동(통과)하면 득점으로 인정한다. 이처럼 경기에서 가장 중요한 도구는 볼이다. 위치에 관계없이 볼을 소유한 팀이 공격이고 상대팀은 수비다. 자연스럽게 볼을 소유하지 않은 수비팀은 득점할 수 있는 기회가 없다.

축구선수는 볼에 대해 과학적으로 알고 있어야 한다. 그리고 그 지식을 경기에 적확하게 활용해야 한다. 선수에게 볼에 대해 질문해 보라. 알고 있는 선수가 생각보다 훨씬 적다는 걸 알게 된다. 아니 거의 없다.

축구의 경기규칙 제2조가 '볼'이다.

볼은

1) 둥근 모양
2) 가죽 또는 알맞은 재질
3) 둘레 길이는 68cm(27인치) 이상, 70cm(28인치) 이하
4) 경기 시작 시, 무게는 410g(14온스) 이상, 450g(16온스) 이하
5) 공기 압력은 해면에서 0.6기압 이상 ~ 1.1기압이어야 한다.

볼은 두 가지 속성을 가지고 있다. 자립과 반동이다.

외부로부터 에너지가 전해지지 않으면 잔디 위에 정지해 있다(자립). 힘이 볼에 전해지면 볼은 반대방향으로 움직인다(반동). 볼은 철저하게 스포츠물리학의 법칙대로 움직인다. 행운이나 요행은 없다. 볼에 힘을 가하는 부위, 방향, 파워의 강도와 볼과의 접촉면에 따라 볼의 운동 내용이 결정된다. 볼은 정직하다. 결코 거짓말을 하지 않는다. 볼의 움직임을 보면 어디를 어떻게 가격했는지 알 수 있다. 이러하기에 선수가 볼에 대해 밝게 알수록 보다 효과적으로 경기를 풀어갈 수 있다.

그리고 발의 부위에 따라 볼 임팩트 지점이 다르다. 기초 중의 기초이고 너무나 쉬운 이론이다. 그러나 지나치게 많은 선수들이 이걸 모르고 오늘도 피치(운동장)에서 미친듯이 달리며 연습하고 있다. 이론 없는 맹목, 이런 연습으로는 탁월한 선수가 나올 수 없다. 축구 이론 없는 연습은 경기력 향상이 더디어 결코 세계 경쟁력을 가질 수 없다.

인사이드와 인스텝은 뒤에서 보아 볼의 무게중심(가장 돌출되어 있는 부위)을 임팩트 해야 한다. 발뒤꿈치는 그 반대다. 앞에서 보아 볼의 무게중심을 터치한다. 아웃사이드는 볼의 최상단(북극)과 최하단(남극)을 가운데로 나누는 중심선(적도, 에쿠아도르)과 최하단 사이를 이등분하는 선과 적도(에쿠아도르) 사이의 부위를 임팩트 한다. 발바닥으로 볼을 끌어당길 때는 위에서 본 볼의 무게중심(볼의 가장 높은 부위)을 발가락으로 끌어당긴다.

이건 킥 패스 슛 드리블 볼컨트롤할 때도 공통적으로 적용된다. 이렇게 접촉해야 스윙 에너지가 가장 효과적으로 볼에 전달되고 의도한대로 볼이 이동한다.

몸의 부위와 볼의 부위 중 하나라도 어긋나면 볼이 의도와는 다른 엉뚱한 방향으로 움직인다.

다시 볼은 정직하다. 철저하게 스포츠물리학의 법칙대로 움직인다. 여기서 축구 연습과 경기가 이론의 확인에 지나지 않는다는 걸 확인할 수 있다.

임팩트 시 볼 감각을 온전하게 아는 것도 필수다. 맨발, 운동화, 축구화(축구화도 종류에 따라)를 통한 볼 감각도 서로 다르다.

볼 감각을 익히는 최선의 방법이 볼 리프팅(keepy up)이다. 볼 리프팅에도 원칙이 있지만 이걸 알고 연습하는 선수는 매우 드물다. 축구 이론 없이 무조건 연습(볼 리프팅)만 한다. 그 결과 성장도 늦고 세계적인 수준에 도달하지도 못한다. 한국축구는 왜 계속 이래야 하는지 깊은 한숨이 나온다.

모든 축구이론이 그렇듯 볼 리프팅 원리도 간단하다. 고요히 생각해보면 누구나 어렵지 않게 찾아낼 수 있을 것 같다.

1) 볼의 무게중심(지면에서 보았을 때)을 임팩트한다.
2) 가능한 터치하는 몸의 그 부위 중 가장 넓은 부위로 볼을 임팩트한다.
   볼과 만나는 몸의 그 부위가 넓을수록 정확성이 높아진다.
3) 볼의 움직임이 지면과 직각으로 이루어져야 한다.
   직각이 안되면 볼이 몸 밖으로 벗어나거나 몸 쪽으로 다가온다.
4) 볼이 닿는 순간 몸의 그 부위를 고정하여 가볍게 힘주어 일정 부분 단단하게 만든다. 이래야 반탄력이 생겨 볼을 튕겨 올릴 수 있다.
5) 시선은 볼의 무게중심에(지면에서 볼 때), 마음은 볼과 만나는 몸의 그 부위에 가 있어 정확한 임팩트를 만들어 내려고 집중한다.
6) 처음에는 한 번만 차올리고(리프팅하고) 손으로 잡는다.
   이렇게 계속하다 익숙해지면 두 번 리프팅하다 볼을 손으로 잡는다. 능숙해지면 점차 횟수를 늘려가 연속으로 리프팅한다.
7) 점진적으로 난이도를 높여가 경기에 사용할 수 있는 리프팅을 한다. 즉, 볼 리프팅에서 프리스타일로 나아간다. 지면에서 능숙해지면 계단을 오르내리고, 지면에서 달리면서 연습한다.

일례로, 인스텝 리프팅하는 걸 보면 선수들 대부분이 양발로 명치 높이 정도로 연속 차올린다. 이렇게 하는 건 경기에서 사용할 수 없다. 무의미한 시간 낭비다. 그래도 대부분의 선수가 이렇게 한다.
지름 5m 원 안에서 7m 이상 높이로 양발로 리프팅하기(일명 '전봇대'), 이마 높이로 인스텝 리프팅하면서 계단 오르내리기, 전력질주의 50% 스피드로 골라인에서 골라인으로 볼 리프팅으로 갔다 오기 등 실전에서 사용할 수 있는 연습을 해야 한다.

8) 몸의 부위별(발가락, 발 뒤꿈치, 발바닥, 인사이드, 아웃사이드, 발등, 정강이, 무릎, 가슴, 등, 어깨, 이마) 볼 리프팅 방법, 목표 횟수, 시간 등을 정한 후 가능한 빠른 시기에 달성한다.
9) 실수가 나왔을 때는 성공 경험을 활용하여 바로 교정한다.
10) 축구 카페, 유튜브, 페이스북 등을 통해 볼 리프팅과 프리스타일의 종류와 모범을 배워 자신의 실력으로 만든다.

볼 감각을 익히는 건 볼과 친해지는 것이다. 튼튼하고 예쁜 볼 주머니에(부모가 만들어주어야 한다) 볼 1개를 넣어 언제 어디로 가든 가지고 다니면서 틈만 나면 볼 리프팅과 프리스타일을 연습하면 남들보다 이른 시기에 볼 감각을 마스터할 수 있다. 그런데 이렇게 하는 선수, 1명이라도 본 적 있는가? 선수가 항상 가지고 다녀야 할 3가지, 볼 책 줄넘기다.

여기에 더해 볼의 특징을 알아두고 활용하는 것도 필요하다. 볼마다 조금씩 다르다. 축구공마다 날아가는 괘도가 다 다르다. 볼마다 거죽의 소재 갯수 모양과 거죽과 거죽 사이의 본드(실밥) 길이, 보강재의 재료가 다르기에 비행 특성(볼이 날아가는 괘도)이나 공기역학이 볼마다 조금씩 차이가 난다.

풍동실험(wind tunnel test 윈드 터널 안에 볼을 설치하고 고정된 볼에 일정한 속도의 바람을 불게 함으로써 볼이 갖고 있는 특성을 공기력-저항으로 설명하는 것)으로 드러난다. 월드컵 공인구를 보기로 들어보자.

월드컵 공인구는 1970년 월드컵부터 채택되었는데, 텔스타(Telstar)였다. 2010 남아공 때는 자블라니(Jabulani), 2014 브라질월드컵에는 브라주카(Brazuca)를 사용했다.

골대에서 25m 떨어진 곳에서의 프리킥을 대상으로 킥커가 찬 볼의 속도를 108km/h로 설정하고, 이때의 볼이 날아가는 각도를 15도로 설정한 결과 다섯 종류의 축구공 중에서 가장 먼저 골대에 날아가는 볼은 '자블라니'로 약 0.96초가 걸렸다.

반면, 가장 느리게 골대에 도착하는 볼은 '팀가이스트'로 약 1.01초 후였다. 브라질 월드컵에서 사용되었던 '브라주카'는 약 0.99초로 '팀가이스트'와 '자블라니'의 중간 속도를 나타냈는데, 이는 일반적인 축구공(약 0.99초)과 유사한 결과이다.

이로보아 동일한 속도와 동일한 각도로 볼을 찰 경우, 볼이 골대에 도달하는 시간은 볼의 종류가 어떤 것이든 큰 차이가 없음을 알 수 있다.

그런데 여기서 한 가지 흥미로운 사실은 볼의 도달 시간이 아닌, 볼의 도달 지점이다. 볼이 골대의 어느 지점에 도착하는지를 살펴보았더니 '자블라니'가 가장 높은 곳으로 날아가고, '팀가이스트'는 약 2.16m로 가장 낮은 지점으로 날아간 것을 알 수 있었다.

그리고 '브라주카'는 2.28m, '카푸사'는 약 2.41m 지점으로 날아가는 것으로 나타났다.

이러한 결과를 골대의 높이(2.44m)에 대입하면 100km 이상의 강한 슛을 동일한 각도로 찼을 경우, 2010년 월드컵(자블라니)에서는 골포스트 상단을 맞고 튕겨 나왔을 볼이 2013년(카푸사)에는 골포스트 하단을 맞고 골인이 되고, 2014년(브라주카)에서는 골대 상단에 꽂히는 골인이 된다는 것을 알 수 있다.

이러한 결과는 축구공의 종류에 따라서 킥의 종류가 바뀌어야 한다는, 물론 이는 바람이나 기온, 습도 등의 환경적 요인을 배제한 것을 말해준다.

결과이지만, 볼에 따라 비행궤도가 변할 수 있다는 것과 같은 볼일지라도 볼을 놓는 방향(거죽 방향)에 따라 볼이 다르게 날아갈 수 있다는 것을 의미한다.

– 12가지 코드로 읽는 대한민국 축구 / 김용진 외 / 나무와 숲 / 2016. 4. 15 / pp.229~236

질 문

1. 감독 코치는 축구공의 속성을 선수에게 자세히 가르친 적이 있는가?
2. 선수는 축구공의 속성을 과학적 구조적으로 배운 적이 있는가?

26 슛 자신감을 성큼 성큼 향상시키자

사전에서 자신감(confidence, self confidence)을 어떻게 정의하고 있는가? '어떤 일을 스스로의 능력으로 충분히 감당할 수 있다고 믿는 마음'이라고 해석해 놓았다.

축구에서 슛 자신감은 슛을 시도해서 성공한 횟수가 많을수록 높아진다. 반면에 성공 횟수가 낮으면 자신감이 낮아지고 위축된다. 루이스 아르티메의 지적 그대로 "슛하지 않으면 득점은 없다."

슛 자신감이 높을수록 적극적으로 슛한다. 더 자주 슛한다. 반면에 슛 자신감이 낮은 선수는 슛을 망설이고 주저한다. 심지어 슛을 두려워한다. 선수의 자신감은 감독 코치의 지도력 및 코칭 철학과 긴밀하게 연결되어 있다.

감독 코치의 지도력과 비례한다. 선수가 어린 나이일수록 감독 코치에 대한 의존도가 더 많아진다. 그러나 성인인 19세 이상의 선수가 감독 코치에게 어느 정도 이상을 의존하고 있으면 문제가 심각하다. 감독 코치에 대한 의존도가 낮을수록 자기주도적 학습능력과 창의력이 배가된다. 거듭 거듭 거듭 강조하건데, 세상에서 가장 탁월한 감독 코치는 자기 자신이다. 그리고 이 세상에서 경쟁자는 오직 자기 자신 밖에 없다.

대통령금배 고교축구대회 미나리팀과 상추팀의 준결승전.
미나리팀 오이 선수의 슛이 골문을 벗어나자 그 팀 감독이 벽력같이 호통을 쳤다. 이런 행위는 누워서 침 뱉기다. 그 침이 어디에 떨어지겠는가? 문제 해결은 커녕 상황을 더욱 악화시킨다. 선수가 적극적으로 슛하려는 마음을 억누르고 빼앗아간다. 평소 감독 코치가 슛 이론을 명쾌하고 깊이 있게 가르치지 못했고, 다양하고 효과적인 슛 연습을 하지 못했다는 증거가 아닐까?

사례 하나를 살펴보자.

전설적인 감독 존 우든(前 UCLA大 농구팀 감독)은 경기 중 '작전 타임'을 부르지 않기로 유명했다.

기자 : 왜 작전 타임을 사용하지 않는가?
우든 : 우리 팀이 이기기 때문이다.
'작전 타임'을 부른다는 건 경기 준비가 부족했다는 증거다.
기자 : 어떻게 감독의 팀이 이긴다고 말할 수 있나?
우든 : 우리 팀이 더 과학적으로 준비했기 때문이다.

실제로 존 우든의 승률은 무려 80.4%로(664승 162패) 스포츠계뿐만 아니라 그 어떤 비즈니스 리더도 그보다 높은 성공 확률을 갖고 있지 못하고 있다.

슛 자신감은 점진적으로 향상한다.
성공 경험을 기억하여 최대한 활용하라.
실수를 사랑하라. 결코 실수에 주눅들지 마라.
실수를 기쁘고 즐겁게 당당하게 받아들여라.

실수를 나무라는 감독 코치는 아직 많이 부족한 지도자다.
그런 지도자는 선수에게 재앙과 같은 존재다.
실수하고 있다는 건 연습하고 있다는 증거다.
연습(시도)하지 않는 데 실수가 나올 수 있는가?
연습 때 실수란 좋은 것이다.

실수를 많이 할수록 경기에서 실수하지 않을 가능성이 높아진다. 가령, 30번 실수하면 25% 향상된다면 120번 실수하면 100% 향상된다고 하면 억지인가? 많은 실수가 목표한 기술을 마스터하는 시간을 성큼 앞당긴다. 펠레, 마라도나, 호나우지뉴, 메시, 호날두 등 탁월한 선수들이 모두 이 같은 길을 걸어왔다.

언제 슛 자신감이 생기는가? 어떻게 무엇으로 슛 자신감을 높일 수 있는가? 기발한 게 없다. 상식적으로 생각하고 상식적으로 푸는 게 최고 최선의 방법이다. 평소 제대로 가르치고, 올바르게 배우면 된다. 슛 이론이 필수요, 첫 걸음이다. 슛 이론은 이 책의 '제1부 슛에 대힌 이해'를 읽고 참고하면 도움이 될 것이다.

다양하고 입체적이며 과학적 효과적인 슛 연습 방법은 '제5부 구체적인 슛 연습 방법'을 활용하기 바란다. 이 책이 여러분의 자녀인 선수의 슛에 혁명이 일으킬 것이다. 이전과는 차원이 다른 골 결정력을 소유하게 만들어 줄 것이다. 슛에 대한 궁금증을 해결하는 건 보너스다. 모두에게 좋은 일이다. 여러분과 함께 미리 축하드린다.

여기에 대해 조금 더 깊이 생각해보기로 하자.

1) 적확한 슛 이론 통달

거듭 거듭 거듭 말하건대 경기는 이론의 확인에 지나지 않는다.
연습도 이론의 확인에 지나지 않는다. 감독 코치가 이걸 하루 빨리 깨달아야 한다. 이론을 밝게 알면 실수는 거의 예방된다. 슛 이론을 알면 슛 정확도가 획기적으로 향상된다. 반면, 이론을 모르면 잘못을 계속 반복하게 된다. 이론 없는 맹목으로는 절대로 월드 클래스에 오를 수 없다. 감독 코치, 그래도 이론을 가르치지 않을 것인가?

2) 최적의 연습(상황별 패턴 플레이)

"나의 경험처럼 확실한 것은 없다."

– 프란시스 베이컨

한 번 해본 일이나 가본 길은 남에게 묻지 않고도 스스로 할 수 있다. 상황별 슛 연습을 통해 경기 중 같은 상황이 생기면 당황하지 않고 슛할 수 있다. 이런 연습을 통해 슛 자신감과 슛 적응력이 증폭 확대 상승 고양된다.

3) 연습 경기에서의 적극적이고 빈번한 슛 시도

올바른 방법(이론)으로 반복 연습을 통해 점점 위협적인 유효슛 빈도를 높여 가자! 이윽고 고도의 슛 명중률로 자기 자신을 놀라게 하자!

4) 경기에서 적극적이고 활발한 슛 시도

남이 했으면 나도 할 수 있다. 그가 득점왕이 되었으니 나도 할 수 있다. 크게 생각할수록 크게 이룬다. 경기마다 최고 득점자, 대회마다 득점왕에 도전하고 성취해내자! 처음에는 막막하고 어렵다고 생각했던 일도 해내고 나니 아무 것도 아니었다는 걸 경험한 적이 많을 것이다. 슛 자신감도 그렇다.

질 문

1. 경기 중 평균 몇 회 슛하는가? 공격수와 미드필더가 5회 이하라면 그 원인이 무엇인가?

2. 현재 선수 자신의 슛 자신감이 어느 정도이며 그 이유는 무엇인가?

3. 경기 중 슛해야 할 때 주저없이 슛하는가?

27 인스텝슛 이론, 왜 가르쳐야 하는가?

이론을 우습게 생각하는 선수는 처음에는 즐겁게 플레이를 할 수 있을지 모르지만 주위 선수들의 수준이 높아지기 시작하면 반드시 벽에 부딪혀 실력이 늘지 않아 고민하게 된다. 이때 고생하는 것은 선수 자신뿐이다.

– 스트라이커 파워 연습 메뉴 100 / 시미즈 히데토 / SRM / p.18

모든 연습은 이론의 확인에 지나지 않는다. 경기도 그러하다. 감독 코치 선수가 이걸 하루 속히 깨달아 알고 있어야 한다. 그리고 실천해야 한다. 그렇지 않으면 향상 속도가 너무 늦어 결코 세계 경쟁력을 가질 수 없다.

축구 이론을 가르치고 연습하면 선수의 경기력이 최소 3배~12배 이상 빠르게 향상한다. 이러하기에 축구 이론을 가르치지 않을 이유가 없다. 축구 이론을 잘 가르쳐 선수들이 밝게 알면 경기를 쉽고 효과적으로 풀어갈 수 있다. 연습 효과도 배가된다. 이론이 있어야 독창적인 플레이가 가능하다. 이러하기에 축구 이론을 반드시 가르쳐야 한다.

감독 코치 여러분, 축구 이론을 제대로 그리고 매 연습 전에 가르치고 있는가? 그렇지 못하다면 그 이유는 무엇인가? 그 이유는 정당한가?

'축구 이론 가르치기'는 연습의 첫 번째 과정이자 필수 과정이다. 이후 피치(운동장) 연습이 진행되어야 한다. 그 어떤 연습도 축구 이론 강의, 연습, 평가, 차시 예고 순으로 이루어져야 한다. '축구 이론 가르치기'에는 당일의 '학습목표'와 그날 연습할 교육과정에 대한 '축구 이론(스포츠물리학)'으로 구성된다.

1년치 '축구 이론' 강의를 모아 한 권의 책으로 내면 나쁘지 않다. 가치 있는 정보를 나누어주는 아름다운 일이다. 그런데 이렇게 한 한국 축구지도자 한 명이라도 있었는가?

축구 이론 지도가 왜 중요하고 반드시 필요한지 더 자세히 알고자 하는 분은 축구 카페 http://cafe.daum.net/soccos(클릭 한번으로 바로 방문한다)의 <카페지기의 글 경기력 향상> 중 '211. 감독 코치, 왜 축구 이론을 공부하고 가르쳐야 하는가?'에 자세히 있으니 읽고 참고하기 바란다. 특히 감독 코치가 그 글을 읽고, 느끼고, 영감을 얻고, 축구 이론 강의를 바로 실천하기를 기대한다.

하나의 예시로 <한 번으로 끝내는 인스텝슛 이론>을 제시한다.

한 번으로 끝내는 인스텝슛 이론

축구 연습은 축구 이론의 확인이다.
연습 시 이론대로 실행하면 볼이 의도한 그대로 움직인다. 모든 연습은 이론 강의(강의실), 준비운동, 본 운동, 정리운동, 평가, 차시 예고로 진행되어야 한다. 그러나 대부분의 축구팀이 이론 강의 없이 바로 운동장으로 나가 연습한다.

선수가 운동장에서 배우는 과제에 대한 이해 없이 감독 코치가 시키는 대로 움직이기에 성장 속도가 많이 늦다. 여러분의 팀은 어떠한가?

신라인으로 중국 광저우에서 주로 활동했던 혜초는 인도를 다녀와서 인도여행기인 <왕오천축국전>을 내었다. 이 책은 8세기 인도와 중앙아시아에 관한 것으로 세계에서 유일한 기록이다(브리태니커 세계대백과사전 제16권 p.428). 당시 광저우를 출발하여 인도에 도착하는데 2년 6개월 이상 걸렸다. 지금은 인천공항에서 인도 수도 뉴델리까지 비행기로 8시간 40분 만에 도착한다.

2년 6개월 이상과 8시간 40분?

선수가 이론을 모르고 무작정 연습만 열심히 하면 결코 월드 클래스가 될 수 없다. 일부 감독 코치의 축구 이론 빈곤과 선수들의 이론 경시는 한국 축구 135년(1882~2016)의 오랜 역사에도 단 한 명의 월드 클래스 선수도 배출하지 못하고 있는 기막힌 현실과 깊이 관련되어 있다.

여기서 인스텝슛 이론인 '인스텝슛의 스포츠물리학'을 공부하면서 여러분은 축구에서 이론이 왜 필요하며 얼마나 중요한지 절절하게 느끼고 축구 인식에 혁명이 일어나기를 기대한다.

– 〈1등 축구팀을 만드는 비결〉 pp.114~126

이 글을 읽고 이해한 후 5단계 순서(임팩트 연습, 슛 방향 결정 연습, 균형 조절 연습, 벽을 사용하는 1인 연습, 구체적이고 다양한 슛 연습)로 연습하면 경기에서 슛할 때마다 100% 위협적인 유효 슛으로 득점력에 혁명이 일어난다.

어린 선수는 근육이 점점 발달하면서 45m 그 이상의 초장거리 슛을 마구 마구 득점할 수 있다. 이 시기가 되면 경기마다 최다 득점자, 대회마다 득점왕이 어려운 일이 아니다.

이 글이 선수에게 참으로 소중한 보물 중의 보물 블루 다이어몬드(Blue

Diamond) 같은 가치를 선물할 것이다.

축구는 쉽다.
밝게 아는 감독 코치가 밝게 가르치고, 선수가 올바르게 배우면 축구는 너무 쉽다. 인스텝슛은 모든 종류의(인사이드, 아웃사이드, 인프런트, 아웃프런트 슛 등) 슛의 기초이며 기본이다. 그러므로 인스텝슛을 마스터하면 다른 종류의 슛을 쉽게 마스터할 수 있다.

글쓴이가 세계 축구계에서 처음으로 정리하여 구조화시킨 '인스텝슛의 3대 원칙과 2대 핵심', 여기에 인스텝슛 이론이 모두 들어 있다.

자, 그럼 함께 알아보기로 하자.

■ **인스텝슛의 3대 원칙**

(1) 제1 원칙 : 슛하는 발
(2) 제2 원칙 : 볼
(3) 제3 원칙 : 딛는 발

■ **인스텝슛의 2대 핵심**

(1) 제1 핵심 : 팔로우 스루
(2) 제2 핵심 : 팔로우 스루

1) 인스텝슛의 3대 원칙

(1) 제1 원칙 : 슛하는 발등의 중심으로 슛한다.

가. 발등의 중심이란?

슛하는 발의 오른쪽 끝과 왼쪽 끝 사이의 가운데 선과 엄지발가락 끝과 발목 사이의 가운데 선을 그을 때 만나는 점에서 수평으로 이동하여 발등의 가장 높은 지점(돌출한 뼈)이다. 이 부위가 스위트 스폿(sweet spot)이다.

임팩트 순간 발을 포함하여 다리 전체에 진동이 거의 오지 않고 대부분의 다리 힘이 볼에 전달되는 특정한 발의 위치가 있는데, 인스텝슛의 경우는 이 부위다. 야구나 골프와 달리 축구는 다양한 자세에서 슈팅과 패스가 이루어지기 때문에 스위트 스폿의 위치도 볼을 차는 순간마다 다를 수 있다. 볼이 발의 스위트 스폿에 제대로 맞으면 발의 운동은 부드러워지며 '시원한 느낌'이 다리에 전달된다. 시원한 '발맛'을 느끼기 위해서는 볼의 운동을 예측하는 능력과 유연한 몸동작이 필수적이다.

– 얼마나 무거운 다리가 얼마나 빨리 움직이는가? / 이인호 / 축구가족 2005년 9월호

이 지점으로 슛할 때 스윙하는 에너지가 가장 강하게 볼에 전달된다.
발의 가장 넓은 부위로 슛할 때 슛의 정확성이 증가한다.

나. 발목 180도 펴기

디딤발을 볼 옆에 딛고 발등의 중심으로 볼의 무게중심을 슛하려면 발목을 180도로 완전히 펴야 한다. 다섯 발가락 끝으로 축구화를 지그시 누른다는 기분으로 발목을 펴면 더 쉽게 펴진다. 이렇게 하면 뒤에서 볼 때 슛하는 축구화 바닥이 그대로 보인다. 이때 엄지발가락이 경골(손으로 만져지는 정강이뼈)과 일직선을 이루어야 한다.

엄지발가락이 디딤발 쪽으로 향하거나 그 반대일 때(슛하는 발 바깥쪽) 스윙 속도가 늦어진다. 이는 고관절(대퇴관절)을 안쪽으로 또는 바깥쪽으로 비틀리게 한 상태로 스윙하기 때문이다. 이렇게 하는 선수들이 예상 외로 많은데 시급히 고쳐야할 잘못이다.

평소 의자에 앉아 틈나는 대로 발목을 골 기둥(골 포스트)처럼 완전히 일자로 펴서 위 아래로 흔드는 연습으로 발목 180도 펴기가 슛할 때 습관

으로 되어 있어야 한다. 이 점은 아무리 강조해도 지나치지 않다. 발목을 완전히 펴면 인스텝슛이 정확하고 쉽게 이루어진다. 반대로 그렇지 못하면 발등의 중심으로 볼의 무게중심을 가격하는 인스텝슛 자체가 불가능하다.

다. 아킬레스건 스트레칭으로 발목 강화하기

인스텝슛에 사용되는 근육은 여러 가지다. 그 중에서도 무릎 아래를 앞으로 밀어내는 대퇴사두근(넙다리네갈래근), 강력한 대요근, 봉공근 등이 대표적이다.

이 근육뿐만 아니라 발목의 힘도 슛 스피드에 결정적으로 작용한다. 킥력이 좋고 폭발적인 중장거리 슛을 쏘는 스티븐 제라드, 제이 제이 오코차, 카를로스 호베루투, 슈바인 슈타이그 같은 선수는 모두 발목힘이 현저하게 탁월하다는 공통점을 가지고 있다.

이킬레스건 스트레칭은 간단하지만 그 효과는 놀라울 정도다. 두 발을 어깨 넓이로 벌리고 곧게 서서 두 발 뒤꿈치를 높이 들어 올렸다 내렸다를 반복하는 것이다. 한 발로 연습할 때는 한 손으로 벽이나 책상 등에 가볍게 붙여 균형을 잡고 한 발로 서서 올렸다 내렸다를 반복한다.

나이, 근육의 발달 정도에 따라 세트별 횟수와 세트 수를 정해 매일 하면 세월 속에서 근육이 발달하면서 초장거리 슛의 명수로 성장하게 된다. 더욱 운동량을 늘리려면 양손에 아령이나 덤벨을 쥐고 한다.

라. 슛하는 발의 발등이 슛하는 방향을 바라보기

그렇지 않고 바깥쪽을 향하고 있으면 볼도 이 방향으로 비행하기에 득점하지 못하게 된다.

마. 인스텝슛으로 발등의 중심과 볼이 무게중심이 만나는 순간(임팩트 순간) 발등과 발목에 힘을 주어 최대한 딱딱하게 한다.

볼이 튀어나가는 반탄력이 배가되어 슛 스피드가 빨라진다.

바. 슛할 때 마음은 어디에 두어야 하는가?

볼에 닿는 몸의 부위에 두어야 한다. 축구에서 이 점은 너무나 중요하지만 선수들이 모르고 있거나 간과하고 있다. 지금 바로 결별해야 할 매우 나쁜 습관이다. 정면으로 헤딩할 때는 볼과 만나는 이마의 중심에 마음이 가 있어 올바로 임팩트하는지 점검해야 한다.

인스텝슛할 때에는 마음이 발등의 중심과 발목에 가 있어야 한다. 즉, 발등의 중심으로 슛하는가, 아니면 아래 쪽으로 또는 윗쪽으로 슛하는가를 스스로 점검하여 잘못되었을 때는 즉시 바로 잡아야 한다. 가령, 발등의 중심보다 아래 부위로 슛할 것 같으면 스윙하면서 발등을 적절하게 위로 들어 올려야 하는 것이다. 발목도 180도 완전히 펴지지 않았다면 즉시 180도로 펴야 한다.

사. 슛할 때 시선은 어디에 두어야 하는가?

슛하기 전에 순간적으로 골문의 위치와 방향, 거리, 골키퍼의 위치를 확인한 후 슛할 때에는 시선을 볼에 두어 임팩트할 볼 부위(볼의 무게중심)를 찾아 그곳에 정확하게 가격해야 한다.

축구에서 개인기의 3대 요소는 정확성 스피드 타이밍인데, 이 중 정확성이 가장 중요하다. 축구에서 정확성이란 볼 터치(임팩트)의 정확성이다.

아. 스윙의 최하점에서 발등의 중심과 볼의 무게중심이 만나게(임팩트) 된다.

(2) 제2 원칙 : 볼의 무게중심을 가격(임팩트)한다.

가. 볼의 무게중심이란?

볼의 왼쪽 끝과 오른쪽 끝의 중심선, 맨 위와 아래의 중심선이 만나는 점이다. 볼은 매우 친절하다. 선수가 볼을 보는 순간 즉시 볼의 무게중심을 가르쳐준다. 정지된 볼을 보면 바로 알 수 있다. 선수가 볼 때 볼 부위 중 선수에게 가장 가까이 있는(돌출해 있는) 부위가 볼의 무게중심이기 때문이다.

주의할 점은, 볼의 무게중심은 보는 선수의 시야가 아니라 볼이 비행하는(보내고자 하는) 방향이 기준이다. 일례로, 크로스를 마주 보고 오른발 발등으로 인스텝 발리 슛할 때(즉 ㄴ자 모양으로 슛할 때) 볼의 무게중심을 시선이 보는 게 아니라 슛하는 오른발이 보게 된다. 이처럼 방향을 바꾸는 슛이 모두 이러하다.

• 볼의 무게중심

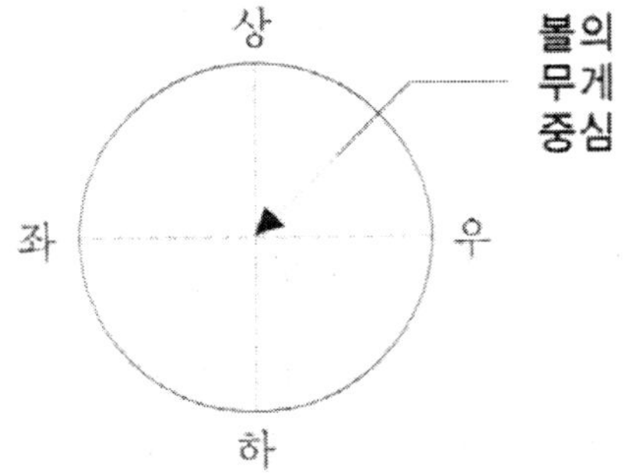

– 축구코칭론 / 김기호 지음 / 도서출판 두남 / 2015. 8. 10 / p.104

나. 모든 임팩트의 기준 : 볼의 무게중심

볼의 무게중심이 모든 임팩트의 기준이다. "아랫 쪽을 슛하라"는 의미는 볼의 무게중심 아랫 쪽을 슛하라는 뜻이다. 위, 왼쪽, 오른쪽도 마찬가지다. 자립과 반동이라는 고유의 속성을 가진 볼의 무게중심 아랫 쪽을 슛하면 볼이 위로 날아간다. 중심으로 슛하면 직진한다. 위로 슛하면 땅볼로 굴러간다. 볼의 무게중심 왼쪽을 슛하면 오른쪽으로 회전하며 나아가고, 오른쪽을 슛하면 그 반대이다.

• 킥 포인트별 볼의 이동 방향

– 축구코칭론 / 김기호 지음 / 도서출판 두남 / 2015. 8. 10 / p.104

다. 슛한 볼이 왜 크로스 바 위로 날아가는가?

볼의 무게중심 아랫 쪽을 슛했기 때문이다. 국가대표 선수들과 K리거들이 경기에서 이런 장면을 무수히 그리고 계속 보여주고 있다. 슛하기 전에 어느 높이로 볼이 골문을 통과하도록 할 것인가를 미리 정해 놓고 볼의 그 부위를 슛해야 한다. 크로스 바(높이 2.44m)를 훌쩍 넘기는 어처구니없는 슛을 하는 선수가 너무 많다. 그 선수는 볼의 무게중심 개념이 없으며, 이걸 이해하지 못하면 계속 그런 잘못을 반복하게 된다.

라. 슛 종류별 볼 터치 부위

a. 인스텝슛 : 정면에서 보았을 때 볼의 무게중심
   단, 방향을 바꾸는 슛을 할 때는 슛하는 발등의 중심이 보는 볼의 무게중심

b. 인사이드 슛 : 볼의 최상단과 최하단을 이등분하는 선, 인스텝슛과 같다.

c. 아웃사이드 슛 : 볼의 최상단과 최하단을 이등분하는 선(지구에 비유하면 적도), 이 선과 볼의 최하단을 이등분하는 선 위와 적도 아래 부위
d. 발끝 : 볼의 무게중심
e. 발 뒤꿈치 : 상대방이 볼을 보았을 때 볼의 무게중심
f. 발바닥 : 다섯 발가락과 발바닥이 만나는 부위
단, 드리블하면서 볼을 끌어당길 때는 위에서 볼 때 볼의 무게중심을 발가락으로 당긴다.

이건 슛할 때 뿐만 아니라 킥, 드리블, 헤딩, 볼 컨트롤, 패스에도 그대로 적용된다.

마. 볼의 무게중심을 자세히 보는 연습을 하라!

볼을 본다는 건 볼의 무게중심을 본다는 것이다.
이제부터는 볼을 보지 말고 철저하게 볼의 무게중심을 보아야 한다.

- 볼을 자세히 봐라 (×)
- 볼의 무게중심을 자세히 봐라! (○)

어제까지의 나쁜 습관과 지금 즉시 결별하라!

위의 설명을 읽으면서 자신이 얼마나 잘못된 방법으로 슛하는지 느꼈을 것이다. 볼의 무게중심을 자세히 볼수록 볼 처리 방법을 선택할 수 있는 시간이 많아진다. 자연스럽게 준비할 수 있는 여유가 생겨 마음먹은 대로 볼을 다룰 수 있게 된다.

시력의 종류는 12가지가 넘으며 축구에서 특히 중요한 시력은 물체추적시력(동체시력)과 주변인지시력이다. 평소 생활하면서 움직이는 물체를 추적하면서 자세히 보는 습관(연습)을 길러야 한다. 그러면 필드 플레이어는 헤딩이나 공중볼 처리에서 경쟁 우위를 가질 것이다.

휘어지고, 순간적으로 뚝 떨어지는 등 온갖 궤적을 그리며 들어오는 슛

을 순간에 막아야 하는 골키퍼에게는 더욱 물체추적시력이 중시된다. 2002 한일 월드컵 4강 주역 골키퍼로 PK를 잘 막아낸 이운재 선수는 운전하면서 찰나에 앞차와 좌우 옆차의 차번호를 읽어내고 서로 더하는 훈련을 하곤 했다고 한다.

미 프로야구(MLB)의 최후의 4할 타자는 1950년대~1960년대에 활약했던 테드 윌리엄스다. 그 이후 2016년 지금까지도 미 프로야구(MLB)에 4할 타자가 등장하지 못하고 있다. 그는 기자회견에서 타격의 비결에 대한 질문을 받고 이렇게 답했다.

> 나는 제아무리 강속구를 던지는 투수의 총알 같은 볼이 날아와도 야구공의 글씨나 실밥 이음새를 봅니다. 포물선을 그리는 홈런을 치려면 볼의 아랫 쪽을 가격하고, 1루수가 수비에 약하면 밀어치죠. 2루와 3루 사이를 지나는 빨랫줄 안타를 치려면 야구공의 중심을 타격합니다. 이처럼 제 타격의 비결은 야구공을 자세히, 환하게 보는 데 있습니다.
>
> – 고두현의 〈스코어 카드〉 중에서

그렇다. 어느 종목이든 그 분야의 초일류 선수들의 공통점 중 하나가 시각 능력이 탁월하다는 것이다. 스포츠비전, 선수를 성공으로 안내하는 또 하나의 무기다.

(3) 제3 원칙 : 딛는 발의 방향이 볼의 진행 방향을 결정한다.

가. 미리 슛하고자 하는 방향으로 딛는 발을 놓아라!

이 얼마나 쉬운 일인가! 이게 제3 원칙의 핵심이다. 오늘도 내일도 너무나 많은 선수의 슛이 왜 폭 7.32m의 골문 밖으로 나가는가? 이런 실수를 반복하는 각급 국가대표 선수, K 리거들이 한 둘이 아니고 즐비하다. 딛는 발이 골문 밖으로 향하고 있기 때문이다. 딛는 발은 반드시 양쪽 골 포스트 안쪽을 향해야 한다.

어느 방향으로 슛할 것인지를 미리 선택한 후 그대로 디딤발을 놓으면 된다. 너무 쉽다. 참고로, GK가 가장 싫어하는(가장 막기 어려운) 슛 코스는 양쪽 골 포스트에 바짝 붙어 GK의 무릎 아래 높이로 비행하는 볼이나 땅볼 슛이다.

나. 딛는 발을 충분히 굽혀 체중을 완전히 실어라

딛는 발에 체중을 완전히 싣고 고도의 평형성을 유지해야 슛하는 발을 최고 스피드로 스윙할 수 있다. 태풍이 불어올 때 뿌리 뽑히는 나무와 의연하게 버텨내는 나무를 생각해보라. 스윙 스피드가 볼의 비행 속도를 결정하므로 매우 중요하다. 선수 자신은 의식하지 못하지만 한 발로 체중을 실으면 몸이 전후좌우로 흔들린다. 위에서 선수의 머리 꼭대기 점(정수리)을 보면 흔들린다는 걸 알 수 있는데, 흔들리는 거리가 짧을수록 평형성을 더 잘 유지하는 선수이다.

평형성 유지 연습 방법으로 아래를 추천한다. 한 발로 서서 다른 발을 앞으로 내밀고 허리를 곧게 편 다음 서서히 무릎을 굽혀 앞으로 내민 다리의 발이 땅(잔디)에 닿기 바로 직전까지 내렸다가 --- 이때 땅에 닿지 않도록 해야 한다 --- 일어선다. 이번에는 발을 바꾸어 실행한다. 처음에는 좌우 각 1회씩 하다 익숙해지면 좌우 각 2회씩, 이런 식으로 좌우 각 15회 이상 할 수 있어야 한다. 근육이 발달하지 않은 어린 선수는 하기 어렵다. 억지로 하려고 하면 근육이 찢어지거나 뜯어지는 부상(스트레인 strain)을 당할 수 있으니 하지 않아도 된다. 굳이 연습하려면 되는 만큼만 딛는 무릎을 굽혔다 펴는 연습을 계속하다 익숙해지면 조금씩 굽히는 각도를 내리면 된다. 조급증으로 절대로 무리해서는 안된다.

다. 딛는 발 쪽의 팔이 평형성 유지에 크게 작용하니 최대한 활용해야 한다.

손을 펴서 자연스럽게 뻗어 균형을 잡아라.

방향은 앞으로 옆으로 등 각자 편한 쪽을 선택하면 된다.

라. 일반적으로 딛는 발 앞끝과 뒤꿈치 사이에 볼이 위치한다.

정지된 볼은 이렇다. 굴러가는 볼은 디딤발을 딛고 볼이 이 사이를 지날 때 임팩트하면 된다. 근육이 잘 발달되고 특출하게 유연한 선수는 딛는 발을 볼 앞에 놓고 임팩트하는 경우도 있다. 1966 런던월드컵 득점왕 에우제비오 실바 페레이라(포르투갈, 벤피카 리스본)가 대표적인 선수다.

가마모도 구니시게 선수의 시도

올드팬들이 기억하고 있는 일본의 가마모도 구니시게 선수는 1968년 멕시코올림픽 축구 동메달(아시아 최초의 올림픽축구 동메달)의 주역이었다.

당시 한국의 차범근 선수와 라이벌이었다. 선수 시절 가마모도는 흑표범 에우제비오 실바 페레이라 선수의 미사일 슛에 큰 감명을 받고 배우려고 따라 했다. 에우제비오는 딛는 발을 볼보다 30cm 가량 앞에 딛고 슛했다. 워낙 유연한 흑인 특유의 몸이기에 가능했다. 그렇지 못한 선수가 따라 하면 스트레인(strain) 부상 당하게 될 위험이 크다.

열심히 연습했지만 가마모도가 이루어낸 성과는 15cm였다. 15cm? 이후 가마모도는 더욱 위력적인 슈터로 활약하게 된다. 달리는 지하철에서 손잡이를 잡지 않고 몸의 균형을 유지하는 연습을 하는 등 새로운 시도와 연습에 성실한 선수였다.

– 축구코칭론 / 김기호 지음 / 두남 / 2015년 8월 10일 개정판 3쇄 / p.106

2) 인스텝슛의 2대 핵심

인스텝슛은 4가지 동작으로 이루어진다. 접근, 백 스윙, 임팩트, 팔로우 스루다. 인스텝슛의 2대 핵심은 모두 팔로우 스루에 있다.

(1) 제1 핵심 : 팔로우 스루를 가장 빠르게, 가장 높게, 끝까지

팔로우 스루가 인스텝슛의 혼이요 생명이다. 팔로우 스루를 가장 빠르게, 가장 높이, 끝까지 하라. 팔로우 스루가 볼의 비행 스피드를 결정한다. 50m 이상의 초장거리 슛을 성공시키는 선수는 모두 팔로우 스루가 싱싱하게 살아있다.

평소 이렇게 해낼 수 있는 허리와 다리의 근육을 길러라. 적지 않은 선수가, 심지어 국가대표 선수들도 슛한 후 자신이 어떻게 팔로우 스루를 하고 있는지 관심을 갖고 있지 않고 무신경한 경우가 너무 많다.

의도적으로 관찰해보면, 슛한 후 끝까지 팔로우 스루를 하지 않는 선수가 너무나 많다는 데 놀랄 것이다. 자신이 어떻게 팔로우 스루 하고 있는지 스스로 점검하라. 거듭 말하는데, 팔로우 스루를 가장 빠르게, 가장 높이, 끝까지 하라.

(2) 제2 핵심 : 슛한 후 끝까지 발목을 고정하고, 팔로우 스루는 슛하는 방향으로 하라

슛한 후 끝까지 발목을 고정하라. 이래야 슛하는 스윙 에너지가 끝까지 볼에 전달되어 볼의 스피드가 줄어들지 않는다. 발목이 고정되어 있느냐, 풀리느냐에 따라 간발의 차이로 득점될 수도 있고 골키퍼에 막힐 수도 있다. 슛한 볼의 비행 스피드가 달라지기 때문이다.

국가대표 선수들이나 K리거들 중 슛한 후 발목이 풀리는 선수가 너무 많다. 이들은 가장 기본적인 기초가 되어 있지 않은 선수들이다. 이론을 모르니 잘못을 반복하고 있다. 팔로우 스루(임팩트 후 스윙)는 슛한 방향으로 따라가야 한다. 이래야 볼이 슛하는(정한) 방향으로 정확하게 날아간다. 적지 않은 선수들의 팔로우 스루가 디딤발 쪽으로 휘어지고 있다.

3) 볼의 비행 스피드를 결정하는 2대 요소

(1) 슛하는 발의 스윙 스피드의 1.3배로 비행한다

볼은 슛하는 발의 스윙 스피드보다 1.3배 높은 스피드로 날아간다. 시속 100km로 스윙하면 시속 130km로 날아간다. 측정된 최고 스피드는 시속 200km다. 2006년 스포르팅 리스본(포르투갈)의 에베르손 선수의 기록이다. 초속 55.5m로 하프라인에서 슛한 볼이 1초 안에 골 라인을 통과한다는 계산이 나온다. 25m에서 슛하면 0.45초에 골 라인을 넘어선다.

이 경우 GK는 시선으로 볼을 볼 수는 있지만 몸을 움직이기 전에 득점된다. 개인차가 있지만 GK가 슛을 보고 반응을 시작하는 시간이 0.55초이기 때문이다. 카르로스 호베르투가 시속 162km, 데이비드 베컴이 시속 158km 정도를 기록하곤 한다. 측정된 한국 최고 기록이 이기형 선수의 시속 138km다. 측정하진 않았지만 이보다 빠른 슛을 하는 선수가 여럿 있을 것 같다.

(2) 볼의 비행 스피드는 슛하는 다리의 근육량에 비례한다

같은 스윙 스피드라도 초등 선수와 프로 선수의 볼 비행 스피드는 다르다. 볼을 나무젓가락으로 치느냐, 야구 배트로 치느냐의 차이이다.

이 2가지 요소를 결정짓는 것이 결국 근육이다. 마음이 아무리 빠르게 스윙하고 싶어도, 최고로 강력한 슛을 날리고 싶어도 근육이 충분히 발달되어 있지 않으면 불가능하다. 근육의 발달 정도는 근섬유(살올실)의 크기(bulk)와 뚜렷함(definition)으로 판정한다. 근육을 발달시키는 데는 웨이트 트레이닝이 최고 최선이다. 테스토스테론이나 아나볼릭 스테로이드 같은 남성호르몬이 활발하게 분비되기 시작하는 제2차 성징이 시작될 때부터(중2~고1) 웨이트 트레이닝을 과학적으로 꾸준히 하라.

4) 인스텝슛할 때 흔히 저지르는 잘못과 그 교정 방법

이미 위에서 밝혀두었지만 한 번 더 정리한다는 마음으로 제시한다.

(1) 슛이 크로스 바 위로 날아간다.

슛 임팩트가 잘못 되어서다. 원인은 두 가지다.

가. 볼의 무게중심 아래 부위를 슛할 경우 이러하다.

디딤발을 정확하게 놓아도 발목을 완전히 180도로 펴지 않으면 볼의 무게중심 아랫 쪽을 임팩트하게 된다. 발목을 180도로 완전히 펴라. 발목 펴는 것을 조금도 아끼지 마라. 발목을 완전히 펴면 인스텝슛이 매우 쉬워진다. 평소 발목 펴는 연습으로 인스텝슛할 때 저절로 180도 펴지게 하라.

나. 딛는 발을 볼보다 뒤쪽에 놓으면 이러하다.

딛는 발의 위치가 이러하면 볼의 무게중심 아랫 쪽을 슛(킥)하게 되어 볼이 위로 뜨게 된다. 임팩트 순간 볼이 딛는 발의 앞끝과 뒤꿈치 사이에 위치하게 하라. 반면, 크로스나 센터링 등 인스텝으로 공중볼을 보낼 때는 딛는 발을 볼 뒤에 둔다.

(2) 슛이 골문 즉, 양쪽 골 포스트 밖으로 벗어난다.

원인은 크게 두 가지다.

가. 딛는 발이 양쪽 골 포스트 밖으로 향하고 있기 때문이다.

딛는 발의 방향이 양쪽 골 포스트 안으로(골문 안으로) 향하게 하라. 슛하려는 방향을 미리 결정하고 그 방향으로 딛는 발을 놓아라.

나. 딛는 발의 방향을 올바르게 놓아도 슛하는 발등이 슛하는 방향으로 보지 않고 바깥쪽으로 틀어져 있으면 이런 결과가 나온다.

슛하는 발등이 슛하는 방향으로 보게 하라. 발등을 바깥쪽으로 틀지 마라.

(3) 솟아오르면서 숏하기에 숏의 스피드가 반감된다.

숏과 동시에 딛는 발이 지면을 차고 솟아오르면 숏 스윙 스피드가 느려진다.

숏 자세가 흐트러져 숏하는 에너지를 볼에 100% 실을 수도 없다. 몸이 위로 솟아 오르기에 볼의 무게중심 위를 임팩트할 가능성이 높아진다. 보다 강력한 숏을 하려는 열망(조급증)으로 이렇게 숏한다. 이렇게 하는 건 딛는 발에 체중을 완전히 싣지 않고 있다는 증거다.

교정 방법으로는 볼없이 숏하는 동작을 천천히 정확하게 반복하는 것이다. 책상이나 벽을 한손으로 짚고 인스텝숏 동작을 하라. 천천히 그리고 정확하게! 숏할 때 딛는 발이 솟아오르는 게 아니라 임팩트 후 팔로우 스루가 점점 위로 높아지면서 딛는 발의 뒤꿈치부터 자연스럽게 들려 올려지면서 무릎도 자연스럽게 펴지게 해야 한다. 선수는 이 과정의 동작을 자신의 눈으로 보면서 점검하고 고쳐 가야 한다. 이 동작이 익숙해지면 그 다음 볼을 가지고 연습한다.

참고로, 잘못된 동작을 교정할 때는 볼없이 하는 게 훨씬 효과적이다. 그것도 매우 천천히 그리고 정확하게! 볼을 다루면서 교정하려면 교정해야 할 점에 대한 집중력이 부족해지기 쉽고, 자연스럽게 잘못된 습관이 선수 자신도 모르게 반복될 가능성이 많아지기 때문이다. 자세를 교정할 때나 임팩트를 정확하게 하려는 연습 등 잘 안되는 걸 마스터하려할 때는 절대로 빠르게 연습하지 말라. 천천히, 더 천천히 하라. 빠른 동작으로 교정하려면 저절로 나쁜 습관이 나오게 되어 있다. 먼저, 볼없이 동작을 정확하게 마스터한 후 볼을 가지고 천천히 연습해야 한다.

동작을 나누어서 하면 더욱 좋다(전습법이 아닌 분습법). 빨리 고치려는 조급증이 오히려 자세 교정을 방해하거나 더 오래 걸리게 한다는 걸 명심하기 바란다.

처음 배우는 기술도 천천히 연습하라! 빨리 배우려고 하지 말라, 이런 조급증이 정확한 기술 습득을 오히려 방해한다. 빨리 보다, 정확하게 배우려고 하라. 정확한 방법을 알아라. 연습 방법을 정확하게 알면 개인연습 시 올바르게 연습할 수 있기에 보다 빨리 마스터할 수 있는 것이다.

(4) 임팩트 시 볼에 더해지는 반탄력이 약하다.

임팩트 순간 발등과 발목에 힘을 주어 최대한 딱딱하게 하여 볼이 닿자마자 총알처럼 튀어나가게 해야 한다. 슛은 볼의 소유하는 게 아니라 볼을 몸 밖으로 가능한 멀리 보내는 동작이다.

(5) 볼이 비행하는 볼 줄기의 힘이 약하다.

야구에서 투수의 볼끝이 살아 있다, 죽어 있다는 것과 같은 의미다. 팔로우 스루에 문제가 있다. 팔로우 스루를 끝까지, 가장 높이, 가장 빠르게 하라! 이렇게 하는지 자신의 팔로우 스루를 의도적으로 점검해보라.

(6) 공중볼 인스텝슛(인스텝 발리 슛)에 자신이 없다

인스텝슛 연습을 구조적, 과학적, 계획적, 통합적으로 하고 있지 않기 때문이다. 경험에 의한 코칭은 세계 경쟁력이 전혀 없다. 세계의 코칭 방법이 매일 새롭게 발전하고 있다. 과거의 경험이 이미 쓸모없는, 경쟁력이 없는 기술로 퇴보했기 때문이다. 흘러간 물로는 물레방아를 돌릴 수 없다. 매일 매일 치열하게 공부하지 않으면 국가대표 출신이니 프로선수 출신이니 이런 게 아무 쓸모없고 오히려 선수의 성장을 방해한다. 공부하지 않으면 이런 선수 경력은 공허한 넋두리에 불과하다. 세밀하게 계획하지 않은 코칭은 잃어버린 코칭이다. 시간 낭비, 노력 낭비다.

인스텝슛 연습은 임팩트 연습, 슛 방향 결정 연습, 균형 조절(평형성) 연습, 벽을 사용하는 1인 연습으로 순서적으로 이루어져야 구조적인 연습이 된다.

이 4가지 연습 안에는 다양하고 과학적인 연습 프로그램이 있다. 이 4가지를 마스터하지 못하면 정확하고 강력한 인스텝슛이 불가능하다. 이때 슛 연습은 하지 않아야 한다. 이 4가지 연습을 마스터한 후 슛 연습에 들어가야 한다. 그러면 슛할 때마다 100% 위협적인 유효 슛이 저절로 이루어진다. 자연스럽게 인스텝 발리슛이 기다려진다.

(7) 인스텝슛을 이 세상에서 가장 빨리, 가장 정확하게, 가장 수준 높게 마스터하고 싶다?

먼저, 인스텝슛 이론을 완벽하게 이해하고 알아야 한다. 남을 가르칠 수 있을 정도로 …… 대충 알고 있는 건 경기에서 사용할 수 없다. 어중이떠중이다. 이렇게 되기 전에는 아예 인스텝슛 연습 자체를 하지 말라. 체력 개인기 전술 연습도 이와 같다. 선수는 이론을 알기 전에는 연습해서는 안된다. 이론을 모르고 연습하면 아무리 부지런히 연습해도 그 성취가 평범한 수준을 넘어서지 못하기 때문이다.

감독 코치도 선수에게 이론을 이해시키지 않고는 절대로 피치(운동장) 연습을 해서는 안된다. 한국의 모든 축구 감독 코치가 이렇게 해야 한다. 그러면 여러분의 팀은 어떠한가? 댁의 자녀의 소속팀 감독 코치는 이렇게 하는가?

인스텝슛 이론을 마스터한 후, 4가지 연습을 완전정복하라. 그 후에 다양한 슛 연습을 하라. 그러면 '나도 할 수 있다'는 자신감이 엄청 생긴다.

5) 글을 정리하며

2월은 초, 중, 고, 대학의 전국대회가 일제히 열리는 달이다. 대회에서 선수는 다시 한 번 자신의 슛 결정력에 좌절감을 느낄 것이며 이후에도 해결되지 않는다. 한국에서 가장 잘하는 선수를 뽑아 구성한 지금의 국가대표 선수들이나 K리거들에게서 보듯이……

그러나 선수 여러분, 조금도 걱정하지 말라! 단 한 번 연습으로 인스텝슛을(이론과 연습) 마스터할 수 있는 방법을 깊이 있게 배울 수 있다. 한국 축구에 글쓴 이가 있기 때문이다.

슛은 임팩트다.
인스텝슛도 그러하다. 발등의 중심과 볼의 무게중심의 임팩트다. 인스텝슛의 모든 연습은 이 임팩트를 정확하게 하기 위한 연습에 지나지 않는다. 연습 시 그리고 생활 속에서 언제나 깊이 생각하여 선수는 이걸 깨달아야 한다. 감독 코치는 매 연습마다 선수에게 깨달음의 '아~하 경험'(아~하 experience)을 선물해야 한다. 매일 매일 감독 코치의 최고의 코칭이 선수들에게 이루어져 한국에서 월드 클래스 선수들이 많이 그리고 계속 배출되기를 기대한다.

이상으로 인스텝슛 이론을 알아보았다. 이것만 마스터해도 월드컵 결승전이나 유럽챔피언스리그 결승전에서 마음껏 득점할 수 있다.

28 유효 슛 가능성 높이는 한 가지, 슛 목표지역 작게 가지기

골문의 크기는 7.32×2.44m다. 면적이 17.86제곱미터다.

슛이 골문을 벗어나면 득점할 수 없다. 이외에도 바람직하지 못한 일들이 일어난다. 상대 골키퍼와 수비를 편안하게 해준다. 슛한 선수는 그 순간 볼을 걷어내는 상대 수비의 역할을 한 셈이다. 공격권을 갖다 바친다. 슛하기 직전까지의 모든 노력이 성과를 거두지 못하게 되었다. 팬들을 실망시키고 경기의 품질을 떨어뜨린다.

골문 안으로 향하는 유효 슛만이 득점 가능성이 있다. 때로는 수비 맞고 굴절되어 들어가는 경우도 있으나 이건 매우 드문 일이다. 유효슛 중에도 위협적인 유효 슛은 득점 가능성을 성큼 높인다. 선수는 슛할 때마다 위협적인 유효 슛을 열렬히 추구해야 한다.

유효 슛을 높이는 효과적인 방법 하나를 소개한다.
그것은 슛 목표 지역을 작게 가지는 것이다.

• 다양한 구역을 표기한 슛 보오드

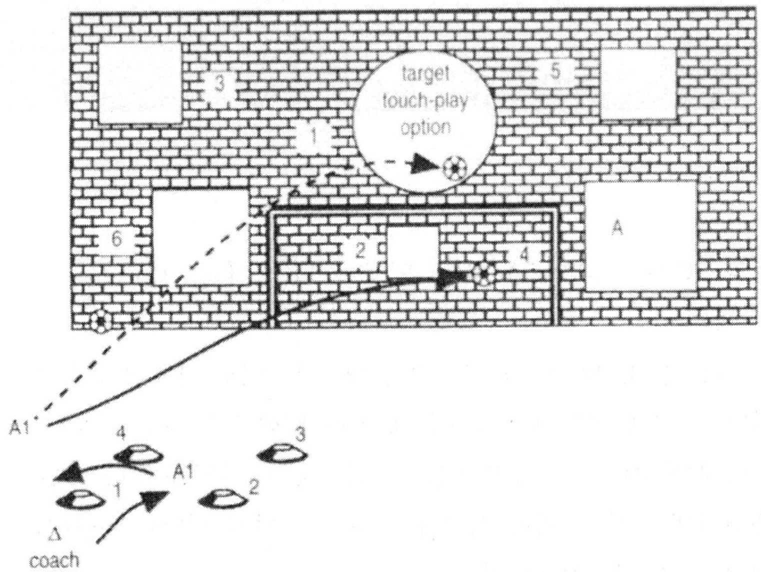

– The Soccer Coaching Handbook / Martin Bidzinski 지음 / J. W. Arrow Smith Ltd / p.200

골문 전체를 목표 지점으로 삼으면 슛 집중력이 떨어진다. 그러나 그림의 'A 구역'이라는 아래 쪽의 좁은 지역을 슛 목표로 하면 크로스 바를 넘길 확률이 줄어든다.

크로스 바의 높이가 2.44m이니 슛이 이 목표 지역에서 1.30m 정도 위로 향해도 크로스 바를 넘어가지 않는 것이다.

슛 목표 지역을 좁히면 더 집중하게 된다. 그러나 골문 전체로 넓히면 적당하게 슛하는 경향이 있다. 부유하면 풍족하게 돈을 쓰고, 가난하면 절약하듯이 심리적으로 그렇게 되는 것이다.

골문 전체를 슛 목표 지역으로 하는가?
아니면 좁혀서 골문 안의 특정 지역을 목표로 슛하는가?
결과는 천양지차로 다르게 나타난다.

질 문

1. 슛할 때 골문 안의 어느 지역을 슛 목표 지역으로 정하는가?

29 슛한 볼의 비행 스피드를 결정하는 2대 요소

슛한 볼의 비행 스피드를 결정하는 2대 요소는 무엇인가?

첫째, 슛하는 발의 스윙 스피드의 1.3배의 스피드로 날아간다. 시속 100km로 슛(스윙)하면 볼이 시속 130km로 날아간다. 스윙을 최고로 빠르게 해야 하는 이유를 알게 되었다.

둘째, 슛하는 다리의 근육량에 비례한다. 시속 100km로 스윙하더라도 초등 선수와 프로선수의 볼 비행 스피드는 다르다. 볼을 나무젓가락으로 치는가, 야구배트로 치는가의 차이라고 생각하면 된다.

관측된 최고 슛 스피드는 시속 211km다. 초속 58.6m다.

30m에서는 0.51초에 골라인을 통과한다. 30m가 짧은 거리인가?

골키퍼는 시선으로 볼을 볼 수는 있지만 움직이기(반응하기) 전에 골인된다. 에메르손(스포르팅 리스본, 2006년)의 슛은 시속 200km로 측정됐다. 초속 55.55m다. 30m에서는 0.54초에 골인된다. 한국에서는 이기형의 슛이 138km로 측정되었다. 측정하지 않았지만 이보다 더 빠른 슛도 있을 것이다.

생각해보면, 슛한 볼의 비행 스피드를 결정하는 2대 요소는 모두 근육의 발달 정도에 의해 결정된다는 걸 알 수 있다. 마음으로는 아무리 빠르게 스윙하고 강력하게 숏하고 싶어도 근육이 이를 수행하지 못하면 목표를 달성할 수 없게 된다. 근육의 발달 정도는 근섬유의 '크기(bulk)'와 '뚜렷함(difinition)'으로 판정한다. 근육의 발달은 웨이트 트레이닝이 가장 효과적이다.

웨이트 트레이닝을 시작하는 시기는 '제2차 성징'이 일어날 때다. 근육의 발달에 결정적으로 관여하는 남성호르몬이 분비되는 시기이기 때문이다. 남성호르몬은 종류가 많은데, 그중에서도 대표적인 게 테스토스테론과 아나볼릭 스테로이드다.

약물복용이란 곧 남성호르몬의 복용(주사)을 말한다. 남성호르몬은 근육의 발달뿐만 아니라 폭발적인 운동 수행을 가능하게 해주기에 성적을 내려는 선수를 끊임없이 유혹하고 있다. 120경기 출장 정지를 당한 강타자 알렉스 로드리게스(미프로야구)와 모든 기록이 박탈당한 사이클의 황제 루이 암스트롱(미국, 사이클) 등 일일이 열거할 수 없을 정도로 많다.

모든 국제스포츠단체는 약물 복용을 엄격하게 금지하고 있고, 적발되면 예외없이 엄한 처벌을 내린다. 그 이유는 크게 4가지다. 계속 약물을 복용하면 간장 파괴 등 선수의 건강을 해치게 되고, 공정한 경쟁이 이루어지지 않고, 기록의 정당성이 상실되며, 사회의 신뢰성을 훼손하기(스타선수의 약물 복용이 주는 배신감 등) 때문이다.

강력한 중장거리 숏 뿐만 아니라 순간에 해치우는 템포 숏을 하기 위해서 잘 발달된 다리 근육이 요구된다. 그러면 어떻게 근육을 세계 최고 수준으로 발달시킬 수 있는가?

1) 선수가 근육의 발달이 왜 필수적인지 알아야 한다.
   여기서부터 출발한다.

2) 웨이트 트레이닝의 원리(이치)를 알아야 한다.

웨이트 트레이닝에 정통해 있다면 감독 코치가 가르쳐도 되고, 아니면 이론과 실기에 밝은 시중의 헬스클럽 강사에게 며칠 집중적으로 배우는 것도 한 방법이다.

순서, 횟수, 세트별 횟수, 휴식, 주의할 점, 단백질 보충제 등에 대해 배워서 알아야 한다. 소속 팀 감독 코치가 하지 않으면 선수 부모가 반드시 이 일을 해주어야 한다.

3) 팀에서 주 3회(월 수 금 또는 화 목 토) 60분 웨이트 트레이닝을 한다. 지속적인 것이 혁신이다. 계속 모드가 변화와 발전을 일으킨다.

4) '파워 존'을 가장 중시하여 1차적으로, 핵심적으로 발달시킨다.

'파워 존'은 엉덩이와 두 허벅지 사이의 근육을 말하며, 말 그대로 힘(파워)을 발생시키는 원천이다.

질 문

1. 사춘기(제2차 성징) 이후인 나는 규칙적, 과학적으로 웨이트 트레이닝을 하고 있나?
   고3 때는 유럽 빅3의 주전선수들에 전혀 뒤지지 않는 근육을 가지고 있을 자신이 있는가?

30 초장거리 슛의 명수가 되려면?

왜 패스와 드리블로 상대 골문 가까이로 볼을 운반할까?

상대 골문에 가까울수록 득점하기 쉽기 때문이다.
반면에, 상대 문전에는 수비의 숫자가 많고 방해와 압박도 치열하다.
공격수가 활용할 수 있는 공간도 적다.
이러하기에 역습이 득점하기 가장 좋은 기회다.

참고로 백4, 백3, 카테나치오 등 다양한 수비전술이 있지만 모두 '수비의 5대 원칙'의 응용에 지나지 않는다. '수비의 5대 원칙'은 '공격의 지연, 수비에서의 협력, 위험지역의 커버, 수비에서의 자제, 수비에서의 숫적 우위'이다.

그러면 경기 중 성공 확률이 성큼 높고 효과적인 득점 방법이 있는가? 있다. 프리킥과 중장거리 슛이다. 프리킥(축구의 경기규칙 제13조) 시 수비는 볼에서 9.15m 떨어진 곳에서 벽을 만들 수 있다. 수비의 방해도 없다. 키커는 자유롭게 슛할 수 있다.

주니뉴 페르남부카누(브라질, 2002 한일월드컵 우승 멤버)의 프리킥은 경이롭고도 탁월하다. '프리킥으로 득점하기 쉽구나!' 하는 생각을 저절로 자아낸다.

중장거리 슛은 프리킥보다 더욱 득점하기 좋은 기회다. 프리킥은 주심이 결정하지만 중장거리 슛은 선수가 수시로 만들어낼 수 있기 때문이다. 슛 빈도 수에서 비교가 되지 않는다. 수비의 방해가 없거나, 거의 없는 38m에서, 45m에서 마음껏 슛할 수 있지 않는가?

제이제이 오코차, 카를루스 호베르투, 스티븐 제라드, 슈바인 슈타이거 등 중장거리 슛 마스터들의 슛을 보면 어떤 생각이 드는가?

조금도 주눅 들지 말자. 그가 했으니 나도 할 수 있다. 선수 누구나 중장거리 슛의 명수가 될 수 있다. 아니, 중장거리 슛이 아니라 38m 이상의 초장거리 슛을 마구 마구 성공시키는 선수가 되라고 권장한다. 초장거리 슛을 자신의 브랜드, 전매특허로 만드는 것이다. 그 선수는 세계의 스포츠 뉴스에 그때마다 방영되고 유럽 빅3 명문구단 스카우터가 줄지어 찾아올 것이다. 유튜브에 오르고 조회 수가 폭발적일 것이다.

하지만 한국 축구선수들의 호쾌한 초장거리 슛을 보기는 쉽지 않다. 매우 드물다. 자신이 없어 시도하지 않는 게 가장 큰 원인이다. 평소 준비(계획과 연습)하지 않았기 때문이다. 그런데 준비는 매우 쉽다. 어떻게?

1) 초장거리 슛에서 세계 첫째가 되겠다고 결의한다.
   이러면 개인시간에 초장거리 슛 연습을 하게 된다.
2) 슛할 때 사용하는 근육을 최고로 강화한다.
   특히 대요근과 아킬레스건이다. 체력적인 요소로는 유연성이다. 85m 이상 킥할 수 있다면 60m 거리에서의 슛 성공이 어려운 일이 아니다.
3) 개인 연습 시 슛 거리를 점차 늘려나간다.
   13m에서 15m로, 다시 17m에서 25m로, 이어서 38m 이상 거리에서 ……

한 번 해낸 건 앞으로 계속 할 수 있다는 생생한 증거다. 성공 경험을 100% 이상 활용하라!

4) 슛할 때 골문이 지금 위치보다 25m 뒤에 있다고 생각하고 팔로우 스루를 가장 빠르게, 가장 높이, 끝까지 폭발적으로 살린다.
   팔로우 스루가 초장거리슛의 혼이요 생명이다!
5) 경기에서 적극적으로 초장거리슛을 시도한다.
   감독의 전술 지시에다 자신의 목표를 한 가지 더하는 것이다.
   "이 경기에서 10번 이상 초장거리 슛을 날려 최소 7골 이상 득점하겠다!" 같은 ……

질 문

1. 현재 나의 초장거리 슛 실력이 어느 정도이며 지난 해 몇 번 시도했으며 38m 이상의 초장거리 슛 득점은 몇 골인가?

31 강력한 중장거리 슛을 만들어 내는 아킬레스건 스트레칭

1) 아킬레스건(Achilles tendon 腱)

발뒤꿈치힘줄(종골건 踵骨腱)이라고도 한다. 장딴지근육을 발꿈치에 연결시키는 발뒤꿈치에 있는 강한 힘줄이다. 이 힘줄은 장딴지근(gastrocnemius muscle)과 가자미근(soleus muscle)에서 형성되어 발굽골(종골 踵骨)과 결합한다.

장딴지근육을 수축하면 이 힘줄에 의해 발뒤꿈치가 들어 올려져 걷기 달리기 높이뛰기의 기본이 되는 발 동작이 가능하게 된다. 아킬레스건은 신체의 모든 건 중 가장 두껍고 튼튼한 힘줄이다. 이 힘줄이 끊어지면 달리기나 높이 뛸 때 다리를 사용하지 못한다.

아킬레스건이라는 이름은 아킬레우스의 어머니가 그의 발뒤꿈치를 잡은 채로 스틱스 강에 담갔기 때문에 아킬레우스의 몸에서 유일하게 상처를 입을 수 있는 곳이라는 데에서 유래하였고, 이 고사(故事)에서 '약점'이라는 뜻으로 쓰이게 되었다(브리태니커세계대백과사전 제14권 p.402).

2) 몇 가지 스포츠 해부학적 이해

뼈와 뼈 사이에는 관절 인대 건 근육이 있으며 이들이 긴밀하게 협력하여 동작을 만들어 낸다.

(1) 관절

뼈와 뼈 사이에 위치하며 뼈와 뼈가 서로 움직일 수 있도록 연결되어 있는 부분이다. 인대와 연골로 구성되어 있기 때문에 관절은 뼈가 부드럽게 움직일 수 있도록 해준다. 또한 안정성과 이동성이라는 대비되는 2가지 힘의 균형을 잘 유지해야만 한다.

어깨 관절은 가장 이동성이 크다. 엉덩이관절(고관절 대퇴관절)은 가장 안정화되어 있다. 무릎관절은 한 방향(앞뒤)으로만 움직임이 제한되어 있기에 뒤틀려지는 충격에 다칠 위험이 있다.

여기서 잠시 뼈의 주요 기능을 살펴보면, 우리 몸에는 206개의 뼈들이 각기 다양한 방식으로 자기 역할을 수행한다. 뼈는 우리 몸에서 재생되는 유일한 물질이다. 스스로 상처를 치료하고, 새롭고, 고쳐진 뼈는 원래만큼 단단해진다.

a. 주요 장기 보호

b. 칼슘과 마그네슘 같은 미네랄 저장

c. 움직임에 필요한 지지대 역할

d. 혈액 생산을 위한 공장 기능

– 내몸 사용설명서 / 마이클 로이젠 외 / 김영사 / p.110

(2) 근육(muscle)

우리 몸에는 약 650개의 근육이 있는데, 이 근육들 덕에 무슨 일이든지 해낼 수 있다. 인대가 붙어 있어 근육은 수축과 이완하는 조직으로 만들어진다.

많이 사용한 근육에는 피로물질인 젖산(유산)이 쌓이는데, 젖산 제거가 피로 회복의 핵심이다. 마사지, 최적의 음식이나 영양제 섭취, 목욕, 수면 등이 활용된다. 마사지는 손상된 근육에서 나오는 독소가 림프계로 흡수되는 걸 돕기 때문에 근육 불편감을 줄여 준다.

근육(정확하게는 근섬유, 즉 살올실)의 발달 정도 판정 기준은 두 가지다. 근섬유의 크기(bulk 근섬유가 클수록 발달된 근육임)와 근섬유의 뚜렷함(definition 최적의 굴곡을 이루는, 필요 부분에 집중하며 인대 건과 잘 협력할수록)이다.

운동에 사용되는 영양소는 탄수화물이다. 간장과 근육(특히 무릎 근육군에는 간장보다 3배 이상의 탄수화물 보유)에 축적되어 있다. 그러므로 근육량을 늘리는 것은 보다 많은 탄수화물을 비축할 수 있는 여건을 만든다. 운동의 직접적인 에너지원이 되는 것은 ATP(아데노신삼인산)라고 불리는 고에너지 인산화합물이다. 이 ATP가 근육 속에서 ADP(아데노신이인산)와 Pi(무기인산)으로 분해될 때 근이 활동하는 에너지를 발생한다.

(3) 인대(ligament)

뼈와 뼈를 연결해 주는 끈 모양의 결합조직으로 관절의 운동 및 억제작용을 한다.

(4) 건(tendon)

뼈와 근육을 연결시켜 주며 동작을 가능하게 한다. 이차적인 관절의 안정장치 역할을 한다. 운동수행 시 근육 인대 건 등이 지나치게 신전되어(늘어나) 끊어지거나 찢어지는 스포츠상해가 스트레인(strain)이다.

준비운동을 충분히 하고, 자신의 근육 능력(주로 나이에 비례한다)에 맞게 사용해야 한다. 지나친 욕심은 부상을 당하게 하는 원인이 된다.

3) 아킬레스건 스트레칭 방법

아킬레스건 스트레칭 방법은 너무나 간단하고 쉽다. 그러나 그 효과는 여러분의 상상 그 이상이다. 선수가 이 간단한 걸 하지 않는 건 필요성을 아직 모르고 있거나 게으르기 때문이다.

4가지 방법을 추천한다. 아무 장비도 요구하지 않고 틈만 나면 어디서나 할 수 있는 장점이 있다. 몸의 체중을 활용하는 일종의 웨이트 트레이닝 성격도 있다.

(1) 두 발 나란히 서서 상체 들어올리기

a. 두 발 사이의 간격은 15~25cm(자신의 옆구리에서 옆구리 사이)
b. 무릎을 편 채로 종아리 근육을 이용해 발가락으로 발 뒷꿈치를 가능한 높게 들어 올린다. 높게 들어 올릴수록 운동효과가 크고 확실해진다.
c. 그냥 실행해도 되고 벽 책상 의자 등에 손을 잡거나 올려놓고 균형을 잡아도 된다. 이때 손에 체중을 얹어서는 안된다.
d. 더욱 강력한 운동효과를 얻고 싶으면 계단 끝에(또는 이와 비슷한 조건의 지형) 서서 한다. 한손 또는 양 손에 아령을 들고 하면 운동효과가 배가된다. 그러나 처음부터 이렇게 하지 말고 익숙해지면 그때 시도하는 게 올바르다.
e. 목표로 정해 놓은 세트를 실행한다.
1세트 당 30회이며, 세트 간 휴식은 10~30초. 이후 세트 횟수, 세트 당 실행 횟수, 세트 간 휴식시간은 개인의 체력과 필요에 맞게 조절한다. 익숙해지면 횟수를 늘린다.

(2) 팔자(한자의 여덟 팔자)로 서서 상체 들어올리기

두 발을 팔자 모양으로 서서 실행, 구체적인 방법은 위와 같다.

(3) 역팔자로 서서 상체 들어올리기

(4) 한 발로 서서 상체 들어올리기

한 발에 체중이 다 실리니 그만큼 어렵고 운동효과도 높다.
처음에는 1세트를 10회로 한다. 양발 교대로 실행한다.

이 중 두 발 나란히 서서 상체 들어올리기와 한 발로 서서 상체 들어올리기를 추천한다.

운동 강도를 점진적으로 높이려면?
세트 수를 늘리거나 두 손에 아령을 쥐고 하면 된다.
아령도 숙련도에 따라 조금씩 무게를 늘려갈 수 있다.

4) 아킬레스건 스트레칭으로 얻는 운동 효과

크게 7가지다.
지금보다 1초 이상 빠르게 달릴 수도 있다.
점프력 향상과 강력한 중장거리 슛을 가능하게 한다.

(1) 점프력을 향상시킨다.

도약할 때 아킬레스건이 직접 그리고 크게 관여한다. 장딴지근육을 수축하면 이 힘줄에 의해 발뒤꿈치가 들어올려져 걷기 달리기 높이뛰기의 기본이 되는 발 동작이 가능하게 된다.

(2) 발목 강화로 강력한 중장거리 슛을 만들어낸다.

기성용 선수의 강력한 슛이 튼튼한 발목에서 나온다는 신문 기사 읽은 적 있는가? 그렇다. 여러분도 규칙적으로 연습하면 기성용 선수 그 이상의 빛나는 발목 힘을 가질 수 있다. 유연하고 튼튼하게 발달된 발목의 힘을 볼에 그대로 보내어 미사일처럼 비행하는 강력한 중장거리 슛을 성공시킬 수 있다.

경기를 보면서 선수들의 놀라운 슛을 보고 감탄한 적이 있는가? 선수라면 누구나 '나도 저런 슛을 마구 마구 성공시키고 싶다'는 열망을 가지게 될 것이다. 스티븐 제라드(프리미어리그 리버풀)의 놀라운 중장거리 슛은 그의 강력한 발목 힘에서 나온다. 168cm의 카를로스(2002 월드컵 브라질 대표)의 대지를 가르는 미사일슛, 측정된 바 세계 최고 기록인 에베르손(2006년, 스포르팅 리스본)의 시속 200km(초속 55.5m)의 레이저슛도 강력한 발목 힘이 없으면 나올 수 없다. 지구의 중력을 무시해버리는 듯한 제이 제이 오코차, 바스티안 슈바인슈타이거의 빨랫줄 슛 역시 그들의 경이적인 발목 힘에서 나왔다.

반면, 한국인 중 가장 축구를 잘하는 선수를 뽑아놓은 한국 국가대표 선수들에게서 이런 슛을 본 적이 있는가? 아예 35m 밖에서는 슛 자체를 시도하지 않을려고 한다는 느낌을 주고 있다. 성공시킬 자신이 없어서인가?

이 연습은 크로스에도 특효다. 툭 건드리기만 해도 총알처럼 뻗어나간다. 먼 장거리 공중 패스에도 그만이다. 처음에는 매일 양 발 10세트, 한 발 6세트하다 익숙지면 점차 횟수를 늘려간다. 나이와 체력에 따라 선택할 수 있다. 그러면 세월 속에서 스티븐 제라드를 넘어 세계 최고의 중장거리 슈터가 된다.

거듭 말하지만 선수는 절대로 실패하지 않는다. 다만 스스로 자멸할 뿐이다. 근면과 열정 고갈로 …… 지속적인 것이 혁신이다.

(3) 보다 빨리 순간 이동 스피드(달리기)를 높일 수 있다.

이 운동으로 강화된 발목이 보다 강력하고 빠르게 발바닥과 잔디의 기저면(물체의 무게와 이를 지지하고 있는 표면과의 접촉 면적)을 박차고 나갈 수 있기 때문이다.

(4) 경기 중 쥐나는 걸 예방해준다.

이 운동으로 종아리의 비복근 가자미근 등이 몰라보게 발달하여 경기 중에 쥐나는 걸 예방해준다. 경기 후반에 쥐나는 선수들을 보면 그 팀 감독 코치, 그 선수가 한심스럽게 보이지 않는가?

(5) 혈액 순환을 극대화시킴

심장에서 다리로 내려온 피(동맥혈)를 종아리 근육이 위로 올린다(정맥혈). 이 스트레칭으로 종아리 근육군이 강해질수록 다리로 내려온 피를 보다 많이 심장으로 되돌려 보낸다. 성능 좋은 펌프 역할을 하는 것과 같다. 순환하는 혈액량이 많기에 온 몸에 더 많은 영양과 산소를 공급하기에 건강에도 매우 좋다.

(6) 발목꺾임 부상 예방한다.

달릴 때 발이 안쪽으로 돌아가는 내전현상에 따른 발목꺾임 부상을 줄인다. 축구화(운동화)의 선택에서 굴곡운동과 함께 내전현상을 줄여 주는 축구화(러닝화)를 신으면 부상 예방효과를 높일 수 있다.

(7) 발의 운동기능 강화한다.

발에는 26개의 뼈가 있고 그만큼 근육 인대 건도 많이 있다. 이게 모두 강화된다. 자연스럽게 발의 전체적인 운동 기능이 향상된다. 발 뼈의 피로골절이나 근육 인대 건의 부상도 예방해주는 효과가 있다. 이 밖에도 많다.

5) 이제는 부모가 나서야 한다

이 연습을 매일 정한 횟수만큼 하면 일정 기간 뒤에는 세계 축구계에서 독보적인 발목 힘을 가진 선수가 된다.

초등 선수 때부터 시작하면 기성용 제라드 오코차 에베르손 슈바인슈타이거의 발목 힘은 발목 힘도 아닌 비교 불가능한 발목 힘의 소유자가 된다. 초중장거리 슛의 명수가 된다. 초장거리 택배 패스의 명인이 된다.

왜 하지 않는가? 발목 힘에 혁명을 일으켜야 한다. 지속적인 연습이 혁명을 성공시킨다. 선수가 이 경지에 도달하느냐, 못하느냐는 선수 부모에게 달려있다.

이렇게 하면 나쁘지 않을 것 같다. 먼저, 이 연습의 필요성과 그 효과를 철저하게 인식시켜 주어야 한다. 이 글을 활용하면 된다. 출력하여 전해주면 더욱 좋다.

둘째, 학년과 체력에 따라 세트별 횟수와 세트 수를 부모와 선수가 의논한 후 매일 실행하기로 약속한다. 예를 들면, 초6이니 두 발로는 20회를 1세트로 하여 12세트(총 240회), 한 발로는 8회를 1세트로 좌우 번갈아 각 3세트 연습한다. 3개월 후 다시 의논하여 횟수와 세트 수를 증가하기로 한다. 단, 이때에도 3%를 초과하지 않아야 한다.

셋째, 휴가 등으로 선수가 집에 있을 때는 부모가 지켜보는 가운데 선수가 약속된 세트 수를 모두 실행하도록 해야 한다. 매일 이렇게 하여 습관이 되도록 해주어야 한다. 그리하여 평생 스스로 할 수 있는 능력을 길러주자. 의식적인 반복 연습은 습관이 되고, 습관이 잠재의식으로 저장된다.

이 글에 촉발되어 부모가 선수에게 전파하고, 그 결과로 한국이 세계 최고의 초중장거리 슛의 명수를 가장 많이 배출하기를 기대해본다.

32 페널티킥을 반드시 성공시키자

페널티킥은 축구에서 득점하기 가장 좋은 기회다.

프리킥과 달리 방해하는 수비벽도 전혀 없다. 스포츠물리학적으로 분석하면 페널티킥에서 절대적으로 키커가 골키퍼보다 유리하다. 그러나 성공률은 70~83% 정도다.

그 원인은 크게 두 가지다. 하나는 심리적인 요인이다. 골키퍼가 PK를 막아내지 못해도 아무도 비난하지 않는다. 승부차기에서 5개 중 1개만 막아내도 환호한다. 반면, 키커는 반드시 성공시켜야 한다는 부담감을 가지고 슛하게 된다. 키커에게 "페널티킥은 잘해야 본전이고, 실패하면 역적이다." 그러면 어떻게 하면 이 부담감을 극복하고 평정한 마음으로 슛하는가가 과제로 등장한다.

또 하나는, 페널티킥 기술이다. 선수 각자가 평소 자신이 PK전담키커라고 생각하고 연습해두는 게 필요하다. 페널티킥에 대한 과학적이고 전반적인 이론을 알고, 다양한 PK 연습은 필수다. 이런 연후에 자신만의 루틴(약속된 행동)과 몇 가지 전매 특허 PK 기술을 소유하는 것이다.

감독 코치는 연습경기에서 일부러 자주 페널티킥을 주어 실전에 가깝게 실행하는 것도 한 방법이다. 다른 팀과의 연습 경기라면 사전에 두 팀 감독이 이걸 합의하면 된다. 즉, 연습경기의 목적을 '실전에 가까운 PK 연습'에 두는 것이다.

승부차기는 이스라엘 출신 축구 주심 요세프 다간이 오늘날까지 시행하고 있는 승부차기 방식을 창안해 이를 1969년 8월 FIFA에 제안했고, 1970년 IFAB가 이를 승인하여 공식적으로 도입됐다. 그전에는 동전던지기나 제비뽑기 등으로 결정했다. 그리고 공식경기에서 최초의 승부차기 키커로 나선 선수는 맨체스터 유나이티드의 조지 베스트로 1970년 헐시티와의 와트니컵 4강전에서였다.

물리학적으로 따지면 '페널티킥은 성공할 수밖에 없다'고 말할 수 있다. 이론적으로만 보면 그렇다는 뜻이다. 면적 약 17.9㎡의 골대(높이 2.44m, 너비 7.32m)로부터 페널티킥을 하는 지점까지의 거리는 11m이다. 시속 100㎞(초속 약 28m)의 강한 슈팅을 골대 구석으로 때린다면 약 0.4초 만에 골라인을 통과하게 된다.

이에 비해 골키퍼가 볼의 진로를 판단하고, 몸을 날려 볼을 향해 손을 뻗는 데 걸리는 시간은 대략 0.6초 정도. 시간상으로는 키커의 발에서 출발한 볼이 골대 구석을 향해 몸을 날린 골키퍼보다 0.2초 빨리 골라인을 통과한다는 뜻이다.

승부차기 순서는 어떻게 정하는가?
팀에 따라, 감독에 따라 다르겠지만 승부차기에 나서는 순서는 2, 3, 4, 5, 1번 순으로 하는 경우가 많다. 팀에서 두 번째로 잘 차는 선수가 제일 먼저 차고, 같은 점수일 때 승부를 결정짓기 위해 가장 잘 차는 선수가 맨 나중에 찬다. 선수가 가장 기피하는 순서는 1번과 5번이다.

골키퍼의 움직임을 빼앗아 한 곳으로 몸을 날리게 하고 처음 골키퍼가 위치한 곳으로 슛하는 파넨카킥은 '안토닌 파넨카' 선수 이름에서 유래했다. 1976년 유럽네이션즈컵(지금의 유로대회) 체코슬로바키아와 서독의 결승전, 연장전까지 승부를 내지 못한 두 팀은 승부차기에 들어갔고 안토닌 파넨카 선수가 이 슛을 선보였다. 체코슬로바키아가 우승했고, 당시 안토닌 파넨카, 안톤 언더루스, 이보 빅토르 등이 중심 선수였다.

승부차기 방식이 지금과 다르게 바뀔 가능성도 대두되고 있다. 국제축구평의회(IFAB)는 승부차기에서 먼저 페널티킥을 차는 '선축' 팀이 확률적으로 유리하다며 진행 방식을 바꾸는 방안을 추진 중이다. 경기가 승부차기로 돌입하면 선축 팀은 주심의 동전 던지기로 정해진다. 그러나 IFAB는 조사 결과 승부차기에서 선축하는 팀이 승리할 확률이 60%에 달한다며 동전 던지기로 정해진 팀에 유리함이 주어지는 건 평형성에 어긋난다고 판단했다.

실제로 첫 시도가 한국에서 적용된다. FIFA가 U-20 코리아 월드컵 2017에서 새로운 승부차기 시스템을 도입한다. 뉴시스(황보현 기자, 20017. 5. 30)의 보도에 의하면, 2017년 5월 30일부터 시작되는 16강 토너먼트에서 기존의 승부차기 방식 대신 'ABBA'라는 새로운 승부차기 방식을 시범 도입한다. 'ABBA'는 승부차기 순서를 의미한다.

기존에는 동전 던지기로 선축 또는 후축이 결정된 후 A팀-B팀-A팀-B팀 순서로 승부차기가 진행됐다면, 새로 바뀐 승부차기 순서는 A팀-B팀-B팀-A팀-A팀-B팀-B팀의 순으로 승부차기를 진행한다.

양팀 각 다섯 명의 키커가 승부차기를 진행해 같은 점수를 기록할 시에는 여섯 번째 키커부터 순서를 바꿔 B팀-A팀-A팀-B팀-B팀-A팀 순으로 서든데스 대결을 펼친다.

이는 2017년 3월 축구 규칙을 제정하는 국제축구평의회(IFAB)가 연례 정기회의에서 '축구의 공정함과 매력'을 증진시키겠다는 목표로 승부차기 시스템을 변경해 2017년부터 2022년까지 시범도입하기로 결정한데 따른 것이다.

IFAB는 "선축팀의 첫 키커가 승부차기를 성공할 시, 후축팀보다 승리 확률이 높아진다는 가설이 점점 더 사실로 입증됨에 따라 승부차기 순서에 관계 없이 공정한 환경에서 승리팀을 가리기 위해 'ABBA'의 시범 도입을 결정했다"고 밝혔다. 이에 따라 지난 20일 개막해 6월 11일까지 진행되는

‘FIFA U-20 월드컵 코리아 2017’은 FIFA 주관 대회 사상 최초로 ABBA 시스템을 도입한 대회로 기록에 남게 됐다.

월드컵 승부차기 최강국은 어느 나라일까? 독일이다. 독일은 1982년(준결승), 1986년(8강전), 1990년(8강전) 월드컵에서 내리 승부차기로 승리했다. 이처럼 역대 4번의 승부차기에서 모두 승리하여 승률 100%를 자랑한다. 독일은 4차례 승부차기 18번의 킥 가운데 17번을 성공하는 경이적인 성공률을 기록했다. 그 이유로 혹자는 ‘어릴 때부터 제대로 배운 탄탄한 개인기’를 들기도 한다.

승부차기에 관련한 몇 가지 연구 발표를 살펴보자.

연습과 실전에 참고하면 분명 도움이 될 것이다.

(1) 슈팅의 정확성과 속도를 최대화하기 위해, 선수들은 미리 찰 위치를 정해 놓고 자연스럽게 볼에 다가가야 한다.

굳이 비틀거리는 모양으로 볼에 다가가서 골키퍼를 당황하게 하려는 시도는 금물이다. 만약 상대가 움직이지 않고 기다리게 된다면 당신이 실수할 가능성이 엄청나게 높아지게 되니 말이다.

– 제이 윌리엄스(버지니아공대 교수)

(2) 골대 양 위쪽 모서리 부분으로 볼을 보내면 가장 성공률이 높다.

볼의 속도는 시속 90~104km가 최적이다. 더 빠르면 부정확해지고 늦으면 골키퍼의 손에 걸릴 가능성이 높아진다.

킥은 심판의 휘슬이 울리고 3초 이내 또는 13초 이상 지난 뒤 이뤄지면 성공 확률이 높았다. 앞의 경우는 골키퍼를 놀라게 하고 뒤의 경우는 골키퍼의 불안감을 높이기 때문. 도움닫기는 4~6 발자국이 가장 성공률이 높은 반면 10m를 달려와 차는 경우엔 오히려 가장 낮았다. 골문의 63%는 페널티킥 성공 보장 구역이다.

– 존무어스大 수학연구팀

(3) 키커들은 골키퍼를 무시하고 오로지 볼을 어디로 보낼 것인지에만 집중하라.

키커들의 눈 움직임을 추적한 결과 골키퍼에 시선을 오래 둘수록 불안감이 높아져 킥의 정확성이 떨어졌다.

– 영국 엑스터大 심리학 연구팀

(4) 페널티박스 끝자락에서 5~6 걸음의 도움닫기, 키커가 볼에 접근하는 각도는 20~30도, 볼의 속도는 최하 시속 100km, 방향은 골포스트 50cm. 이렇게 되면 누구도 막지 못하는 페널티킥이 된다.

– 존 웨슨(〈축구의 과학〉 저자)

(5) 볼에 접근할 때 45도에서 60도 정도의 각을 유지하는 것이 다양한 슈팅을 가능하게 해준다.

골반이 자연스럽게 돌아가는 동시에 허벅지는 더 나은 슈팅을 시도할 수 있게 된다.

– 포츠머드大의 한 연구 결과

페널티킥에 대해 더 자세히 알고자 하는 분은 많은 사람들이 한국에서 축구 배우고 공부하기에 가장 좋은 카페라고 평가하는 http://cafe.daum.net/soccos(한번 클릭으로 바로 방문)의 <슛> 메뉴에 있는 '페널티킥'(소메뉴)를 읽고 참고하기 바란다. 다양하며 깊이 있고 명쾌한 페널티킥 이론과 동영상이 방문하는 이를 기다리고 있다. 여기서 영감을 얻고 구체적인 방법을 배우기를 기대한다.

질 문

1. 소속팀 선수 모두가 페널티킥 루틴을 가지고 있는가?

33 프리킥에서 득점력을 성큼 성큼 높이자

프리킥은 세트 피스의 꽃이다.

주니뉴 페르남부카누는 현대 축구 최고의 프리킥 스페셜리스트였다. 그의 프리킥 득점 동영상을 보면 경탄이 절로 나온다. 프리킥으로 득점하기가 너무 쉬워 보인다. 프리킥으로 마구 마구 득점했다. 선수에게는 '프리킥을 연습해야겠구나!', 감독 코치에게는 '프리킥을 가르쳐야겠구나!' 하는 생각을 불러일으킨다. 그는 인프런트 인사이드 그리고 발등의 안쪽으로 여러 가지 종류의 프리킥을 능숙하게 차는 능력을 가지고 있었다. 좌우로, 위 아래로 동시에 휘는 프리킥을 구사했다. 먼 거리에서의 프리킥이 가까운 거리에서의 프리킥보다 훨씬 더 변화무쌍했기에 골키퍼를 긴장시켰다. 아무나 구사할 수 없는 마구같은 프리킥이기에 연구 대상이 되곤 했다.

프리킥은 세트 피스의 한 종류이다.
그러면 세트 피스란 어떤 성격을 가지고 있을까?

1) 시미즈 히데토가 들려주는 '세트 피스에 대한 이해'

세트 피스는 프리킥 페널티킥 코너킥뿐만 아니라 골킥 스로우인 킥오프를 포함한다. 현대 축구에서 세트 피스 기술은 갈수록 중요해지고 있다.

"전체 득점의 30%가 세트 피스에서 나온다."는 말처럼 수치에서 보일 뿐만 아니라, 실제로 실력이 비등비등한 팀끼리 경기하면 세트 피스에 의해 승패가 결정되는 것을 볼 수 있다. 이는 현대 축구의 특징이기도 하다.

세트 피스가 이렇게 중요해진 이유가 무엇일까? 바로 현대 축구의 수비 전술이 향상되었기 때문이다. 선수 간의 간격을 조밀하게 유지하는 팀 전술, 공격과 수비가 협력하는 그룹 전술, 그리고 일 대 일 수비의 개선으로 수비력이 높아진 것이다.

하지만 어렵게 생각할 것은 없다. 플레이 중에는 계산할 수 없었던 상황을, 볼이 정지된 상태인 세트 피스 때는 상황을 예측하고 작전을 짜 놓으면 얼마든지 득점 기회를 얻을 수 있기 때문이다.

하지만 현실은 어떠한가? 선수들의 세트 피스 전술은 패스나 볼 컨트롤 기술에 비해 너무 조악하다. 예를 들어, 우리 팀이 세트 피스로 간단한 트릭 플레이를 하면 상대팀 지도자와 선수는 아무런 대책도 세우지 못하고 매번 무너진다. 정말 놀라지 않을 수 없다. 이것은 수준 문제가 아니라 세트 피스를 전혀 이해하지 못하고 있는 것이다.

일본에서는 세트 피스 전술을 냉혹한 프로축구 경기에서나 하는 플레이라고 생각해 축구를 배우는 유소년들은 익히지 않아도 된다고 생각하는 것 같다. 하지만 내 생각은 다르다. 세트 피스야말로 '모든 플레이가 정지되어 있기에 축구를 가장 잘 이해할 수 있는' 순간인 것이다. 세트 피스 전술은 축구라는 스포츠의 원리와 원칙, 즉 '플레이를 해석하는 힘'을 길러준다. 세트 피스는 인플레이보다 난이도가 낮다. 그러므로 세트 피스부터 배우는 것이 이론적으로 맞다.

스페인에서 배운 것은 승부에 대한 강한 집착이었다. 우리도 일본에서는 세트 피스가 그렇게 중요한지 몰랐다. 연습할 것이 산더미처럼 쌓여 있는 데 굳이 세트 피스에 시간을 할애해야할 이유를 몰랐던 것이다.

그러나 스페인에서 지도자 과정을 이수하면서 세트 피스에 대한 생각이

180도 바뀌었다. "스페인에서 배운 것은 세트 피스 전술이예요." 이렇게 말하면 "어? 점유율 축구가 아니라?"라고 반문한다. 아마 스페인에는 우리 말고도 세계 각국에서 온 지도자가 많았지만 점유율 축구를 배웠다는 지도자는 한 사람도 없을 것이다. 점유율 축구를 논하는 것은 스페인 대표팀과 FC 바르세로나의 특징 중에 일부분만 보고 이해했기 때문이다.

이기기 위해 필사적으로 작전을 짜고 세트 피스 또한 세밀한 부분까지 신경을 써 구성한다. 이런 스페인 팀과 비교해 일본처럼 "우리 팀의 색깔을 보여줄 수 있는 경기를 했기에 만족한다."와 같은 말을 하는 것은 축구에 대해 모르는 것이 많음을 보여주는 단적인 예다.

세트 피스는 대처법을 확실히 세울수록 다양한 득점 기회를 만들 수 있다. 그러나 세트 피스 외에도 가르쳐야할 연습이 너무 많았다. 그래서 생각한 것이 '상황 판단'이다. 연습 경기 중 세트 피스 상황이 나오면 플레이를 멈추게 하고, 선수들에게 플레이가 멈춘 상황을 이해시켰다. 그리고 이 상황에서 어떻게 대처할 것인지를 판단하게 했다.

선수에게 세트 피스를 가르치는 것은 많은 이점이 있다. 첫째, 경기가 멈춘 상태라 침착하게 상황을 설명할 수 있어 선수들의 판단력을 키워줄 수 있다. 둘째, 연습할수록 정확도가 높아진다. 셋째, 플레이 중에도 필요한 전술을 가르칠 수 있다.

2) 세트 피스만을 담고 있는 책 한 권을 소개한다.

스페인 공격 전술 / 시미즈 히데토 / 삼호미디어 / 2013. 5. 15

이 책 저자는 일본인이다. 일본에는 축구 서적이 참으로 많다. 그만큼 연구가 활발하다는 반증이다. 책 수준도 한국보다 성큼 앞서 있다. 물론 한국에는 이런 축구 서적이 없다. 예나 지금이나 한국은 축구 지식이 가난한

나라다.

부럽다. 한국은 해마다 한국 축구인이 내는 축구 서적의 종수도 1~3 종 정도로 빈약하고, 판매도 초판 1,000권을 넘기는 경우는 매우 드물다. 한국축구계의 현직 감독 코치만 해도 9,000명이 넘고 감독 코치를 준비하는 사람은 이보다 더 많지만 책의 판매는 이처럼 저조하다. 해마다(1년이 가야) 축구전문서를 내는 사람이 1명 있을까말까 하고 대부분의 감독 코치가 책을 거의 읽지도 않는다. 서가가 있는 감독 코치도 매우 드물다.

역대 한국 국가대표팀 감독을 역임했던 분들 중 축구전문서를 낸 분이 한 사람이라도 있는가? 모두 수준 있는 축구전문서를 낼 수 있는 역량을 가지고 있는데 왜 책을 출간하지 않는지 궁금하다. 책이 나오면 두고 두고 많은 분들이 배우고 공부해서 축구에 적용할 수 있는데 …… 한국축구가 여전히 유럽에 30년 이상 뒤져 있고, 일본에 역전당한 건 다 이유가 있다.

반면에, 일본은 축구 서적이 나오면 1만부를 가볍게 넘긴다. 축구전문서의 종수도 많고 분야도 무척 다양하다. 한국어로 번역되어 국내에 여러 권 출판되곤 한다. 가르치는 사람은 배움을 게을리 하지 않는다. 교육의 질은 교사의 질을 능가할 수 없다. 가르치는 사람은 책 구입하는데 돈을 아껴서는 안된다.

프리킥 전문서를 또 한 권 소개한다. 축구 지식 선진국에는 이런 특화된 전문서가 많다. 반면 한국축구계에는 없다. 이런 차이가 경기력의 차이로 나타난다.

Fichas de Fútbol jugadas a balón parado / J. Malcolm Simon, John A. Reeves / Hispano Europea

3) 프리킥 시 고려해야할 요소

위의 책에서 저자는 프리킥 시 고려해야할 사항으로 다음과 같은 걸

들고 있다.

a. 공중전에 강한 선수를 파악한다.
   헤딩에 강한 선수가 있어 상대팀과 비교해 공중전에 유리할수록 좋다.
b. 남은 시간과 점수 차를 고려한다.
   골을 노릴 것인지, 천천히 시간을 사용할 것인지를 판단한다.
c. 날씨를 고려한다.
   필드가 젖어 있으면 한번 튄 볼이 멀리 날아가므로 골키퍼 앞에서 볼이 바운드되도록 찬다.
d. 어떤 상황의 볼을 잘 차는지 안다.
e. 잘 사용하는 발을 알아야 한다.
   그 중에서도 발의 어느 부위를 특히 능숙하게 사용하는지 알아 활용한다.

프리킥에 대해 더 자세히 알고자 하는 분은 많은 사람들이 한국에서 축구 배우고 공부하기에 가장 좋은 카페라고 평가하는 http://cafe.daum.net/soccos (한번 클릭으로 바로 방문)의 <숏> 메뉴에 있는 '프리킥'(소메뉴)를 읽고 참고하기 바란다. 독창적이며 감탄을 자아내는 다양한 프리킥 동영상이 방문하는 이를 기다리고 있다.

자세히 보면, 여기서 영감을 얻고 자세한 방법을 배워 활용할 수 있을 것이다.

질 문

1. 여러분의 팀에는 프리킥 전담 선수가 몇 명이나 있는가?
   있다면 그 선수 개개인의 프리킥 성공 확률은 몇 % 인가?

34 수비를 앞에 두고(돌파하지 않고) 득점할 수 있는가?

그렇다.

얼마든지 슛할 수 있고 득점할 수 있다. 감독 코치 그리고 세상 모든 사람들이 '문제(해결 과제)'에 대해 긍정적 의문을 가지는 태도가 요구된다. '그려려니' 하고 습관적으로 지나가지 않고 '해결 방법이 있지 않을까?' 하고 끈질기게 방안을 찾으면 "유레카"라고 외칠 수 있을지도 모른다.

가치없고 떠들썩한 소음을 피해 혼자 고요히 벤치에 앉아 자신의 내면과 대화하는 시간을 자주 가지기를 선수들에게 권유드린다. 자신의 생활습관, 정신세계, 경기력 등을 점검하고 다시 계획을 세우고 도약을 준비하는 것이다.

수비를 앞에 두고, 즉 수비를 돌파하지 않고 슛하는 방법은 크게 2가지가 있다. 하나는, 수비 좌우로 볼을 쳐놓고 슛 각도가 열리는 순간 슛하는 방법이다. 또 하나는, 수비의 두 발 사이로 슛하는 방법이다. 슛 페인팅 후 슛하는 것이다. 현저하게 실전적인 득점 수단이다. 고교 이상의 선수라면 10~20회 연습 후 바로 경기에서 사용할 수 있지 않을까?

수비의 두 발 사이로 슛하는 상황은 이렇다. 골문이 슛할 수 있는 거리에 있다. 수비가 그림자처럼 따라 붙으면서 슛 기회를 주지 않으려 하고 있다. 이때 공격수가 골라인과 평행하게 또는 비스듬하게 빠르게 드리블 하다 크게 슛하는 동작을 취하면 수비는 한 발을 들어 슛을 막으려고 반응한다.

이때가 슛 찬스다. 수비의 디딤발과 슛을 막기 위해 든 발 사이가 슛한 볼이 지나가는 통로다. 수비는 체중을 싣고 있는 디딤발을 조금도 움직일 수 없다. 슛을 저지하기 위해 든 발은 공중에 머물러 있다. 이 순간 슛이 마무리된다. 수비가 할 수 있는 일은 아무 것도 없다.

이때 주의할 점이 두 가지가 있다. 하나는, 골문을 향해서 크게 꺾어서 슛해야 한다. 빠르게 드리블하는 도중에 슛하기에 골문을 벗어나는 슛을 하기 쉽다. 슛할 때 디딤발의 방향이 골문을 향해 있지 않아도 슛이 목표한 골문의 그 방향으로 정확히 나아가야 한다. 슛하는 발등이 골문의 그 방향을 바라보고 있어야 하는 것이다. 이러기 위해서는 슛하는 다리의 고관절(대퇴관절)이 디딤발 쪽으로 일정 부분 회전시켜(디딤발 쪽으로 꺾어) 슛해야 한다.

또 하나는, 속임수 동작(유도 동작)과 본 동작 사이에 간격을 두어야 한다. 속임수 동작과 본 동작은 0.06~0.1초 사이에 이루어지는 게 효과적이다. 이 두 동작이 0.04초 이내의 찰나이면 수비는 두 동작을 구분하지 못하고 하나로 본다. 그래서 수비는 첫 번째 동작, 즉 속임수 동작에 대한 반응을 보일 수 없다.

우리는 경기에서 이렇게 득점하는 장면을 많이 보아 왔다. 이게 우연인가? 아니다. 고도로 계획된 슛이다. 이걸로 곧잘 득점하는 선수가 적지 않다. 그리고 이건 마스터하기에 지나치게 쉬우면서도 매우 효과적인 득점 방법이다. 이제는 선수인 네가 이 방법으로 골을 기록할 차례다.

질 문

1. 평소 이 연습을 필요한 그 이상으로 충분히 해두었는가?
   그리하여 경기에서 이 방법으로 자주 득점하고 있는가?

Part Ⅱ

메시와 호날두, 호날두와 메시의 슛 차이점

1. 가장 먼저 분석해야 할 것은 두 선수의 슛을 시도하는 위치이다
2. 두 선수의 슛의 종류에서 많은 차이를 보이게 된다
3. 슛 정확도는 어떠한가?
4. 좌우 양발 사용이 서로 다르다
5. 골라인을 통과하는 순간 볼의 높이가 다르다
6. 슛하는 부위와 감아차기 빈도수가 다르다
7. 골키퍼가 준비할 수 있는 시간을 누가 많이 주는가?

메시와 호날두, 호날두와 메시의 슛 차이점

누구나 알고 있듯이 메시와 호날두는 세계 최고의 축구선수다.
해마다 축구의 지존을 뽑는 '올해의 선수'와 '발랑드로'를 나누어 가진다.

메시와 호날두의 공식경기 골의 총합은 1,000골에 다다른다. 두 선수 모두 위치, 상황, 각도, 시간에 구애받지 않고 말도 안되는 득점을 성공시키는 선수로 유명하다. 그러나 그 둘은 모두가 알다시피 타고난 신체조건과 지능이 다르다. 이러한 부분들이 다르다는 것은 결국 선호하는 플레이가 다르다는 것을 뜻한다.

두 선수가 넣은 1,000골 모두 머리, 가슴, 무릎, 등보다는 발로 넣은 골들이 많다. 그렇기 때문에 두 선수를 분석하기 위해선 일단 어떠한 슛을 선호하고 많이 시도하는지 정확하게 살펴보고 분석해야 한다. 머리로 강력한 헤딩 슛을 통해 득점을 만들어 낼 수 있지만 여기서는 헤딩 슛이 아닌 발을 사용하는 슛을 중점적으로 분석할 것이다.

또한 두 선수를 분석, 비교하기 이전에 '어떤 선수가 더 뛰어난가?'를 분석하는 것이 아닌 순전히 차이점을 분석할 것이다. 두 선수는 세계적으로 많은 팬이 있고 비교에 따른 관심이 매우 큰 상황이다. 또한 두 선수가 아직 은퇴하지 않은 현재진행형이고 매 시즌 변화하는 모습을 보여주고 있다.

그렇기 때문에 비교한 후 우위를 점하는 선수를 택하는 것은 두 선수의 은퇴 후가 될 것이다. 거듭 말하지만 여기서는 두 선수의 '발로 하는 슛'에 대해서만 논하고자 한다.

1. 가장 먼저 분석해야 할 것은 두 선수의 슛을 시도하는 위치이다

일단 기본적으로 메시는 170cm가 안되는 작은 키를 소유하고 있고 호날두는 185cm다. 슛의 비행 스피드는 슛하는 다리의 근육량에 비례하기에 축구에서 똑같은 발목힘, 신체 근력, 킥에 대한 자세를 가지고 있다면 당연히 키가 큰 선수의 슛의 비거리가 길고 볼에 더해지는 스윙 에너지가 커기에 슛 스피드도 더 빠르다. 키가 큰 호날두는 메시보다 골문에서 좀 더 먼 위치에서도 슛을 시도할 수 있는 조건을 갖추고 있다.

슛을 시도하기 이전에 선수가 슛이 만들어지는 위치에 도달할 수 있는지 상황 여부도 살펴야 한다. 슛할 수 있는 위치에 있는 선수에게 최종 어시스트 패스를 보내주는 능력이 어느 정도인가?

대체적으로 리그에서 강팀에 소속되어 있다면 같은 팀의 미드필더와 수비수 선수들이 공격수가 높은 지역(상대 골문 가까운 지역)에서 슛할 수 있도록 볼을 운반해주는 것을 순조롭게 진행한다. 그러한 점에서 호날두와 메시는 비슷한 조건을 갖추고 있는데 만약 공격수가 상대 수비수에게 집중마크를 당해 높은 위치인 슛 지역에서 볼을 받는 것을 차단당한다면 문제가 발생한다.

이때 선수는 좀더 낮은 위치에서 볼을 받아 드리블 돌파를 통해 슛 찬스를 만들어 나갈지, 혹은 좀더 공격적인 침투와 움직임을 통해 슛 찬스를 만들어낼지 선택해야 하는 것이다.

중장거리, 초장거리 슛도 선택할 수 있는 하나의 방법이다. 메시의 경우엔 신의 경지에 다다른 드리블 능력을 소유하고 있기 때문에 굳이 먼 거리에서 슛을 시도하지 않고 드리블 돌파와 2 대 1, 3 대 1 패스를 통해 가까운 거리에서 슛을 시도한다. 축구 역사의 통계를 봤을 때 골이 가장 많이 들어가는 위치는 패널티 박스 근처에서 날린 슛이다. 가까운 거리에서 시도한 슛이 골이 더 많이 들어가는 것은 당연한 이치이다.

반면 호날두의 경우엔 시대를 거치면서 많은 점이 달라졌다. 과거 맨유에서 뛰던 시절엔 빠른 스피드와 드리블 능력을 활용해 돌파 후 가까운 거리에서 슛을 노리는 경우가 많았다. 키가 크고 슈팅력에 워낙 자신 있는 선수라서 먼 거리에서 직접 슛을 시도하는 경우도 있었다.

그러나 레알 마드리드로 이적한 후 시즌을 거듭할수록 점점 스피드가 느려지고 드리블 능력이 상쇄되기 시작하였다. 그렇게 되면 드리블 돌파 후 가까운 거리에서 슛을 시도하기 어려워진다. 그로인해 호날두는 시즌을 거듭할수록 먼 거리에서 슛을 시도하는 빈도 수가 늘어나기 시작했다. 이것이 문제를 야기시켰는데 그 슛이 많이 성공하는 날에는 대승리를 거둘 수 있었고 1개라도 성공하는 날에는 승리하거나 쉽게 경기를 풀어나갈 수도 있었으나, 10개가 넘는 최다 슛을 날리고도 한 골도 성공시키지 못한 경기도 있었다. 이렇게 되면 같은 팀의 공격 기회를 헛되게 하고 동시에 골을 넣을 기회마저 없애버렸다.

그러나 호날두는 세계 최고의 신계 칭호를 받는 이유가 있는 선수다. 그는 나이가 들어 그러한 드리블 돌파를 통해 가까운 거리에서 슛을 시도하기 어렵다는 것을 알고 있다. 그것을 보완하기 위해 세계 최고 수준의 오프 더 볼 움직임 능력을 활용하여 수비 뒷공간, 옆공간 등으로 침투하거나 뒷공간으로 침투하는 움직임을 보여주고 수비수들이 자신의 골대 방향인 뒤로 물러섰을 때 자신은 반대 방향인 자신의 골대 방향으로 내려서 볼을 받아 슛을 시도하였다. 이러한 움직임에 수비수들은 속수무책 당하는 경우가 많았고 골대 근처에서 매우 위협적인 존재가 되었다. 메시와는 다른 방법으로 슛을 성공시키는 것이다.

메시는 골대와 가까운 거리에서 주로 드리블 돌파를 통해 슛을 시도한다면 호날두는 롱패스나 크로스 혹은 순간적인 패스를 받아 슛을 시도하는 경우가 많다. 두 선수가 자신의 신체 조건과 장점을 활용하여 서로 다른 슛 스타일을 보여주고 있다.

2. 두 선수의 슛의 종류에서 많은 차이를 보이게 된다

메시는 드리블 돌파를 통해 혹은 동료와 2 대 1, 3 대 1 패스를 통해 골대와 가깝게 접근해 슛을 시도하는 경우가 많다고 언급했는데 가깝기 때문에 정확한 슛을 선호한다.

특히 인프론트로 감아서 사각 지역으로 날리는 슛 코스와 인사이드를 통해 골문 양쪽 아랫 지역으로 강하게 밀어 넣는 슛 코스는 메시의 전매특허와도 같다. 물론 메시 또한 매우 강력한 슛을 보여주기도 하지만 주로 인프론트, 인사이드 슛이 대부분 메시가 시도하는 슛이다. 또한 그가 보여주는 반박자, 한박자 빠른 슛은 세계 최고 수준이다.

2012 / 2013 챔피언스리그 16강 2차전 AC밀란과의 경기.
경기 시작 5분도 채 되지 않아 메시가 보여 주었던 슛은 메시만이 할 수 있는 골이고 메시 클래스의 모든 것을 말해주는 골이다. 해설진들도 골이 들어가고 1초~2초 뒤에 반응했을 정도로 반박자를 뛰어 넘어 한박자, 두박자 빠른 골로 세계에서 가장 민첩한 메시만 할 수 있는 골이었다.

또한 메시의 골들은 대부분 드리블 돌파를 통해 수비수들과 거리를 벌려 놓던가, 피해서 슛을 만들어내는데 그 타이밍과 민첩함은 글로써 설명할 수 없을 정도로 정교하고 빠르다. 메시가 골대 앞에서 볼을 잡는다면 수비수들은 메시의 슛만 생각할 수 없고 드리블 돌파와 패스까지 생각해야 한다. 그것을 생각하고 고민하는 순간 메시는 상대 수비수의 몸만 피할 수 있는 코스, 궤적으로 슛을 시도하는 것이 그의 축구다. 즉, 슛 각도만 열리면 지체없이 슛하는 것이다.

강력한 슛을 날리기 위해선 그만큼 다리를 길게 뒤로 빼야 하며, 힘이 더 들어가게 된다. 그 뜻은 시간이 더 오래 걸린다는 것인데 이러한 이유 때문에 메시는 강력한 슛을 선호하지 않는다. 수비수들의 동선과 마크, 몸을 날리는 육탄방어를 피하기 위해선 그만큼 빠르고 정교해야 하기 때문이다.

2010 / 2011 챔피언스리그 결승전 맨유와의 경기에서 보여주었던 결승골은 메시가 가장 많이 보여주는 골 패턴 중의 하나라고 볼 수 있다. 매우 빠르고 정교했으며 수비수와 골키퍼까지 정확하게 피해야 할 각도만 피해서 골을 성공시켰다. 체구가 그만큼 작고 빠르고 민첩하기 때문에 그에 따른 장점을 활용하여 어떠한 위치에서든지 상대가 생각하는 것보다 빠르게 슛을 날리는 것이 메시의 슛이라고 정의할 수 있다.

호날두의 슛은 인프론트로 감아서 넣는 골보다 강력한 발목과 대퇴부를 활용해 직선으로 쭉 뻗어나가는 인스텝킥을 선호한다. 두 선수가 프리킥을 처리할 때 사용하는 슛의 차이만 보더라도 확연하게 알 수 있다. 인스텝킥은 좀 더 발목과 대퇴부의 힘이 강한 선수가 사용할수록 골키퍼가 막기 힘들어지는데 호날두같이 온몸을 근육으로 무장한 선수가 슛을 시도했을 때 골대로 정확히 날아간다면 정말 막기 어렵다.

위에 언급한 것처럼 호날두는 선수 시절 말미로 갈수록 드리블 돌파 후 시도하는 슛의 비율이 적어지고 뛰어난 오프 더 볼 움직임으로 동료에게 패스를 받아 슛을 날리는 비율이 높아져가고 있다. 문제는 체력적인 부담과 근육의 힘의 감소로 인해 슛의 정확도가 날이 갈수록 기복이 심해진다는 것이다. 그것은 골을 넣는 날에는 몰아쳐서 많은 득점에 성공하지만 실패하는 경기 또한 많다는 것이다. 그것을 방지하기 위해 호날두는 나이가 들어서도 성실한 몸 관리와 술을 절제하는 습관, 저항성 트레이닝을 통해 극복하고 노화의 속도를 늦추고 있다.

호날두의 슛에서 위협적인 부분은 볼의 궤적에 있다. 이것은 프리킥과

장거리 슛을 모두 포함하는 것인데 볼의 궤적이 골키퍼가 예상하기 힘들게 흔들려서 온다는 것이다. 골키퍼는 먼 거리에서 슛이 날라올 때 볼의 진행 방향과 궤적을 미리 예상하여 움직인 후에 다이빙을 시도한다. 예상하지 않고선 볼을 막을 수가 없다. 그런데 호날두는 파워가 강하고 회전을 적게 주어 슛을 시도하는데 회전이 적게 걸리면 공중에서 공기와 바람의 영향으로 볼이 흔들리게 된다. 볼이 흔들린다는 것은 원래 이동해야 할 궤적을 벗어난다는 뜻이다. 이것이 골키퍼들이 호날두의 슛을 가장 두려워하는 이유 중의 하나이다.

그리고 호날두는 인스텝슛에서 모범을 보여주는 점이 많다. 슛할 때 발목을 180도 펴서 발등의 중심으로 볼의 무게중심을 가격한다. 자연스럽게 스윙 에너지가 온전하게 볼에 가해져 강력한 슛으로 표현된다. 거기다 슛 임팩트 순간 발등과 발목을 최고로 딱딱하게 고정시켜 반탄력을 배가시킨다.

팔로우 스루를 가장 빠르게, 가장 높게, 끝까지 가져가며 슛이 끝날 때까지 발목을 고정시켜 볼의 비행 스피드를 그대로 살리고 있다. 선수들이 배워야 할 점이다.

위에서 중요한 핵심을 말했지만 두 선수의 슛을 조금 더 이야기해보자.

3. 슛 정확도는 어떠한가?

슛 횟수 대비 득점을 보면 메시가 호날두보다 골 결정력이 더 높다. 그 이유는 크게 두 가지다. 하나는, 슛하는 위치다. 밀집수비 지역에서 드리블 돌파 능력이 탁월한 메시는 호날두보다 상대 골문에서 더 가까운 지역(위치)에서 슛한다. 축구경기를 통하여 선수는 슛하는 거리가 짧을수록 슛 정확도가 높아진다는 걸 알고 있다.

또 하나는, 슛하는 위치가 골문에 가까울수록 슛 목표지점(볼이 골라인을 통과하는 궤적)을 설정하기가 쉽다. 유효슛의 빈도가 메시가 호날두보다 높다. 메시의 슛은 유효 슛이 아니라도 골문을 크게 벗어나지 않는다. 살짝 벗어나는 정도다. 메시는 흔히 '야신 사각지대'로 불리는 골문 상하단 구석으로 자주 득점하곤 한다. 반면, 호날두는 메시보다 먼 거리에서 슛하기에 약간의 슛 각도 차이라도 볼이 비행하면서 점점 더 골문에서 멀어지는 것이다.

4. 좌우 양발 사용이 서로 다르다

메시는 왼발잡이고 호날두는 오른발잡이다. 그런데 양발 사용에는 메시가 더 능숙한 것 같다. 메시와 호날두의 동영상을 보면 이게 드러난다. 메시는 종종 오른발로도 득점하지만 호날두는 왼발로 득점이 많지 않다.

5. 골라인을 통과하는 순간 볼의 높이가 다르다

메시는 땅볼 슛을 선호한다. 호쾌한 중장거리 슛이 메시보다 많은 호날두의 슛은 크로스 바 아래나 그 근처 높이로 지나는 경우가 많다.

6. 슛하는 부위와 감아차기 빈도수가 다르다

메시는 왼발 인프런트와 인사이드로, 호날두는 인스텝으로 주로 슛한다. 메시는 페널티박스 안이나 밖에서 슛할 때 인프런트로 강한 스핀을 먹인 감아차는 슛을 시도한다. 볼이 휘어서(상하가 아닌 좌우로) 골문으로 향해 간다. 골대 바깥으로 나아가다 골문 안으로 들어오기에 골키퍼가 각을 좁혀서 전진해 막아내기가 어렵다.

반면, 인스텝으로 슛하는 호날두의 슛은 좌우로 회전하기보다는 거의 직선으로(일정 부분 위 아래로 커브를 그리기도 하지만) 들어온다.

7. 골키퍼가 준비할 수 있는 시간을 누가 많이 주는가?

인스텝슛은 4 가지 과정으로 이루어진다. 접근, 백 스윙, 임팩트, 팔로우스루다. 중장거리 슛에 능숙한 호날두는 접근과 백 스윙에 상대적으로 많은 시간을 사용한다. 이 순간에 골키퍼가 슛을 막기 위해 준비한다.

메시는 수비를 돌파하지 않고도 슛 각도가 열리면 지체없이 슛한다. 전광석화같은 슛 타이밍을 보여준다. 다리가 호날두보다 짧은 것도 빠른 슛 타이밍에 유리하게 작용한다. 백 스윙을 거의 하지 않는 템포슛으로 득점하기도 한다. '슛하라'는 뇌의 명령을 전달하는 신경의 길이도 더 짧아 더 빨리 몸이 뇌의 명령을 수행한다.

메시와 호날두, 호날두와 메시 두 선수를 비교해보았지만 두 선수는 스타일이 다르고 신체조건과 지능 또한 다르다. 또한 다른 환경에서 축구를 해왔기 때문에 갖고 있는 축구에 대한 판단력도 다르다. 이로 인해 두 선수의 슛에 대한 차이를 불러일으키고, 다르기 때문에 팬들이 더 재미있어할 요소가 생기는 것이다.

어떤 선수가 더 뛰어난 선수인가, 더 잘하는 선수인가? 이것에 대한 답은 여기서는 유보하기로 한다. 이것에 대한 답은 두 선수가 은퇴하게 되면 확실히 주장할 수 있을 것이다. 지금은 두 선수가 현재진행형이기 때문에.

메시와 호날두의 슛은 각기 강점이 있다. 어떻게 하면 두 선수의 강점을 모두 습득하여 경기에 활용할 수 있을까?

Part Ⅲ

팀(개인) 연습과 슛 연습 시 반드시 지켜야 할 원칙

1 팀(개인) 연습 시 반드시 지켜야 할 14가지 원칙

세상일이든 축구든 더 도움이 되고, 보다 효과적인 방법이 있다. 예를 들면, 부산에서 서울에 갈 때 걷거나 경운기 타고 가는 것보다 KTX나 여객기를 타고 가면 훨씬 더 빨리 도착한다. 이미 과제를 다 처리하고 부산에 돌아와서 등산하고 다시 서울에 갔다 와도 경운기는 계속 서울로 가고 있을 것이다. 경주, 포항을 거쳐 가는 것보다 직선 코스로 가면 더 빠르게 서울에 도착한다.

아래는 연습 시 반드시 실행해야 할 원칙들이다.
이 글을 읽고 누구는 실천할 것이다.
또 누구는 그냥 넘겨버리고 지금까지의 습관대로 계속할 것이다.
그 감독 코치는 필요성을 바로 감지하고 연습에 적용할 것이다.
또 다른 감독 코치는 자신의 방식대로 그대로 해나갈 것이다.
그러나 그 결과에 대해서도 그대로 받아갈 것이다.
사람은 자신의 말과 행동에 대해 책임을 져야 한다.

그리고 이 원칙들은 슛 연습뿐만 아니라 다른 모든 연습에도 적용된다.

1) 처음 배우는 기술에 대한 지혜로운 태도는 무엇인가?

올바르고 정확한 방법을 알려고 최선을 다하는 자세다. 정확한 자세,

임팩트 해야 할 볼의 부위, 이 연습에 적용되는 스포츠물리학, 시선 마음 근육 건 인대 관절 신경의 협응, 주의할 점, 예상되는 실수 등을 자세히 그리고 밝게 알아야 한다. 기술의 완성(마스터)은 개인 시간에 개인 연습으로 가능한 빨리 달성해야 한다. 정확한 연습 방법을 알고 있으면 이게 가능하다.

반면에, 처음 배우는 기술을 그 자리에서 바로 마스터해버리려는 '조급증'을 보이는 선수들이 지나치게 많다. 자연스럽게 감독 코치가 가르쳐주는 방법에는 소홀히 하고, 기능만 익히려고 하게 된다. 물론 이건 불가능하다. 뿐만 아니라 효과적인 개인 연습을 할 수 없게 만든다. 적확한 방법(이론)을 모르기 때문에 정확한 연습을 할 수 없기 때문이다. 이러한 조급증은 선수 자신의 경기력 향상을 방해하는 원인조건으로 작용한다.

2) '정확성'을 최우선 성취 목표로 정한다

킥 패스 슛 드리블 헤딩 볼컨트롤 등 개인기의 3대 요소는 정확성 스피드 타이밍(정스타)이다. 이 중 '정확성'이 가장 중요하다. 일례로 제아무리 강력하고 빠른 슛이라도 골문을 벗어나면 득점할 수 없다. 골문으로 향하는 유효슛만이 득점 가능성이 있다.

이때 '정확성'이란 임팩트의 정확성이다. 즉, 첫 터치의 정확성이다. 기술의 완성도가 약한 선수일수록 '천천히 천천히 더 천천히' 가르쳐야 한다. 볼과 선수가 천천히 움직일수록 임팩트할 볼 부위를 더 자세히 볼 수 있고, 편안한 마음으로 여유있게 동작을 취할 수가 있다. 스피드와 타이밍은 정확성이 향상되는 그만큼 높여가면 된다.

3) 모든 연습에는 도달하고자 하는 목표가 있다

연습을 왜 하는가? 경기에서 승리하기 위해서다. 경기에서 그런 상황을 만났을 때 완벽하게 수행하기 위해서다. 이러하기에 모든 연습에는 달성하고자 하는 목표가 있다. 그러나 현실은 어떠한가?

내가 만난 너무나 많은 선수들이 지금 하고 있는 연습의 목표를 모르고 그냥 시키는 대로 움직이고 있었다. 가끔 축구 레슨을 통해 불특정 다수 선수들을 가르치면서 잠시 연습을 중단하고 "지금 우리가 무슨 연습을 하고 있지? 이 연습의 목표가 무엇이지?" 하고 질문하면 우물쭈물하면서 답하지 못하는 선수가 지나치게 많았다. 아니 전부가 그랬다. 이래서야 어느 세월에 세계 경쟁 우위를 만들어낼 수 있는가?

하나의 보기로, 질문에 이렇게 선명하게 답할 수 있어야 한다.

"정확한 임팩트 연습입니다. 그 중에서도 굴러가는 볼을 슛할 때 볼의 무게중심을 발등의 중심으로 맞히는 연습입니다."

4) 기초기술이 가장 중요하다

거의 대부분의 선수들이 고난이도 기술에 열광한다. 저걸 빨리 배워 경기에 사용해야지, 이렇게 생각한다. 관중들에게 뽐내고 싶어 한다. 호승심이 하늘을 찌른다. 처음 배우는 새로운 기술에 눈을 반짝인다.

그러나 이건 어리석은 태도다. 아직 뭘 모르는 사람들이라는 걸 스스로 증명하는 꼴이다. 기초기술이 가장 중요하다. 결정적이다. 이걸 깨달아야 한다. 기초기술은 초고층 빌딩을 건축할 때 기초공사, 기초시설과 같다. 지진에 이겨내는 내진시설과 초고층 빌딩의 하중을 이겨내는 강도가 빌딩의 생명과 같다. 이게 기초공사, 기초시설로 결정된다.

고난이도 기술, 새로 배우는 기술에 정신을 빼앗기는 게 아니라 기초기술의 '시그마 6'를 목표로 하여 성취해내는 게 너무나 중요하다. '시그마 6'란 백만 개의 제품을 생산할 때 못 쓰는 불량품이 6개 이하로 나오는 제품 완성도를 말한다. 16만 6,666개 당 한 개의 불량품이 나오는 비율이다. 경이적인 기록이다.

경기 중 가장 패스를 많이 받고, 패스 내는 선수가 플레이 메이커다. 바르세로나에서 이 역할을 했던 사비는 경기 중 평균 150개 정도의 패스를 내며, 패스 성공률이 93~95% 정도라고 한다. 150개 중 139~143개를 성공시키는 셈이다.

고난이도 기술을 체득하는 지름길이 완벽한 기초기술이다. 기초 중의 기초, 기본 중의 기본에 완벽하면 고난이도 기술을 쉽게 마스터할 수 있다. 고난이도 기술에 열광하고 자신을 자랑하려는 호승심이 자멸로 이끄는 원흉(원수의 우두머리)이라는 걸 모르는 선수가 즐비하다. 축구 경기에 사용되는 기술은 99% 이상 단순하다. 축구경기는 이런 단순한 기술의 연속으로 이루어져 있고, 뛰어난 선수란 기초기술에서 실수하지 않고 완벽하게 해내는 선수다.

그런데 이 간단한 기초기술에 지나치게 많은 선수가 실수를 반복하고 있다. 마치 걷지도 못하는 유아가 100m 달리기 경주를 하려고 하는 형국이다.

5) 첫 터치에 최고로 집중하라

거듭 거듭 말하지만 첫 터치(임팩트)가 정확성을 결정한다. 볼의 무게중심을 자세히 보고 터치하려는 볼의 그 부위와 몸의 그 부위를 정확하게 임팩트 하라.

6) 경기보다 연습에 더 집중하고 치열하라

경기에 100% 쏟아 부었다면, 연습에는 120% 전력투구하라. 이러면 경기가 아주 쉬워진다. 경기를 지배할 수 있다. 마음먹은 대로 자유자재로 경기를 풀어갈 수 있게 된다.

그런데 이렇게 하는 선수 있는가? 연습경기는 이기면 좋고 져도 별로 부담이 없다고 생각한다. 공식경기보다 몰입도, 집중도, 헌신성 등이 떨어진다. 이런 게 습관이 되면 연습에 100% 이상 집중하지 못하는 나쁜 습관이 생기게 된다.

> "준비하는 것을 실패하는 것은 실패를 준비하는 것과 같다."
>
> – 벤자민 프랭클린

7) 점증부하의 원리를 지켜라

선수의 기술(체력) 수준을 꾸준히 증가시키기 위해 과부하를 주어 기술적(신체적) 요구를 지속적으로 증가시켜야 한다. 만약 트레이닝 요구도가 너무 빨리 진행된다면 선수가 적응하지 못하는 문제가 발생한다.

선수가 받아들일 수 있는 만큼만, 할 수 있는 만큼만 하라.
익숙하게 해낼 수 있을 때 다음 단계로 진행하라.
방해가 없는 연습에서 압박이 있는 연습으로!
5%의 압박에서 25%의 압박으로, 이윽고 경기 상황의 압박으로!
혼자 하는 연습에서 여럿이 하는 연습으로!
천천히 하다 빠른 스피드로!
넓은 지역에서 하다 좁은 지역으로!
동작을 한 번에 하지 말고 나누어서 하라!

8) 성공 경험을 반드시 활용하고, 실패는 즉시 교정하라

연습 시 선수 자신이 놀랄 정도로 기술적 완성도를 보일 때가 있다. 이때 성공 경험을 기억하여 계속 활용해야 한다. 그러기 위해서는 연습 중 자신의 연습 내용에 집중하여 항상 기억하고 있어야 한다. 그와 동시에 한번 해낸 건 다음에도 할 수 있다는 증거라는 걸 깨달아야 한다. 계속 온전하게 해내면 자신의 경기력이 되었다는 증거다.

그리고 실수가 나왔을 때는 즉시 교정해야 한다. 이론을 알고 있어야 가능하다. 그래도 알 수 없으면 감독 코치에게 질문하여 교정 방법을 찾아내어야 한다. 그냥 지나치지 말라!

9) 잘못된 자세는 볼 없이 연습하여 고쳐라

잘못된 자세를 가장 효과적으로 고치는 방법이다. 가령, 인스텝슛할 때 팔로우 스루 시 발목이 풀리는 습관이 있으면 볼 없이 벽이나 책상에 손을 짚고 천천히 팔로우 스루를 하면서 의식적으로 발목을 끝까지 고정해본다. 이렇게 의도적으로 30~100번 정도 하면 끝까지 발목을 고정하고 있는 자신을 발견하게 된다. 이 다음 볼을 가지고 연습하면 쉽게 고칠 수 있다.

그렇지 않고 처음부터 볼과 같이 연습하면 과거의 습관이 그대로 나와 고치는 데 더 많은 시간이 소요될 것이다.

10) 시선 처리는 어떻게 해야 하나?

연습이나 경기 중 볼을 다룰 때 간접시선(25% 내외)으로 볼을 보고 직접시선(75% 내외)으로 주위 상황을 파악한다. 그러다 결정적인 순간에는 볼에 시선을 집중하는 게 좋다.

가령 인스텝슛을 할 때 먼저 주위 상황(골문의 위치와 각도, 거리, 골키퍼와 수비의 배치 등)을 알고 난 후 슛할 때에는 시선을 볼에 집중한다. 임팩트할 부위를 자세히 보고 바로 그 부위를 정확하게 임팩트하기 위해서다. 앞에서 말했듯이 정확성이란 임팩트의 정확성이기 때문이다.

11) 마음 처리는 어떻게 해야 하나?

이런 질문을 하면 무슨 말인지 몰라 선수는 어리둥절해 한다. 이런 질문을 한 번도 받은 적도 없고 생각해보지도 않았다. 거기다가 배운 적도 없기 때문이다.

그러나 반드시 알아야 하고 실천해야 할 중요 과제다. 대답은, 볼과 임팩트하는 몸의 부위에 가 있어 스스로 점검해야 한다. 예를 들면, 인스텝슛할 때는 마음이 발등의 중심과 발목에 가 있어 스스로 점검해야 한다. 발등의 중심으로 슛하는가? 발등의 중심이 아니라 위아래 좌우로 슛하고 있지 않는가? 발목은 180도로 완전히 펴고 있는가? 스윙하면서 잘못되었을 때에는 바로 고쳐야 한다.

12) 학습 결손 상태를 누적시키지 말라

학력 상위 0.1% 이내의 공부 선수는 학습 결손 상태를 만들지 않는다. 배운 걸 개인 시간에 심화학습으로 온전하게 자신의 실력으로 만든다. 학습 결손의 누적을 계속하는 학생은 결코 좋은 성적을 낼 수 없다. 축구도 이와 같다. 하루 중 개인 시간이 난다. 이때 효과적인 연습으로 배운 걸 완전히 자신의 실력으로 만들어야 한다.

> "자신에게 주어진 '자유시간'에 무엇을 하느냐의 차이가 천재적인 축구선수와 일반적인 축구선수로 나뉘어진다."
>
> – 안드레 이니에스타

13) 개인연습 시 계획을 세밀하고도 철저하게 세워라

계획 없는 연습은 잃어버린 연습이다. 팀 연습도 개인연습도 그러하다. 연습 전에 의도적이며 과학적 구조적 통합적인 계획을 세워도 혼란과 비효과적인 낭비가 나타날 수 있다. 하물며 계획 없는 연습은 말할 필요도 없다. 선수가 개인 시간에 개인 연습하러 나가기 전에 이미 연습 계획을 가지고 있어야 한다. 연습 계획의 완성도가 연습 효과와 비례한다고 해도 과언이 아니다.

이러하기에 연습 시간, 연습 주제와 연습 순서, 도구와 장비, 연습에 참가할 동료선수, 준비물 등을 구체적으로 기록하고, 그대로 실행해야 한다. 연습 계획이 명확할 때 계획한 연습 시간 동안 충실한 연습을 수행할 개연성이 높아진다.

개인연습 계획의 일례로, 60분간 인스텝슛 연습을 동료선수 1명과 같이 하려고 할 때 연습 순서는 1) 임팩트 연습, 2) 슛 방향 결정 연습, 3) 평형성 연습(균형 조절 연습), 4) 벽을 사용하는 1인 연습, 5) 구체적인 인스텝 슛 연습 순서로 하며 연습 시간은 앞에서부터 각 15분, 15분, 12분, 8분, 10분 배당한다. 준비물은 볼 20개, 봉 6개, 콘 10개, 막대 4개, 물 2L, 수건 등이다.

학교에서 상위 0.1% 내의 공부 선수의 특징이 심화학습(개인 공부)에 있듯이 축구도 그러하다. 팀연습 때 배운 걸 개인연습으로 자신의 경기력으로 만들어야 한다. 이래야 학습 결손의 누적이 일어나지 않는다. 학습 달성도가 극대화되는 것이다. 학습에 필요한 시간만큼 학습에 사용했을 때 완전학습이 일어나는 것과 같은 이치다. 선수의 성패는 개인연습을 얼마나 충실하고 지속적으로 하느냐에 달려 있다. 그리고 개인연습의 성패는 개인연습 계획 수립의 완벽함 정도에 의해 좌우된다.

14) 성실하고 한결같은 개인연습 파트너가 있는가?

마음이 통하는 동료선수 한 명을 개인연습 파트너로 만들어라. 의욕이 생기지 않아 개인연습을 하지 않으려고 할 때, 바람 불고 추운 겨울날 개인연습보다 따뜻한 실내에서 스마트폰 만지작거리면서 놀고 싶을 때 동료 개인연습 파트너가 동기부여하고 개인연습을 권유하여 같이 운동장으로 나서는 경우가 있을 수 있다. "혼자는 빨리 가지만 여럿이면 멀리 갈 수 있다." 는 지적이 여기서도 그대로 적용된다.

그리고 개인연습 시 혼자서는 할 수 없고 둘이 있어야 가능한 연습도 있다. 이때 개인연습 파트너가 있다. 혼자 하는 연습은 혼자, 둘이 해야 하는 연습은 둘이 하면 된다. 서로의 장점을 배울 수 있고 부족한 점을 지적받아 고칠 수도 있다.

아직도 개인연습 파트너가 없다면 이 글 읽은 후 24시간 안에 개인연습 파트너를 만들어라. 지속적인 것이 혁신이다. 지속적인 혁신이 경쟁 우위를 만들어 낸다.

이상으로 14가지를 생각해보았다. 물론 이외에도 많다. 지면 관계로 이번에는 이 정도로 제시한다. 이걸 바탕으로 생각을 무한히 전개해나가기를 권유드린다.

2 슛 연습 시 반드시 적용해야 할 25가지 지침

아래는 슛 연습할 때 반드시 적용해야 할 중요 지침들이다. 이걸 적용하면 슛이 보다 정확해진다. 비행속도가 빨라지고 실수가 예방된다. 마스터하는 시간이 크게 단축된다. 이러하므로 적용하는 선수는 많은 유리함이 있다. 반면에 적용하지 않는 선수는 마스터하는 데 어려움을 느낄 것이다.

축구 공부하기 좋은 시기다. 1970년대만 해도 인터넷을 활용하는 사람은 특수한 일을 하는 극소수였다. 1980년대도 그러했다. 축구 공부할 수 있는 자료로 월간지 '베스트 일레븐'과 몇 권의 축구서적이 전부였다고 해도 과언이 아니었다.

알고 있듯이 지금은 축구 정보가 너무 많아 취사선택하기에도 벅찬 정보의 홍수 속에 갇혀 있다. 누구나 한정된 시간이기에 정보에 대한 해석력 감식안 선택력이 갈수록 요구되는 시대가 왔다.

슛을 구조적, 계획적, 통합적, 과학적으로 알려주고 있는 한 곳을 소개한다.

이 보다 적확하게 슛 정보를 담고 있는 공간은 만나기 쉽지 않을 것 같다. 축구 카페 http://cafe.daum.net/soccos 의 <슛> (대메뉴)이다. 13개로 분류한 소메뉴가 클릭하는 이에게 원하는 정보를 무료로 전해준다. 13개의 소메뉴는 이러하다.

① 슛 이론
② 칩샷
③ 발리 슛
④ 페널티킥
⑤ 프리킥
⑥ 프리킥 연습 방법
⑦ 오버헤드(바이시클) 슛
⑧ 바나나 킥
⑨ 무회전 슛
⑩ 중장거리 슛
⑪ 경기 중 슛
⑫ 슛 연습 방법
⑬ 득점 분석

슛 마스터가 되려면 언제든지 슛하려는 강렬한 의지, 과학적이고 올바른 슛 이론, 유연하고 잘 발달된 근육, 목표한 곳으로 볼을 보내는 정확한 임팩트가 요구된다. 여러분은 골 결정력을 좌우하는 이 4가지를 가지고 있는가?

그리고 슛할 때의 상황을 몇 가지로 분류하고, 각 상황에서 최적의 선택을 하고 정확하게 실행할 수 있는 능력을 하루 빨리 기르자. 축구는 시간과의 싸움이다.

이 책의 슛 연습은 그림에서 보듯이 슛 연습 방법을 최대한 단순화시켜 표시하고 있다. 이 연습을 바탕으로 여러 가지 응용방법을 만들어내어 다양한 연습 방법을 선수들에게 제공하기 바란다.

수비의 방해가 없는 그림은 연습 시 필요하면 수비를 참가시키면 된다. 무한히 많은 슛 연습 중에서 상대적으로 활용빈도가 높고 파급력이 큰 연습을 선택하려고 노력했다. 앞에서 말했듯이 슛을 공부할 수 있는 정보는 무수하다.

1) 슛할 때의 상황 분류

(1) 볼의 이동 여부에 따라

a. 정지한 볼에 대한 슛 : 페널티킥, 프리킥, 코너킥, 고울킥 등
b. 움직이는 볼에 대한 슛 : 굴러가는 볼, 공중 볼, 하프 발리 볼

(2) 슛하기까지의 터치 횟수를 기준으로

논스톱 슛 , 투 터치 슛, 3회 이상 터치 후 슛

(3) 슛하는 몸의 부위에 따라

발, 이마, 그 외의 부위(무릎, 어깨, 가슴 등)

(4) 슛 하는 거리에 따라

단거리 슛, 중장거리 슛, 초장거리 슛

(5) 볼의 소유 과정에 따라

드리블하다 슛, 패스 받아 슛

2) 슛 연습 시 반드시 적용해야 할 25가지 지침

감독 코치는 자신만의 슛 연습 노하우를 정립하여 가르쳐야 한다.

(1) 줄을 서서 기다리는 시간을 두지 말라.

숏 연습에서 무엇보다 중요한 것은 숏을 하는 '양'을 늘리는 것이다.

(2) 다양한 상황으로 트레이닝 효과를 높인다.

룰을 계속 바꾸면 선수가 주의를 하지 않으면 트레이닝을 할 수 없으므로 필연적으로 집중력이 향상된다.

(3) 경쟁 형식을 많이 적용해서 선수가 압박감을 느끼게 하자.

어째서 연습 때에는 넣으면서 경기에서는 못 넣는가? 그것은 평소 숏 연습이 '연습을 위한 연습'이었기 때문이다. 긴장에 약한 선수라면 더욱 그렇다. 연습할 때도 긴장을 느끼게 하면서 숏 연습을 하지 않으면 의미가 없다. 연습을 위한 연습에서 경기를 위한 실전적인 연습으로 바꾸자.

(4) 숏이 빗나가는 원인을 지도자가 파악한다.

결과를 분석하고 원인을 규명하여 해결책을 적용한다. 이 과정 모두를 선수에게 질문하면서 해결하면 더욱 좋다. 선수가 찾아내게 하자. 이건 이론을 알고 있어야 가능하다.

(5) 연습 시 숏을 반드시 성공시켜야 한다.

(6) 코치는 숏 횟수 대비 유효숏, 위협적인 유효숏, 득점수, 골 성공률을 슈터에게 꼭 알려준다.

경쟁적인 분위기 속에 숏 연습하게 하라.

(7) 연습은 120%의 집중력으로 처음부터 끝까지 전력투구하자.

그러면 경기가 쉬워진다.

(8) 잘한 선수를 의도적으로 일부러 크게 칭찬하자.

실수한 선수에게는 계획적인 침묵으로 그 선수의 호승심을 자극하자.

(9) 반드시 골키퍼를 두고 슛한다.

모든 슛은 경기 상황에서 하는 슛 그대로다. 골키퍼는 철저하게 막아내고 슈터는 반드시 성공시킨다. 연습이니 적당히 슛하고 득점하지 못해도 괜찮다는 건 자멸로 인도하는 지름길이라는 걸 명심하라.

(10) 발의 모든 부위를 의도적으로 골고루 사용하여 슛하게 하라.

인사이드, 인스텝, 인프런트, 아웃프런트, 아웃사이드, 발가락, 발뒤꿈치, 발바닥을 모두 활용하라.

(11) 가능한 논스톱슛을 하라.

골 결정력이 가장 높기 때문이다.

(12) 슛하는 횟수, 거리, 터치 수는 그때그때 상황에 따라 조정해도 좋다.

(13) 가능한 정식구장에서 연습하라.

연습장이 경기장의 규격과 같아야 슛의 경기 적응력이 배가 된다.
라인은 필수이며 코너 플래그도 설치하라.

(14) 가능한 옷, 축구화도 경기 상황으로 갖추어 연습하라.

(15) 연습 경기 시 코치는 주심 복장으로 하라.

레드 카드, 옐로우 카드, 기록볼펜, 호각 등 주심의 장비를 온전히 갖추어라.

(16) 양쪽 골문 뒤에 그물망을 설치하라.

볼을 주우러 가는 시간이 크게 줄어 더 많은 횟수의 슛을 할 수 있다. 참고 자료로 축구서적 <1등 축구팀을 만드는 비결> 중 '양쪽 골문 뒤에 그물망 벽을 당장 설치하자'(p.128)를 제시한다.

(17) 볼보이 배치할 수 있으면 하라.

(18) 처음에는 수비없이 연습하다 익숙해지면 수비를 배치하여 경기상황으로 연습하라.

(19) 보다 효과적인 슛 연습을 위해 슛 보오드를 설치하라.

참고 자료로 <1등 축구팀을 만드는 비결> 중 '슛 보드를 설치하자'(p.153)를 제시한다.

(20) 선수가 슛할 때 감독 코치는 자세히 보라.

선수의 슛 집중력을 높이는 효과가 있다.

(21) 특별하고 신선한 슛이 나왔을 때 팀원 전원이 박수치고 환호하라.

(22) 수시로 개인 상담하라!

골 결정력 향상 방안에 대해 적극적으로 의견 교환하라.

(23) 경기와 연습 중의 슛을 동영상으로 보여줘라.

말로 지적했을 때 받아들이지 않던 걸 바로 인정한다.

(24) 연습과 경기 중 슛을 동영상으로 담아라.

여러 가지로 요긴하게 활용할 수 있다. 동영상 담고 분석해주는 전문가도 많이 있다.

(25) 볼도 최상의 품질로 연습하라.

경기에서 사용하는 그 수준이 되어야 한다.

Part Ⅳ

코칭 예시 : 인스텝슛

1. 학습목표
2. 연습의 실제
3. 예상되는 효과
4. 구체적인 인스텝슛 연습 방법

1 학습목표

감독 코치마다 코칭 철학과 코칭 방법이 조금씩 다르다. 여기에 제시하는 '인스텝슛 연습 방법'은 하나의 코칭 사례일 뿐 모범답안이 아니다. 다만 생각을 전개하고 영감을 길어 올리는 마중물이 되기를 기대한다.

학습목표가 선명하게 제시되어야 한다. 이론 강의와 연습 전에 선수들이 연습 후에 도달해야 할 지점(위치)을 명쾌하게 알려준다. 그리고 선수는 다른 사람을 가르칠 수 있어야 비로소 '안다'고 말할 수 있다. 대충 아는 건 결코 아는 게 아니며 순간순간 변하는 경기에서 바로 꺼내 사용할 수도 없다. 얼치기로 알고 있으면서 '안다'고 말하는 건 선수 자신의 성장에 걸림돌로 작용한다는 걸 명심해야 한다. 아래는 인스텝슛 지도 시의 4가지 학습목표다.

1) 인스텝슛의 스포츠물리학(이론)을 알고, 복습하여 완전히 자신의 지식으로 만들어 경기에서 자유자재로 활용하며, 나아가 다른 사람들을 가르칠 수 있다.
2) 이 세상에서 가장 쉽게, 최고로 수준 높게, 가장 빨리, 가장 효과적으로 인스텝슛을 마스터할 수 있는 방법을 배워서 안다.
3) 개인 시간에 연습하여 가능한 최단 시간에 자신의 경기력으로 만들어 득점력에 혁명을 일으키고 이 역시 다른 사람들을 가르칠 수 있다.
4) 위의 3가지 학습 목표를 완벽하게 마스터한 후 새롭고 더욱 발전한 인스텝슛 이론과 연습 방법을 창조하여 전파한다.

이 네 번째 학습 목표는 추후 적정한 시점에 도달해야 할 미래의 과제다.

2 연습의 실제

1) 이론

항상 먼저 이론을 가르쳐 이해시킨 후에 피치(운동장) 연습에 들어가야 한다. 이론을 철저하게 이해시켜야 한다. 선수들이 이론을 이해하지 못하면 아예 피치(운동장) 연습을 하지 않겠다는 확고한 의지를 가지고 있어야 하고 반드시 실천해야 한다. 이론 강의를 통해 축구 이론에서 선수를 감독 코치로 만들어주어야 한다. 이론 강의 내용을 배포하여 복습할 때 활용하게 한다.

(1) 시간 : 60분
(2) 장소 : 교실 또는 강의실
(3) 교재 : 숏 동영상(2분), 강의 자료 3건(A4)
(4) 방법 : 수시로 질문하기, 선수에게 최소 25가지 이상 질문하기

인스텝숏 이론은 'PART Ⅰ 숏에 대한 이해' 중 '27. 인스텝숏 이론, 왜 가르쳐야 하는가?'를 참고하기 바란다.

2) 연습

의도적 과학적 구조적 효과적 통합적으로 연습을 조직해야 한다. 이것

저것 즉흥적으로 섞어서 연습하지 않고 학습목표를 성취하기 위해 전력투구해야 한다.

(1) 시간, 장소, 교재

가. 시간 : 120분

나. 장소 : 운동장

다. 교재 : 축구공 60개, 접시콘 100개, 2m 봉 80개 등

(2) 연습 내용 : 5분야로 구성

가. 임팩트 연습 (정지된 볼, 굴러가는 볼, 공중 볼)

슛이 무엇인가? 임팩트다. 임팩트, 그 이상도 그 이하도 아니다. 발등의 중심과 볼의 무게중심의 임팩트다. 이걸 정확하게 해낼 수 있으면 응용은 얼마든지 가능하다. 이 연습으로 슛이 높이 2.44m의 크로스바를 넘어가지 않게 해준다. 경기 중 크로스바를 훌쩍 넘어가는 우주 개발 슛은 임팩트에 대한 이해가 없거나 부족하고, 최적의 연습이 선수에게 제공되지 못해서 일어나고 반복된다. 예방과 교정이 매우 쉽다.

나. 슛 방향 결정 연습

슛이 왜 골문 밖으로 벗어나는가? 스핀을 먹지 않는 인스텝슛과 인사이드 슛의 경우, 딛는 발이 골포스트 밖을 향해 있기 때문이다. 디딤발의 방향은 골포스트 안쪽에서 다른 골포스트 안쪽 사이에, 즉 골문 안으로 향해 있어야 한다. 이 연습으로 슛이 7.32m의 골문 밖으로(골 포스트 밖으로) 나가지 않게 된다.

그 선수의 디딤발이 누구의 발인가? 그 선수 자신의 발이다. 슛 방향을 미리 결정하고 자기 자신의 발을 그 방향으로 딛으면 되는 것이다.

이 얼마나 쉬운가? 너무나 쉬워 초등 2학년 선수도 3분 안에 마스터할 수 있다! 그러나 경기에서 슛이 지나치게 많이 골포스트 밖으로 벗어난다. 밝게 아는 사람은 쉽게 가르친다. 어려운 과제를 쉽게 풀어낸다.

이 두 연습을 마스터하면? 100% 골문 안으로 향하는 유효 슛을 쏠 수 있게 된다. 근육이 점점 발달하면서 먼 거리에서도 위협적인 유효 슛으로 마구 마구 득점할 수 있게 된다! 골 결정력에 혁명이 일어나는 순간이다!

다. 균형 조절 연습

체중을 실은 발과 다리로 마치 500년 이상 나이의 전나무처럼 고도의 평형성을 유지하는 연습이다.

슛한 볼의 비행 스피드는 슛하는 발의 스윙 스피드의 1.3배다. 스윙 스피드가 시속 100km 시 슛은 시속 130km로 날아간다. 딛는 발이 최고의 평형성을 유지할 때(안정되어 있을 때) 최고 스피드의 스윙이 나온다. 최고 스피드로 스윙할 수 있으면 강력한 중장거리, 초장거리 슛도 마구 마구 성공시킬 수 있다. 근육이 일정 부분 이상 발달한 중3 이후에 이게 가능하다.

측정된 최고의 슛 스피드는 2006년 에베르손(스포르팅 리스본)의 시속 200km다. 초속 55.5m, 자기 진영(52.5m, 터치라인이 105m)에서 1초 안에 상대 골문을 통과하는 속도다. 골키퍼가 슛을 보고 몸을 움직이기 직전의 시간(반응시간)이 평균 0.55초이니 초속 55.5m면 이 거리에서도 충분히 득점할 수 있는 거리다. 카를로스 호베르투, 제이제이 오코차, 스티븐 제라드의 절정의 중장거리 슛이 생생한 증거다!

그러면 한국대표와 K리거의 중장거리슛, 자주 나오고 득점도 많은가? 매우 희귀하다.

라. 벽을 활용하는 1인 연습

앞의 3가지 연습 후 이 연습을 하며 가장 빠르게 인스텝슛을 마스터하게 해주는 연습이다. 볼 터치 횟수(연습 횟수)가 가장 많으며 볼 감각, 자세, 임팩트, 방향, 팔로우 스루 등 '인스텝슛의 3대 원칙과 2대 핵심'을 가장 빨리 마스터할 수 있는 방법이다. 벽을 활용하여 8시간 정도 연습하면 인스텝슛을 마스터할 수도 있다.

하루 시간이 나면 아침 식사 후 50분 정도 쉬었다가 오전에 4시간, 오후에 4시간 연습하면 바로 완벽하게 정복하는 선수도 적지 않을 것이다.

마. 다양한 슛 연습

최종적으로 여러 가지 종류의 슛을 시도한다. 이때 선수의 슛 습관이 고스란히 드러나는데, 감독 코치가 개별적으로 즉시 교정해 주어야 한다. 선수가 이론에 정통하여 스스로 고치면 더욱 좋다. 지금까지 고치지 못한 나쁜 슛 습관을 계속 가지고 있을 필요가 있나?

3 예상되는 효과

한마디로 인스텝슛 코칭에서 세계 최고 수준을 추구한다. 그 결과로 3시간의 코칭을 통해 선수들의 연습 가성비(연습 시간 대비 연습 효과) 세계 1위를 목표로 하고 이루어내는 것이다. 가르치는 감독 코치는 매일 자신의 코칭이 세계에서 가장 탁월한 코칭이 되도록 해야 한다.

한국 최고 수준의 경기인 K-리그에서의 유효 슛에 대해 살펴보면 현실은 이러하다. 생각보다 유효슛이 많지 않고, 위협적인 유효슛은 더욱 적다. 어처구니없는 슛이 지나치게 많이 나오고 있는 실정이다.

전북은 최은성이 출전한 25경기에서 경기당 평균 5.5개의 유효 슛을 허용했고, 부산은 전상욱이 출전한 25경기에서 경기당 평균 5.4개의 유효 슛을 허용했고, 인천은 유현이 출전한 23경기에서 경기당 평균 4.4개의 유효 슛을 허용했다.

– 스포츠서울 2012. 9. 6 水 8면 , 이정수 기자

1) 한번 코칭으로 인스텝슛 이론을 온전하고 명쾌하며 깊이 있게 알게 된다.

인스텝슛 이론, 즉 인스텝슛의 스포츠물리학은 매우 쉽다. 한번 들으면 선수 누구나 알게 된다. 다만 소속팀에서 선수가 이론을 계획적 구조적 과학적 통합적으로 배우지 못해 체계적으로 정리되어 있지 않고 단편적으로만 이해하고 있는 실정이다.

이런 후유증이 프로선수나 국가대표가 되어서도 계속되고 있다. 이론을 알면 실수를 미리 예방하고, 드물게 실수해도 즉시 스스로 고칠 수 있는 능력을 소유하게 된다.

2) 무엇보다 인스텝슛을 마스터하는 시간이 결정적으로 절약된다.

한 번의 코칭으로 인스텝슛을 가장 빨리, 가장 수준높게, 가장 효과적으로 마스터할 수 있는 방법을 알려준다. 이후 일정 시간 개인 연습하면 바로 경기에서 마음대로 사용할 수 있다. 고교 선수의 경우 5시간 정도의 연습으로 온전하게 마스터할 수 있다. 그러면 인스텝슛의 골 결정력과 득점력에서 혁명이 일어난다. 이전과는 차원이 달라진다.

15년 이상 축구를 해도 마스터 못한 인스텝슛을 5시간 정도 연습으로 정복할 수 있다. 이 얼마나 효과적인가! 절약된 시간에 다른 연습을 하자. 축구 역시 시간과의 싸움이다. 빨리 그리고 수준 높게 배울수록 경쟁자보다 더 빨리, 더 오래 경기에 활용할 수 있다.

고2 때 배우는 것보다 초3 때 배우는 게 선수의 성공에 결정적으로 유리하다는 건 상식이다. 반면에, 배우지 않으면 은퇴할 때까지 몰라서 경기에서 활용하지 못하고 경기력도 평범할 뿐이다.

3) 강력한 중장거리 슛, 초장거리 슛을 마구 마구 성공시킬 수 있다.

경기 중 패스 드리블 등 모든 공격 행위의 목적은 득점이다. 상대 골문에 가까울수록 촘촘한 수비로 슛 기회 만들기가 어려워진다. 상대 골문에서 멀어질수록 압박이 느슨해져 자유롭게 슛할 수 있지만 문제는 폭발적인 킥 능력이다. 45m 이상의 거리에서 골키퍼가 반응하기 이전(평균 0.55초)이나 반응해도 막을 수 없는 스피드와 각도로 슛하려면 슛에 대한 스포츠물리학의 이해, 정확한 임팩트, 잘 발달된 근육, 득점하려는 의지가 있어야 한다.

선수를 중장거리 슛, 초장거리 슛의 세계적인 명수로 만들어 준다. 그 선수의 이런 슛이 유튜브, 페이스북, 트위터, 세계 TV의 스포츠 뉴스를 장식할 것이며, 유럽 명문 메이저팀의 이적 제의가 쇄도할 것이다.

스티븐 제라드 선수의 슛을 본 적이 있는가? 25, 30, 35, 42m, 그 이상의 거리에서도 슛이 골문에 팍팍 꽂힌다. 제이 제이 오코차, 호베르투 카를로스, 슈바인 슈타이거 선수도 놀라운 중장거리 슛을 보여주고 있다. 이처럼 중장거리 슛 능력이 있으면 득점하기가 쉽고, 그 선수는 또 하나의 강력한 득점 수단을 가지고 있는 것이다.

문제는 한국선수들에게는 이런 게 부족하고, 30m 이상의 장거리 슛을 거의 시도조차 하지 않는다. 왜 그럴까?

4) 경기마다 최고 득점자, 대회에서 득점왕을 수시로 성취할 수 있다.

어렵지 않다. 슛할 때마다 100% 위협적인 유효슛을 추구한다. 이번 코칭에서 배운 걸 개인 시간에 연습하여 마스터하면 득점력이 이전과는 획기적으로 달라진다. 득점하기가 매우 쉽다는 걸 알게 된다. 그 결과 적극적으로 슛하며 위협적인 유효 슛으로 나타난다. 미리 경기나 대회 전에 최다 득점자, 득점왕을 목표로 하고 성취할 수 있다.

5) 혼자 스스로 연습할 수 있는 자기주도적 학습문화를 가지게 된다.

선수가 감독 코치에 대한 의존도를 낮출수록 더 빨리, 더 크게 성공한다. 이론에 밝아야 이렇게 할 수 있다. 축구에 대한 이해와 열정에서 감독 코치를 뛰어넘으려고 전력투구하자. 팀 연습보다 선수가 개인 시간을 어떻게 활용하느냐에 의해 선수의 성패가 결정된다. 학습 결손의 누적이 계속되느냐, 완전학습을 달성하느냐의 차이로 나누어지게 되는 것이다.

선수가 스스로 연습을 조직, 창조, 마무리하는 자기주도적 연습 능력을 가지고 있느냐? 이론을 밝게 알고, 현저하게 탁월한 연습 방법을 알수록 자기주도적 학습문화를 가질 수 있다.

4 구체적인 인스텝슛 연습 방법

5가지 주제로 순서대로 실행한다.

임팩트 연습, 슛 방향 결정 연습, 균형 조절(평형성) 연습, 벽을 사용하는 1인 연습, 슛 연습으로 이루어져 있다. 이 연습은 기초 중에서도 기초, 기본 중에서도 기본이 되는 연습이다. 매우 쉬운 연습이다. 하지만 파급 효과가 엄청나기에 온전하게 마스터하면 100% 가까운 유효 슛을 쏠 수 있다. 근육이 발달하면 먼 거리에서도 위협적인 유효 슛을 날릴 수 있다.

물론 슛 성공률이 이전과는 차원이 다르게 높아진다. 월드컵 결승전, 유럽챔피언스리그 결승전에서도 마구 마구 득점할 수 있다. 처음 배우는(경험하는) 선수는 정확한 방법을 아는 데에 집중하도록 지도한다. 즉, 천천히, 천천히 차분하게 연습한다. 정확한 자세와 임팩트를 배울 수 있게 하기 위해서다.

1) 임팩트 연습

발등의 중심으로 볼의 무게중심을 맞히는 연습이다. 정지된 볼, 잔디 위를 굴러가는 볼, 공중 볼을 연습한다. 시선으로 임팩트할 볼의 무게중심(보아서 가장 돌출되어 있는 부위)을 주시하고, 마음은 임팩트 순간 발목 180도 펴기와 발등의 중심으로 맞히기를 점검한다.

(1) 정지된 볼의 무게중심 임팩트하기

2인 1조로 연습한다. 쉽고 간단한 연습이다. 그러나 특별하고 매우 중요한 연습이다. 잔디 위에 정지된 볼은 이렇게 임팩트해야 한다.

흔히 발등의 중심보다 아래 부위로 슛하는 경우가 많은데, 이러면 스윙 에너지를 온전하게 볼에 싣지 못해 볼의 비행 스피드가 약해진다. 0.1 cm의 오차도 없이 정확하게 임팩트하라!

a. 한 발자국 들어가면서 임팩트

- 2인 1조, A가 발가락 부위로 볼을 가볍게 누르고 있다.
- A로부터 한 발자국 떨어져 있는 B가 한 발자국(one step) 들어가 볼 옆에 딛고 다른 발의 발등의 중심으로 볼의 무게중심을 가볍게 두 번 임팩트 한다.
- 다시 제자리로 돌아와 이번에는 발을 바꾸어 실행한다. 좌우 교대로 각각 30회 실행 후 역할 교대한다.
- 킥한다기보다는 맞힌다는 기분으로 임팩트한다.

b. 두 발자국 들어가면서 임팩트

- 2인 1조, A가 발가락 부위로 가볍게 볼을 누르고 있다.
- B가 두 발자국 접근하여 인스텝으로 가볍게 두 번 임팩트한다.
- 투 스텝(two step)으로 리듬 있게 뒤로 물러나 제자리로 돌아와 발을 바꾸어 실행한다.
- 왼발 오른발 번갈아 하되 각 30회 연습 후 교대한다.
- 익숙해지면 빠르게 접근하여 임팩트한다.

(2) 잔디 위로 굴려 놓고 움직이는 볼의 임팩트

혼자서 하는 1인 연습이다.

a. 볼을 앞으로 끌어당긴 후 임팩트

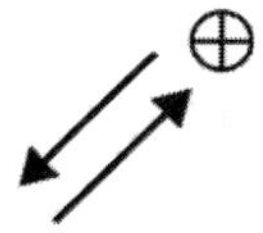

- 오른발 앞 40~50cm에 볼을 두고 (자신의 키에 맞게 거리를 조절해도 좋다.)
- 오른발로 볼을 끌어당긴 후 오른발 인스텝으로 임팩트한다(15회).
- 이번에는 왼발로 볼을 끌어당기고 오른발 인스텝으로 임팩트한다(15회).
- 30회 실행 후 왼발로 임팩트 연습을 한다. 이후 다음 연습으로.

b. 볼을 좌우로 옆으로 밀어 놓고 임팩트

- 위의 연습과 비슷하다. 볼을 끌어당기는 방향이(좌우 옆으로) 다를 뿐이다.
- 정지된 볼을 왼발 발끝으로 오른쪽 옆으로 밀어 놓고 접근하여 오른발 인스텝으로 임팩트한다.
- 이어 오른발 발끝으로 볼을 왼쪽 옆으로 밀어 놓고 접근, 왼발 인스텝으로 임팩트한다.
- 좌우 교대로 각 15회씩 볼에 임팩트한다.
- 주의 : 볼을 너무 빨리 움직이게 해서는 안된다.

  이러면 디딤발과 볼이 멀어져 정확한 임팩트를 어렵게 하기 때문이다. 볼을 천천히 움직이고 정확하게 임팩트한다.

  임팩트가 익숙해지는 만큼 거기에 맞추어 스피드를 올리면 된다.

c. **지그재그로(45도) 볼을 앞으로 밀어 놓으면서 임팩트하기**

- 정지된 볼을 왼발로 45도 각도로 오른쪽 앞으로 밀어 놓고 2~3 발자국 접근하면서 오른발 인스텝으로 임팩트한다.
- 이어 오른발 발끝으로 왼쪽으로 45도 각도로 이동시킨 후 왼발 인스텝으로 임팩트한다.
- 볼과 선수가 45도 각도로 지그재그로 움직인다.
- 좌우 각 30회 연습 후 다음 연습으로 넘어간다.

(3) 인사이드 인스텝 임팩트

a. **제 자리에서**

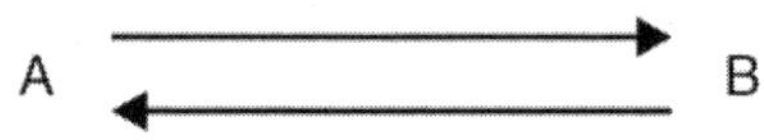

- 2인 1조, A와 B의 거리는 3~5m.
- 제자리에 서서 A는 논스톱으로 인사이드, B는 인스텝으로 볼을 주고받는다.
- 처음에는 아주 천천히 하다 익숙해지면 점점 스피드를 높인다.
- 1~2분 연습 후 역할을 바꾼다.

b. **점점 멀어지면서**

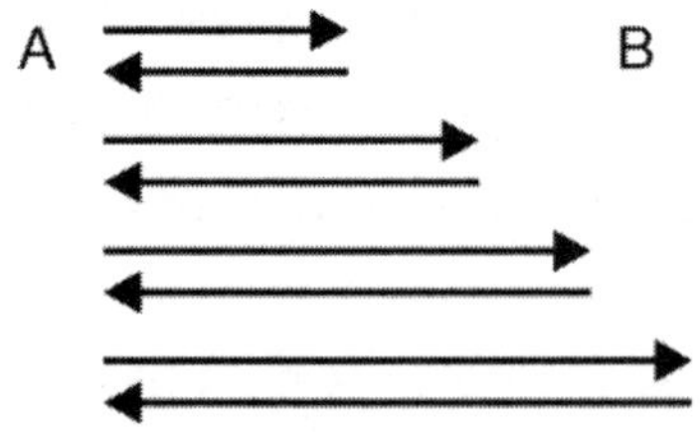

- 위의 a처럼 하다 A의 지시로 B는 뒤로 천천히 물러나면서 (10~12m) 논스톱으로 인스텝킥으로 A에게 되돌려준다.
- 10~12m까지 물러났다가 다시 앞으로 인스텝킥으로 논스톱으로 A에게 돌려준다.
- 처음에는 천천히, 익숙해지면 스피드를 빠르게, 거리도 넓힌다.
- 1~2분 실행 후 역할 교대
- 주의 : 지나치게 빨리 물러나지 않고 천천히 뒤로 물러난다. 빠르게 움직이면 인스텝킥 횟수(연습 횟수)가 줄어들기 때문이다. 볼이 굴러올 때 임팩트 할 볼의 부위인 볼의 무게중심을 시선으로 자세히 주시한다.

(4) 인스텝 임팩트

a. 제자리에서

- 2인 1조, A와 B의 거리 3~5m.
- 제자리에서 논스톱 인스텝 킥으로 주고받는다.
- 1~2분 실행 후 다음 연습으로.

b. 서로 뒤로 물러나면서

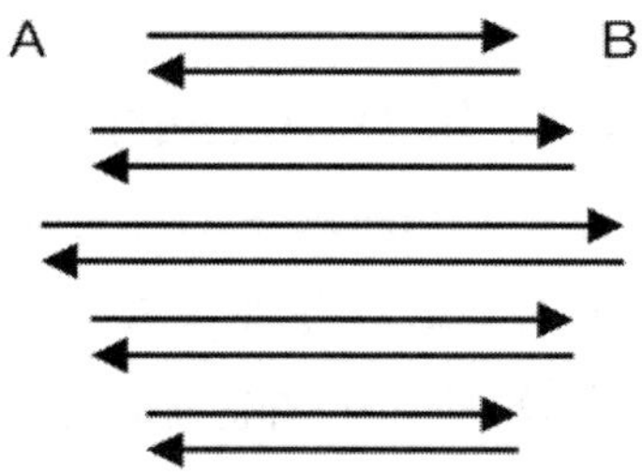

- 위의 a처럼 하다 서로 뒤로 천천히 물러나면서(각 10m), 다시 천천히 원위치로 돌아오면서 논스톱 인스텝킥 한다.
- 단, 두 선수는 수평으로 움직인다(위 아래로 움직이지 않는다).
- 2분 연습 후 다음 연습으로.

c. **서로 한 발자국 들어왔다 나가면서 인스텝 임팩트**

- 2인 1조, A와 B의 거리는 5~7m.
- A와 B는 오는 볼에 한 발자국 들어갔다(마중했다) 인스텝 임팩트 하고 제자리로 돌아온다. 이렇게 2분 정도 수행 후 다음 연습으로.

d. **협력 인스텝 임팩트**

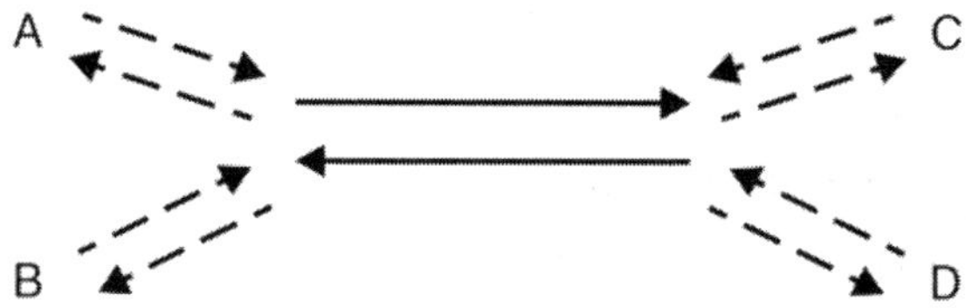

- 4인 1조, A와 B는 왼쪽에(두 선수 간격 2m), C와 D는 오른쪽(간격 2m)에 위치한다.
  거리는 7~8m다.
- 임팩트 순서는 A, C, B, D, A 순이다.
- A가 한 발자국 들어가 임팩트하고 제자리로 돌아온다.
  이어 C, B, D, A 순으로 이렇게 한다.
- 볼은 A와 B, C와 D 사이의 가운데로 움직여야 한다.
- 1~2분 실행 후 다음 연습으로.

(5) 90도로 인스텝킥 돌려주기

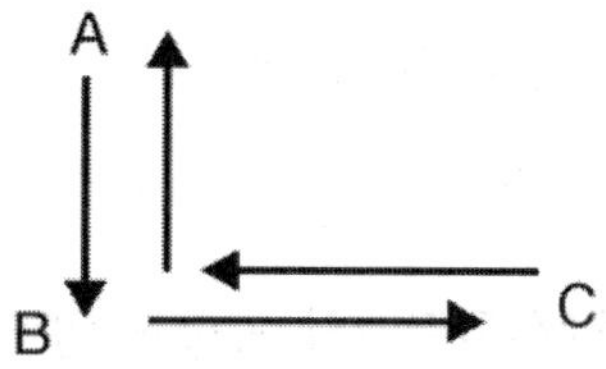

- 3인 1조, 연습하는 B를 중심으로 A와 C는 B와 90도 각도의 위치에 자리한다.
  B와 A, B와 C 선수 사이의 거리는 각 7~10m.
- A의 패스를 받아 B는 논스톱으로 인스텝킥으로 C에게 보낸다. 이어 C의 패스를 같은 방법으로 A에게 보낸다.
- 땅볼 크로스를 90도 방향 전환하여 슛한다는 느낌으로 인스텝으로 킥한다.
- 왼발 오른발 각 30회식 연습 후 역할을 교대한다.

(6) 뛰어갔다 되돌아오면서 인스텝킥

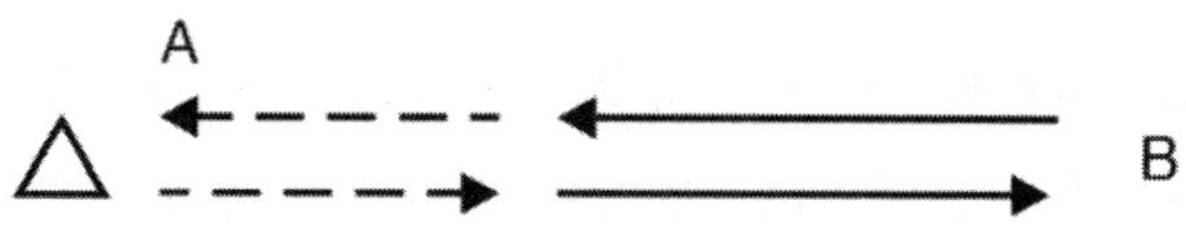

- 2인 1조, A와 B 사이의 거리는 5~7m.
- A가 B의 패스를 인스텝으로 돌려주고 2m 앞에 있는 콘까지 갔다 돌아오면서 다시 오는 볼을 B에게 보낸다.

• 볼은 논스톱으로 주고받는다.
• 왼발 오른발 각 20회 실행 후 역할 교대.

여기까지는 정지된 볼, 잔디 위를 굴러가는 볼 임팩트 연습이었다. 지금부터는 공중볼 임팩트 연습이다.

(7) 4 가지 기초 임팩트(제자리에서 공중볼 임팩트하기)

a. 볼을 던져 올리고 낙하하는 공중볼 차보내기

• 2인 1조, A와 B 사이의 거리는 3~5m.
• B가 볼을 공중으로 약 1.5~2m 정도 던져 올리고 떨어지는 공중볼을 인스텝으로 A에게 차 보낸다.
• 볼이 잔디와 수평으로 날아가게 하고 목표는 B의 배꼽 위 15cm다.
• 볼을 던져 올린 후 임팩트할 부위인 볼의 무게중심을 시선으로 계속 추적해야 한다.
• 주의 : 볼이 아래에서 위로 날아가서는 안된다. 수평으로 날아가야 한다.
그러기 위해서는 임팩트 지점을 높여야 하며, 킥하는 다리의 무릎을 수평보다 높이 들면 임팩트 포인트가 높아진다. 이 상태에서 무릎 아래만 앞으로 밀어내면서 킥한다.
• 왼발 오른발 각 20회 연습 후 역할을 교대한다.

b. **잔디 위로 떨어뜨리고 튀어오르는 볼 인스텝슛**

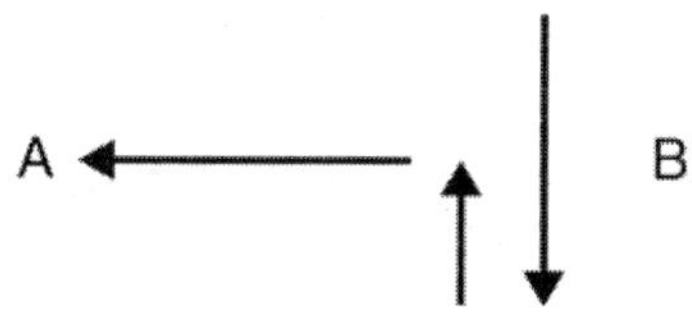

- 2인 1조, A와 B 사이의 거리는 3~5m.
- B가 볼을 아래로 떨어뜨리고 튀어오르는 볼을 A에게 인스텝으로 차 보낸다.
- 볼이 지면과 수평으로 날아가야 하고, A는 허리를 굽혀서 볼을 잡는다.
- 이번에는 A가 이렇게 실행한다.
- 각 20회 후 역할 교대.

c. **던져주는 하프 발리볼에 대한 인스텝슛**

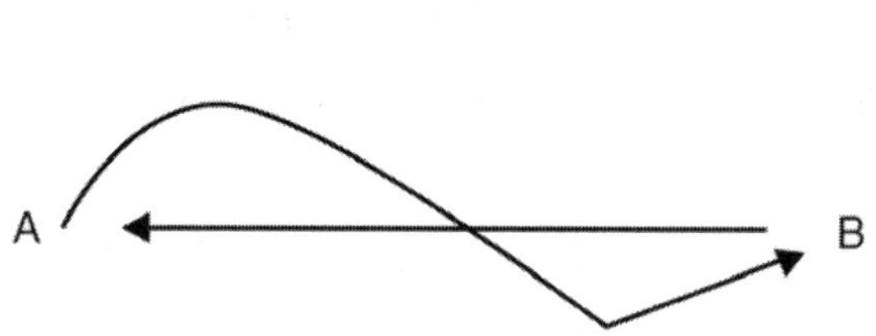

- 2인 1조, A와 B 사이의 거리는 3~5m.
- A가 B에게 볼을 던져준다. 볼은 B 앞에서 한번 바운드되는 하프 발리볼이다.
- B가 인스텝슛으로 한번에 A에게 돌려준다.
- 볼이 지면과 수평으로 날아가야 하고, A는 허리를 굽혀서 볼을 잡는다.

• 왼발 오른발 각 20회 실행 후 역할 교대.

d. **던져주는 공중볼 인스텝 임팩트하기**

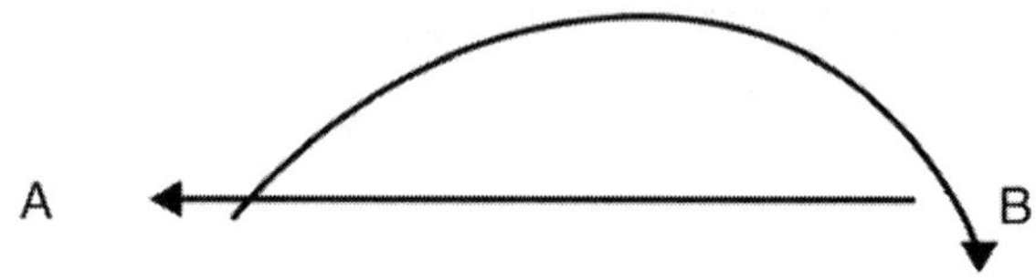

• 2인 1조, A와 B 사이의 거리는 3~5m.

• A가 던져주는 공중볼을 B가 인스텝으로 돌려준다.

• 볼은 지면과 수평으로 날아가야 한다. 공중으로 퍼올려서는 안된다. 킥하는 무릎을 가능한 높이 든 다음 무릎 아래를 밀어내는 방법으로 킥한다.

• 주의 : 이 연습은 팀에서 너무나 많이 하는 연습이다.
놀라운 사실은 이 연습을 하는 선수에게 이 연습을 하는 목적을 물으면 대답하는 선수가 지나치게 적다.
모든 연습에는 그 연습을 하는 목표가 있다. 이걸 알고 달성하고자 연습해야 한다.
이 연습의 목적은 공중에서 발등의 중심과 볼의 무게중심의 임팩트를 마스터하기 위해서다.

• 왼발 오른발 각 20회 후 교대한다.

(8) 공중볼 던져 올리고 접근하면서 골문으로 인스텝슛하기

• 골문에서 13~15m 정도 거리에 5~6명의 선수가 볼 1개씩 가지고 있다.

• 가장 앞의 선수가 앞으로 가볍게 뛰어 나오면서 볼을 공중으로 던져 올리고 2~4보 달려가 공중볼을 인스텝으로 슛한다.

• 이렇게 번갈아 가면서 2~3분 정도 연습하다 다음 연습으로 넘어 간다.

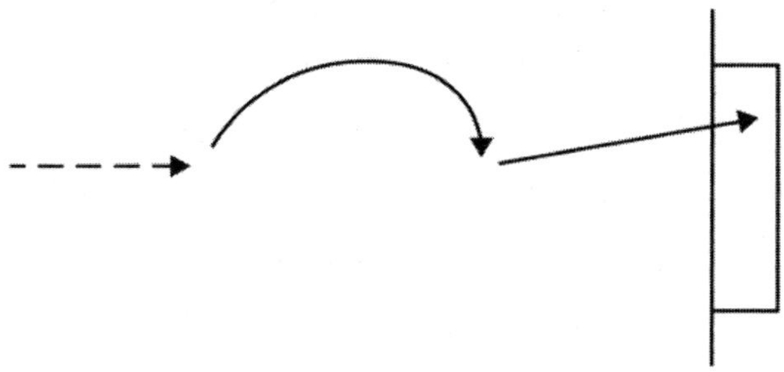

(9) 두 개의 봉을 넘어가서 인스텝슛

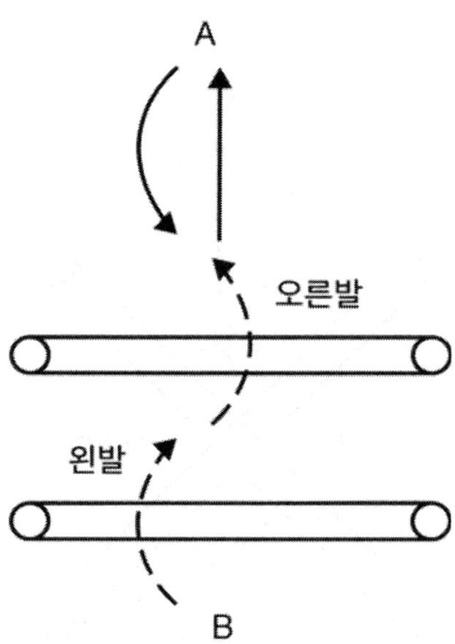

• 2인 1조, A와 B의 거리는 4m.

- B의 발 앞 15cm 앞에 봉(막대) 한 개 그리고 그 앞에 또 한 개의 봉이 있다.
  두 봉의 간격은 90cm 정도다.
- B가 왼발로 봉을 넘고, 이어 오른발로 두 번째 봉을 넘자마자 A가 던져주는 공중볼을 왼발 인스텝으로 차주고
- 왼발로 봉을 넘고 다시 오른발로 봉을 넘어 원위치로 돌아온다,
- 이번에는 오른발로 봉을 넘고, 이어 왼발로 두 번째 봉을 넘자마자 A가 던져주는 공중볼을 오른발 인스텝으로 차주고
- 오른발로 봉을 넘고, 다시 왼발로 봉을 넘어 원위치로 돌아온다.
- 익숙해지면 최대한 빠르게 봉을 타넘으면서 인스텝으로 볼을 돌려준다.
- 왼발, 오른발 각 30회 실행 후 역할 교대.

(10) 대각선으로 배치한 두 개의 봉과 빠른 스텝으로 이루어지는 인스텝숏(킥)

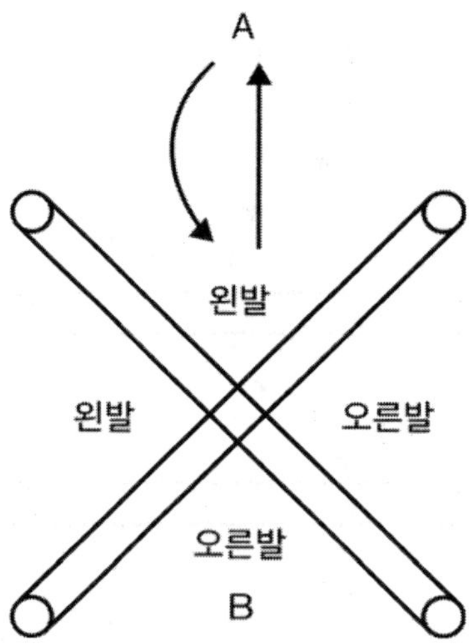

- 2인 1조, A와 B 사이의 거리는 4m 내외.

• 스텝은 가(오른발), 나(왼발), 다(오른발), 라(왼발) 그리고 A가 던져주는 공중볼을 오른발 인스텝 킥한다.
• 원위치로 돌아가는 스텝은 다(오른발), 나(왼발), 가(오른발)이다(역순).
• 이어 첫 스텝을 바꾸어 스텝 순서는 가(왼발), 다(오른발), 나(왼발), 라(오른발) 그리고 A가 던져주는 공중볼을 왼발 인스텝으로 돌려준다.
• 왼발 오른발 각 30회 실행 후 역할 교대
• 익숙해지면 가능한 빠른 스텝으로 인스텝슛(킥)한다.

(11) 손으로 던져주는 크로스에 접근하면서 인스텝슛

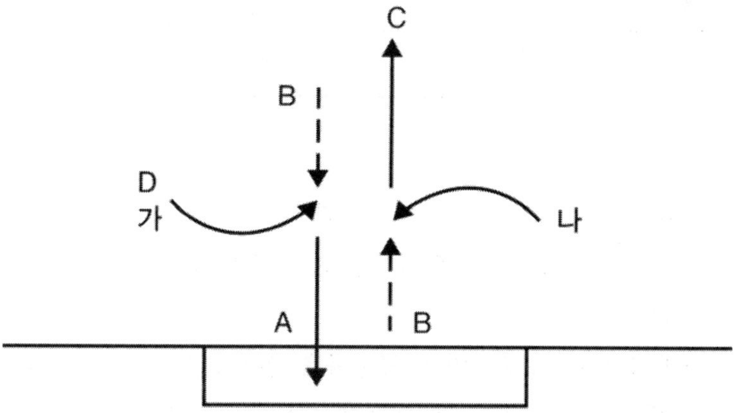

• 4인 1조, A는 골문 안 골라인의 중앙 지점, C는 A로부터 12m, B는 C의 2m 앞에서 A와 골문을 보고 있다. D는 가와 나 지점으로 옮겨가면서 공중볼을 B에게 던져준다.
• D는 가와 나 지점으로 옮겨가면서 공중볼을 B에게 던져준다.
• B는 천천히 달리다 D가 공중볼을 던져주면 신속하게 접근하여 A에게 인스텝슛하고 다시 C를 향해 천천히 달리다 D가 공중볼을

던지면 빨리 접근하여 C를 향해 인스텝 슛한다.

- 총 30회 슛한 후 역할 교대.
- 이 연습은 좌우 공중 크로스의 인스텝슛 성격이 강하다.

(12) 크로스와 인스텝슛

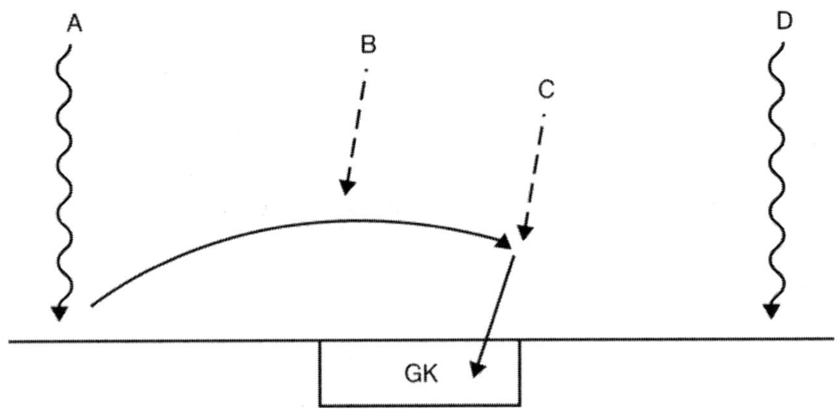

- 5인 1조, 선수 배치는 그림과 같다.
- A가 드리블하다 B와 C 중 한 선수를 목표로 하여 크로스를 올린다.
- B와 C는 쇄도하면서 공중볼을 인스텝으로 슛한다.
  자신보다 동료가 더 슛하기 좋은 위치라고 여겨지면 과감하게 슛을 양보한다.
- 이어 이번에는 D가 드리블하다 크로스, B와 C는 쇄도하면서 슛한다.
- 크로스에 대한 인스텝슛이 능숙하면 수비를 붙인다.
- A와 D는 각 10회 크로스 후 B, C와 역할 교대.

❁ 응용

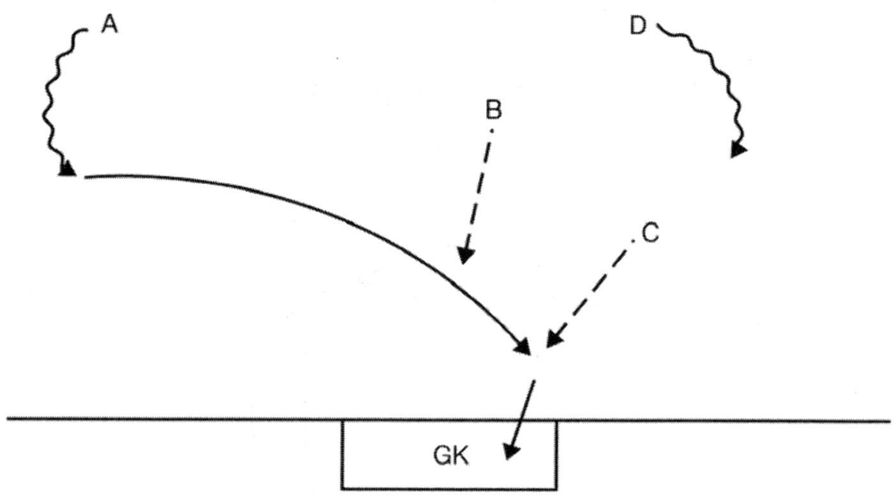

- A와 D는 크로스가 아닌 센터링을 올린다.
- 나머지는 위의 연습과 같다.
- 경기 중 이런 상황이 자주 나오기에 매우 실전적인 연습이다.

(13) 자유롭게 움직이면서 오는 볼에 인스텝슛(킥)

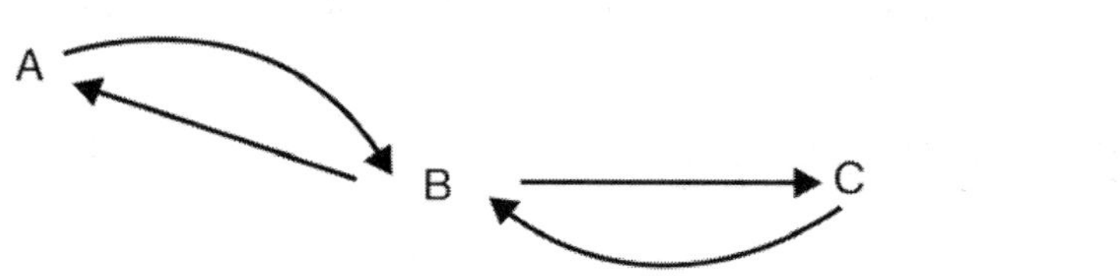

- B가 연습한다. B와 A, B와 C 사이의 거리는 5m 내외.
- 이 거리를 유지하면서 세 선수는 자유롭게 움직이다 B는 A와 C가 번갈아 던져주는 공중볼을 인스텝으로 돌려준다.

- A와 C는 B의 등 뒤에서 볼을 던져주는데, B가 돌아서자마자 볼을 던져준다.
- 2분 연습 후 역할 교대.

(14) ㄱ자 대형으로 움직이면서 인스텝슛(킥)

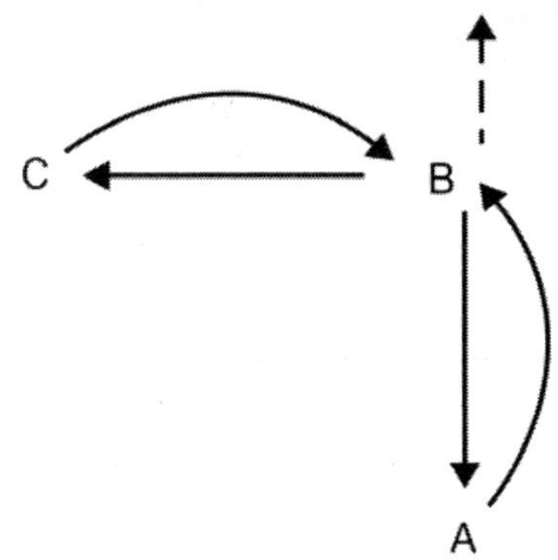

- B가 연습한다. B와 A, B와 C 사이의 거리는 3~5m.
- 천천히 달리다 B가 돌아서면 즉시 A가 B에게 공중볼을 보내고 B는 A에게 인스텝으로 돌려주자마자 C를 향하고 C는 바로 공중볼을 보낸다.
- B가 50m 거리를 달리면서 연습 후 역할 교대.

2) 슛 방향 결정 연습

선수의 발이 누구의 발인가? 동료선수의 발인가? 수비수의 발인가? 아니다. 그 선수 자신의 발이다. 슛 방향을 결정하는 것이 딛는 발이다. 디딤발의 방향이 곧 슛한 볼이 날아가는 방향이다. 이러하기에 슛하기 전에 슛하는 방향을 결정해놓고 그 방향으로 디딤발을 딛으면 된다.

이 얼마나 쉬운가? 그러나 현실은 어떠한가? 여러분이 보는 그대로다. K리그뿐만 아니라 국가대표팀 경기에서 골문 밖으로 벗어나는 어처구니없는 슛이 속출하고 있다. 예나 지금이나 …… 놀라운 사실은 이건 고치기가 너무나 쉽다는 것이다. 아래 4종류(6가지) 연습으로 바로 해결할 수 있다. 연습 내용도 현저하게 간단하다.

(1) 삼각형콘 대형을 벗어나면서 디딤발로 슛 방향 지시

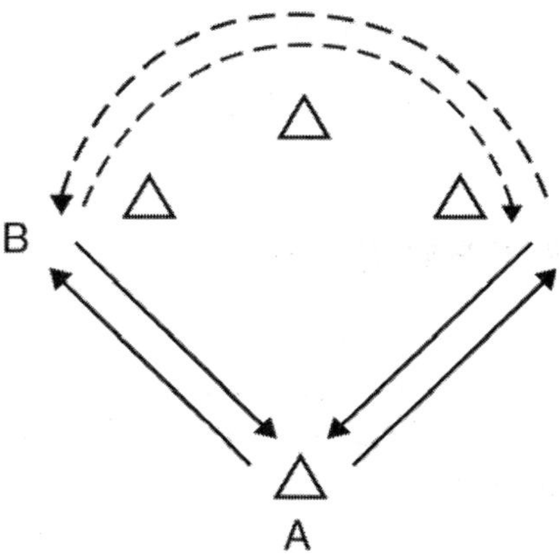

- 2인 1조, A와 B의 거리는 5~8m.
- B는 시선은 볼 가진 A에게, 가슴은 달리는 방향으로 하여 그림처럼 천천히 좌우로 달린다.
- A가 손으로 볼을 밀어 공급하고 B는 디딤발을 A에게 정확하게 향하게 놓고 인스텝으로 돌려준다. 몇 차례 손으로 공급하다 인사이드로 패스주어도 좋다.
- A는 볼 공급 후 움직이지 않는다. B의 디딤발 방향은 A의 오른발과 왼발의 가운데 지점으로 한치의 오차도 없어야 한다.
- 경기 중 이렇게 슛해야 할 상황이 자주 발생한다.
  수비가 걷어낸 볼이 대각선으로 비스듬하게 흐를 때 슛하는 방향으로 딛고 논스톱으로 슛하는 상황이라고 가정하여 연습하자.

• 주의 : 이 연습의 목적은 '정확한 디딤발 딛기'에 있다.
  인스텝슛(킥)한 볼이 엉뚱한 곳으로 가도 괜찮다. 선수는 자신이 정확하게 디딤발을 딛고 있는가에 모든 집중력을 기울여야 한다. B는 디딤발을 딛을 때 잔발을 떼지 않고 약간의 도움닫기로 한번에 딛어야 한다.
• 좌우 각 15회 실행 후 역할 교대.

❋ 응용 : 이번에는 A가 손으로 공중볼을 공급하고 B는 공중볼을 인스텝슛으로 A에게 돌려보낸다.

(2) 반원패스에 대한 디딤발 반응하기

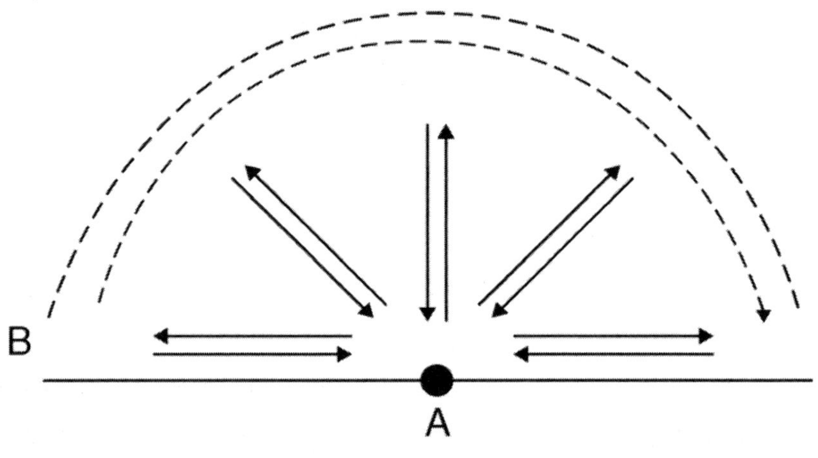

• 2인 1조, A와 B의 거리는 7m이며 좁히거나 늘려서는 안 된다. 논스톱으로 주고 받는다.
• A는 제자리서 인사이드로 패스 내고 B는 반원형으로 달리면서 인스텝으로 돌려준다.

- B의 슛 목표는 A이기에 디딤발을 A를 향해 정밀하게 놓아야 한다.
- 익숙해지면 A는 점점 패스를 더 빠르게 낸다.
- 매우 실전적인 연습이다. 2분 실행 후 역할 교대.

(3) 디딤발 좌우로 90도 딛기

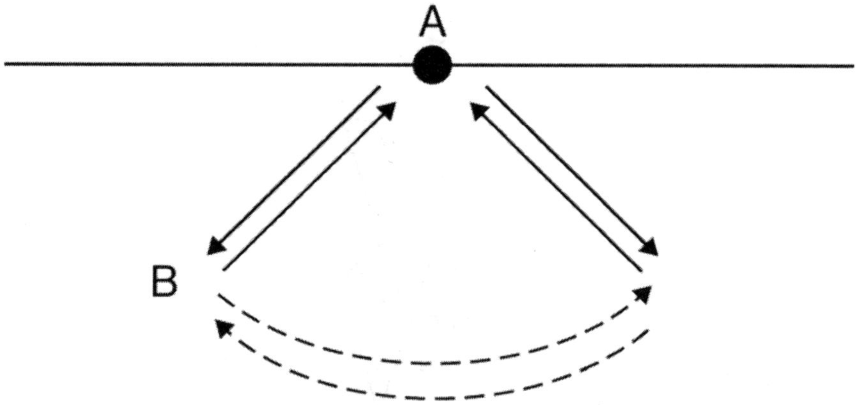

- 2인 1조, A와 B의 거리는 3~5m, 논스톱으로 패스가 이루어진다.
- 가급적 중앙선 위에서 연습하기를 권한다. 90도 각도를 더 쉽게 알 수 있기 때문이다. A는 제자리에서 좌우로 45도 각도로 패스 공급한다.

  보다 천천히 볼을 공급하려면 인사이드나 인스텝이 아니라 발바닥으로 공급하면 된다.

  B는 좌우로 달리면서 딛는 발이 정확하게 A에게 향해야 한다.
- B가 달리는 각도는 90도가 된다.
- 2분 실행 후 역할 교대.

(4) 골키퍼와 1 : 1 상황에서 슛하기

절호의 득점 기회다. 한마디로 통찬스다. 2가지를 연습한다. 매우 간단한 연습이지만 이 연습으로 골 결정력의 차원이 전과는 달라진다.

a. 볼없이 인스텝슛 동작하기

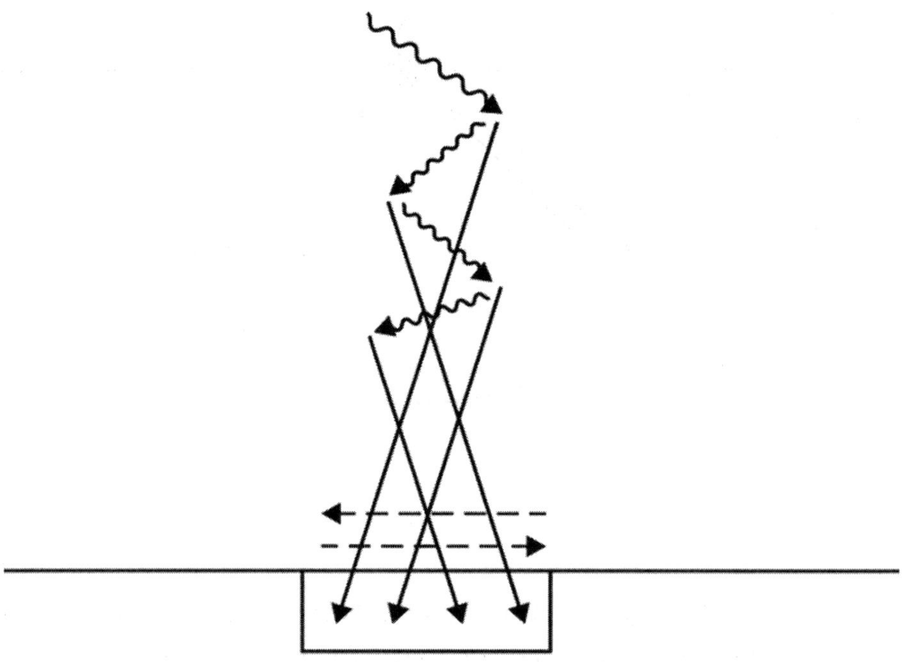

- 2인 1조, 골키퍼와 B. 두 선수 사이는 20m.
- 골키퍼는 한 골포스트에서 다른 쪽 골포스트로 달리면서 천천히 왔다 갔다 한다. 시선은 B를 응시하면서.
- B는 볼없이 지그재그로 45도 각도로 드리블 하는 동작으로 앞으로 나오면서 골키퍼와 먼 골포스트 안쪽을 향해 인스텝슛하는 동작을 한다.

- 슛한 후 바로 반대방향으로 지그재그로 드리블 동작하다 위처럼 슛한다.
- 골키퍼가 가운데에 위치하여 서면 B는 두 방향 중 한 곳을 정하여 딛고 슛한다.
- 3회 실행 후 다음 연습으로 넘어간다.

b. 볼을 드리블하면서 직접 인스텝슛 하기

- 이제는 볼을 가지고 드리블하면서 슛한다.
  이것 말고는 위의 연습과 모두 같다.

3) 균형 조절(평형성) 연습

이 연습의 목적은 슛하는 발의 스윙 스피드를 최고로 빠르게 하기 위해서다. 앞에서 말했듯이 슛 스피드는 슛하는 다리의 스윙 스피드와 비례한다. 스윙 스피드의 1.3배로 볼이 날아간다. 시속 100km로 스윙하면 볼이 130km로 날아간다.

그런데 슛하는 다리의 스윙 스피드를 결정하는 건 2가지다. 하나는, 슛하는 다리의 근육량이다. 또 하나는, 딛는 발의 평형성이다. 체중을 실은 딛는 발이 고도의 평형성을 유지할수록 더 빠르게, 더 정확하게, 더 효과적으로 스윙할 수 있다.

슛하기 위해 디딤발을 딛고 있는 순간 위에서 보면 정수리 중심점이 흔들린다. 많이 흔들릴수록 신속한 스윙이 불가능해 슛 스피드가 약해진다. 선수마다 차이가 있다. 골포스트처럼 한 점 흔들림이 없을 때 최고의 평형성을 유지하고 있는 것이다. 연습으로 도달해야 할 수준이 바로 여기다. 강력한 중장거리 슛, 총알처럼 꽂히는 초장거리 슛이 가능해지는 순간이기도 하다.

(1) 한 발로 서서 앉았다 일어나기

혼자 하는 연습이다. 허리 펴고 고개 들고 두 손은 좌우로 벌려 균형을 잡는다. 이 자세에서 한 발을 들고 천천히 앉았다 일어난다. 이때 든 발이 잔디에 닿아서는 안된다. 잔디 위 2cm 정도에 머문다. 이어 다른 발로 이렇게 한다. 할 수 있는 횟수만큼 양 발로 교대로 계속한다.

익숙해지면, 왼발로 연속 2회 오른발로 연속 2회, 이후 다시 시도할 때는 왼발로 연속 3회 오른발로 연속 3회 등 횟수를 높여간다. 한 발로 연속 20회 이상 할 수 있으면 딛는 발의 평형성이 획기적으로 향상되었다는 증거다. 이 연습은 체중을 이용하는 웨이트 트레이닝의 성격도 있다.

주의할 점이 있다. 근육이 발달과정에 있는 초, 중 선수는 이렇게 할 수 없다. 이 연습에서 초 중 선수는 절대로 무리한 욕심을 부려서는 안 된다. 이 시기에는 이걸 못해도 아무 문제가 없다. 아니 못하는 게 자연스럽다. 되는 만큼 하면 된다. 디딤발의 무릎을 굽힐 수 있는 만큼만 굽히면 된다. 더 이상 굽히면 안 된다. 무리하면 넘어지거나 스트레인(근육 건 인대 등이 지나치게 늘어나 끊어지거나 뜯어지는 현상) 부상 위험이 있다.

틈이 나면 할 수 있는 만큼만 굽혔다 폈다를 계속하다 능숙해지면 더 아래로 굽혀 본다. 이때도 욕심내지 말고 3~5도 정도만 아래로 더 내려서 굽혀 본다. 근육이 점점 발달하면 어느 순간 해낼 수 있고, 하고 나면 지난 일이 아무 것도 아니었다는 걸 깨닫게 된다.

또 하나 주의할 점은, 앉는 순간 무릎을 가능한 앞으로 내지 않고 당겨 앉는다. 근육 건 인대 등이 늘어날수록 끊어지거나 뜯어질 가능성이 높아지기 때문이다. 고무줄을 당길수록 끊어질 가능성이 높은 것과 같은 이치다. 가장 약한 부위가 끊어진다. 몸도 평소 단련해두면 부상에 강해지는 이유다.

(2) 한 발로 서서 다른 발 높이 들어 올리고 볼 돌리기

혼자 하는 연습이다. 한 발로 선 후 다른 발을 최대한 높이 들고 아래로 내리지 않는다. 서 있는 자체가 어렵게 느낄 정도로 높이 들고 이 자세를 유지한다. 이 자세에서 볼을 높이 든 다리 아래로 돌리고 이어 허리 주위로 돌린다. 수시로 돌리는 방향을 바꾸어 준다. 1분간 연습 후 다음 연습으로 진행한다.

(3) 보폭을 최대한 크게 하여 나오면서 인스텝슛

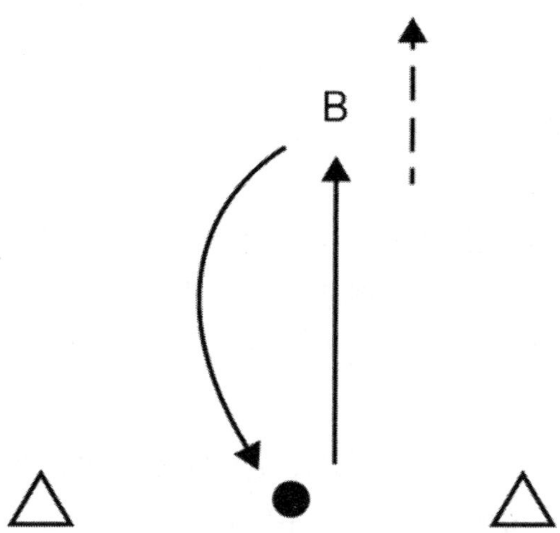

- 2인 1조, 두 선수 사이의 거리는 3m.
- 간격 1.5m의 두 접시콘 중앙에서 B가 오른발을 최대한 뒤로 내밀어 왼발과 오른발의 거리를 멀리 한다.
- A가 공중볼을 던져주면 B는 이 자세에서 오른발 인스텝으로 볼을 돌려보낸다. 인스텝슛(킥)한 오른발은 지면을 딛지 않고 바로 원위치로 돌아간다.
- 이렇게 5회 후 6회 인스텝슛한 후에는 오른발을 최대한 앞으로 나

아가 딛는다. 이 자세에서 이번에는 왼발로 인스텝슛한 후 최대한 앞으로 나아가 딛는다. 이렇게 왼발 오른발 교대로 각 5번 인스텝슛(킥)한 후 역할 교대.

(4) 한발로 서서 인스텝 킥하다 지그재그로 뛰면서 인스텝 킥

- 2인 1조, 두 선수 사이 거리 3~5m.
- B가 간격 1.5m의 두 접시콘 중앙에서 한발로 서서 A가 던져주는 공중볼을 인스텝으로 돌려준다.
- 이때 인스텝 킥하는 들고 있는 발을 지면에 닿거나 딛지 않아야 한다. 그럴려고 노력한다.
- 익숙해지면 A는 들고 있는 B의 발 정면으로, 왼쪽으로, 오른쪽으로 던져 인스텝 킥하기 어렵게 한다. 볼을 공급하는(던져주는) 속도도 빠르게 한다.
- 20여 회 인스텝 킥하다 A가 '앞으로'라고 지시하면 B는 45도 전방으로 지그재그로 최대한 점프하여 균형을 잡기 어렵게 하면서 A가 던져주는(몸을 움직여 B의 정면에서 던진다) 볼을 인스텝으로 차보낸다.
- A는 B가 다가오는 거리만큼 물러나면서 B와 마주 보고 볼을 보낸다. B의 옆에서 볼을 던져주면 안된다.
- B가 지그재그로 크게 점프 이동하면서 오른발 왼발 교대로 각 15회 인스텝킥한 후 역할 교대.

(5) 두 접시콘 사이로 점프로 오가면서 인스텝슛(킥)

- 2인 1조, 두 선수 사이의 거리 3~5m.
- 간격 1.5m의 두 접시콘, B가 한 접시콘 안쪽 5cm 위치에서 점프로 다른 접시콘에 바짝 붙여 착지하고 A가 던져주는 볼을 인스텝으로 차보낸다.

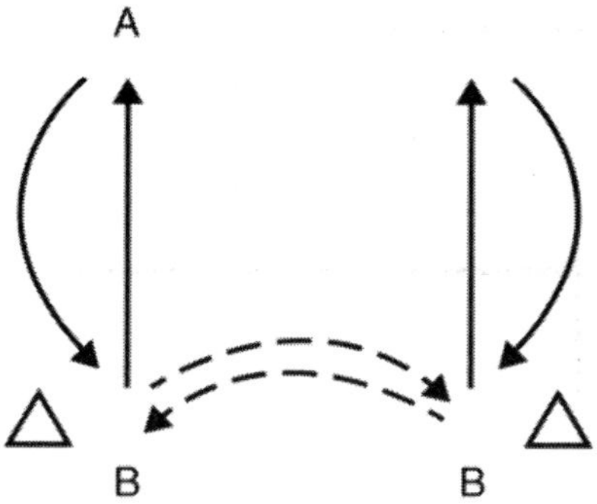

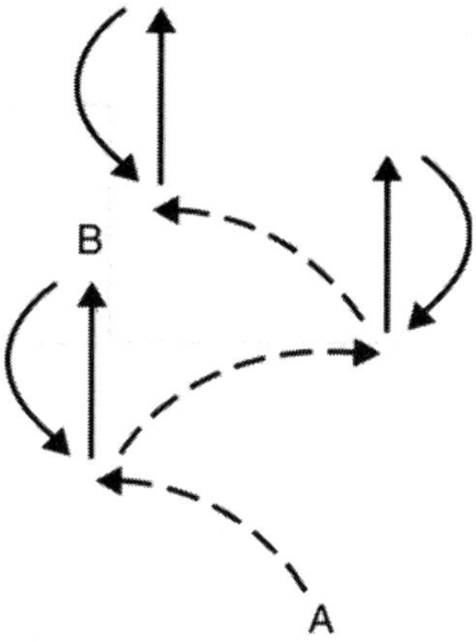

- 왼발로 점프하여 오른발로 착지한 후 왼발 인스텝으로 볼을 돌려준다. 다시 오른발로 점프하여 왼발로 착지한 후 오른발 인스텝으로 볼을 돌려준다.
- A는 몸을 좌우로 움직여 B와 마주 보고 볼을 던져준다.
  A가 "앞으로"라고 지시하면 B는 최대한 크게 지그재그로 점프하면서 볼을 킥한다.
- 점점 어렵게 하려면 접시콘 사이의 간격을 늘려 가면 된다.
- B가 왼발 오른발 교대로 각 20회 실행 후 역할 교대.

4) 벽을 활용하는 1인 연습

앞에서 말했듯이 벽은 몇 안 되는 가장 효과적인 연습 파트너다. 인스텝슛을 가장 빨리 마스터할 수 있는 비결이 벽에 감춰져 있다. 벽의 유용함은 '제1부 - 최고의 연습 파트너, 벽!'을 참고하기 바란다. 여기서는 3가지 방법을 제시한다. 이것만 익혀도 '슛 마스터'가 되기에 조금도 부족함이 없다.

(1) 연속 인스텝슛(킥)

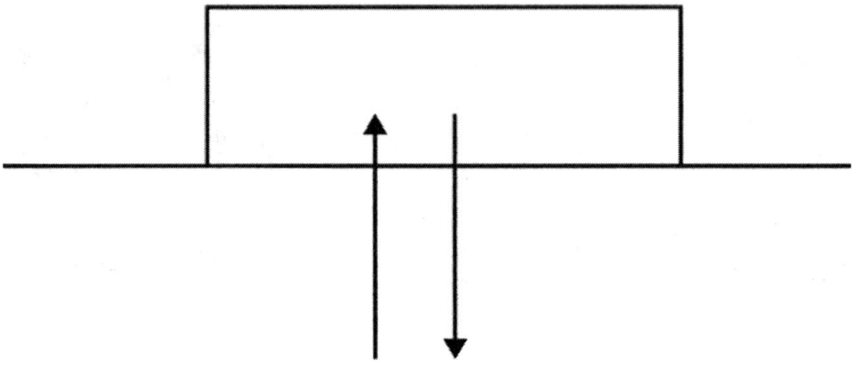

- 선수와 벽 사이의 거리는 3m.
- '인스텝슛(킥)의 3대 원칙과 2대 핵심'을 적용하여 정확하게 임팩트 한다.
- 연속해서 논스톱으로 벽으로 인스텝슛(킥)한다.
- 잘못이 나오면 '인스텝슛의 3대 원칙과 2대 핵심'이라는 이론을 활용하여 즉시 스스로 교정한다.
- 오전 또는 오후 4시간 연속하여 이렇게 계속한다.
- 인스텝슛의 자세, 임팩트 감각, 딛는 발의 평형성 유지, 끝까지 발목 고정, 자연스럽고 신속한 팔로우 스루 등을 4시간만에 완벽하게 익힐 수 있다.

(2) 90도 방향 결정 연습

- 슛 방향 결정(디딤발) 연습이다.
- 이 연습은 앞의 '(2) 슛 방향 결정 연습 중 (3) 디딤발 좌우로 90도 딛기'와 같다. 그 차이는 패스를 동료가 하는가, 벽이 하는가에 있다.

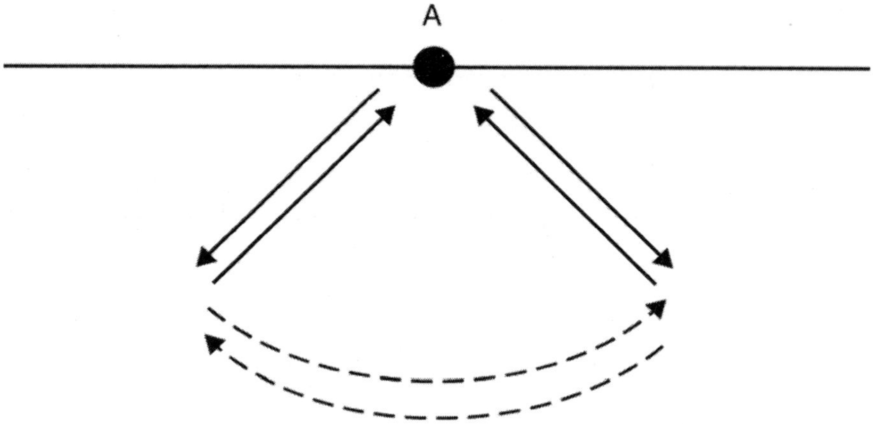

• 디딤발을 45도로 정확하게 디딜 수 있으면 38도, 59도 등은 쉽게 응용할 수 있다.

(3) 자유로운 상황에서 인스텝슛하기

• 아무도 방해하지 않는 상황에서 자유롭게 벽으로 인스텝 슛한다.
• 벽과의 거리는 7~10m다. 처음부터 먼 거리에서 슛하지 않는다. 올바른 자세를 유지하기 위해서다. 익숙해지면 점차 거리를 늘려가도 좋다.
• 초등선수는 슛 거리를 더욱 좁혀도 좋다. 근육의 발달 정도에 따라 조정해도 좋다.
• 슛할 수 있는 적당한 벽이 없으면 골문 뒤에서 그물망으로 슛해도 된다.
• 천천히 드리블하다 볼을 오른쪽으로 밀어 놓고 오른발 인스텝으로 슛한다.
• 제자리로 돌아가 이번에는 왼발로 드리블하다 왼쪽으로 밀어 놓고 왼발로 슛한다.

• 익숙해지는 만큼 스윙 스피드를 높여간다.

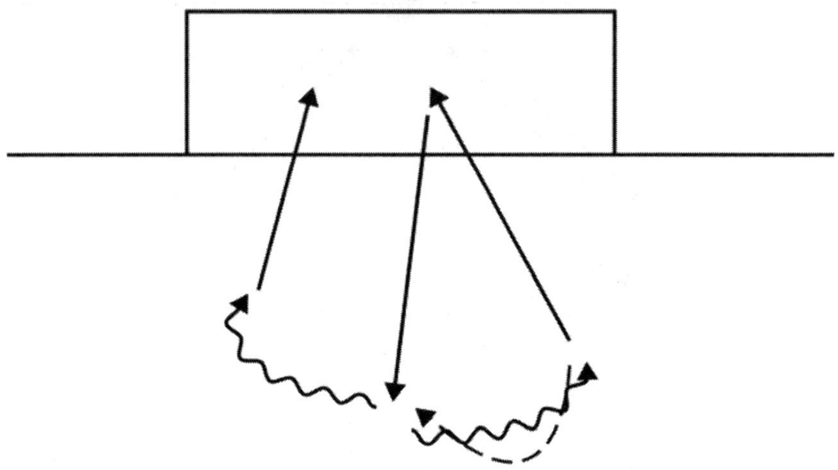

5) 구체적인 인스텝슛 연습

이상으로 4분야(임팩트 연습, 슛 방향 결정 연습, 균형 조절 연습, 벽을 활용하는 1인 연습) 연습을 마쳤다. 지금부터는 오늘 코칭의 마지막 단계인 '구체적인 슛 연습'이다. 앞의 4분야 연습을 마스터하면 정확하고 위협적인 슛을 날릴 수 있다. 반대로, 4가지 연습 중 하나라도 부족하면 기대하는 슛을 쏠 수 없다.

그러므로 오늘은 이 연습을 하되 개인 연습 시간에는 5번째 연습인 이 '슛 연습'을 하지 마라. 그 대신 앞의 4분야의 연습을 하루 빨리 마스터하라. 그런 연후에 '슛 연습'을 하라!

슛 연습의 종류는 무궁무진하다고할 정도로 많다. 여기서는 그 중에서도 기초적이면서도 파급효과가 매우 큰 10가지 슛 연습을 제시한다. 자세하고 다양한 슛 연습은 '제5부 슛 연습 방법'을 참고하기 바란다.

슛 연습 상황을 단순화했다. 슛 연습 처음에는 수비없이 연습하라. 능숙해지면 수비를 붙이되 압박 강도는 그냥 서 있는 정도에서 서서히 높여 가라. 초등선수는 매우 짧은 거리에서 하되 횟수도 대폭 줄여 연습하라. 한번에 슛 횟수가 30회를 넘지 않게 하라. 슛이 어처구니없이 날아가더라도 절대로 꾸중하지 마라. 제대로 가르치지 못한 감독 코치 자신을 스스로 지적하고 반성하라. 선수의 잘못은 0.1% 정도고, 감독 코치의 잘못이 99.9%라는 걸 명심하라!

(1) 볼을 수평으로 일렬 배치와 인스텝슛

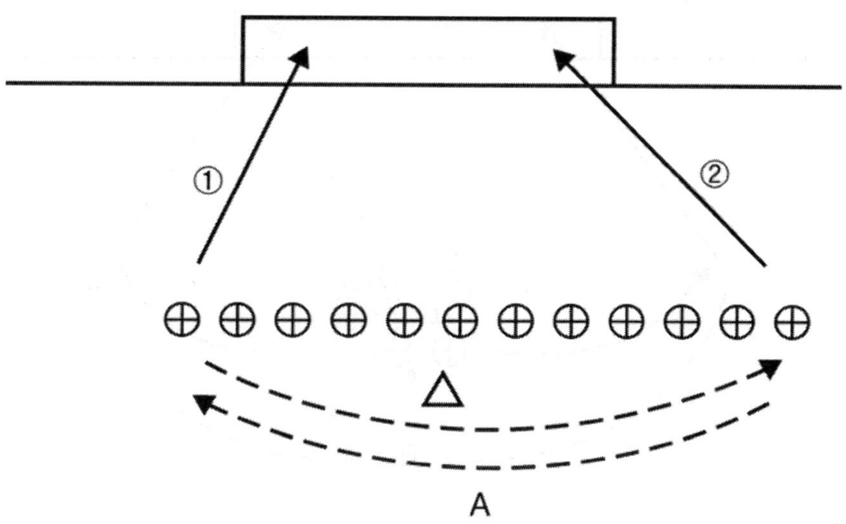

- 혼자 하는 1인 연습이다.
- 골문 12m 지점에 골라인과 수평으로 볼을 10개 놓는다.
  볼과 볼의 간격은 1m 내외다. 볼을 20개, 30개 놓고 연습해도 좋다.
- 슛하는 방법은 3가지다.
  볼에서 3m 떨어져 있는 접시콘을 좌우로 돌아가면서 인스텝슛하는 방법이다. 오른발 왼발 교대로 슛하게 된다. 둘째, 왼쪽에서 오른쪽으로 가면서 놓여 있는 볼을 순서대로 슛한다. 셋째, 오른쪽에서 왼쪽으로 가면서 놓여 있는 볼을 순서대로 슛한다.

- 볼을 모두 슛한 후에는 다시 거리를 멀리하여 같은 방법으로 슛한다.
- 1m씩 멀리하기를 권유한다. 처음에는 12m에서, 다음에는 13m, 그 다음에는 14m ……
- 이렇게 하면 중장거리 슛 연습에 크게 도움이 된다.

(2) 가운데서 좌우로 굴려주는 볼에 대한 인스텝슛

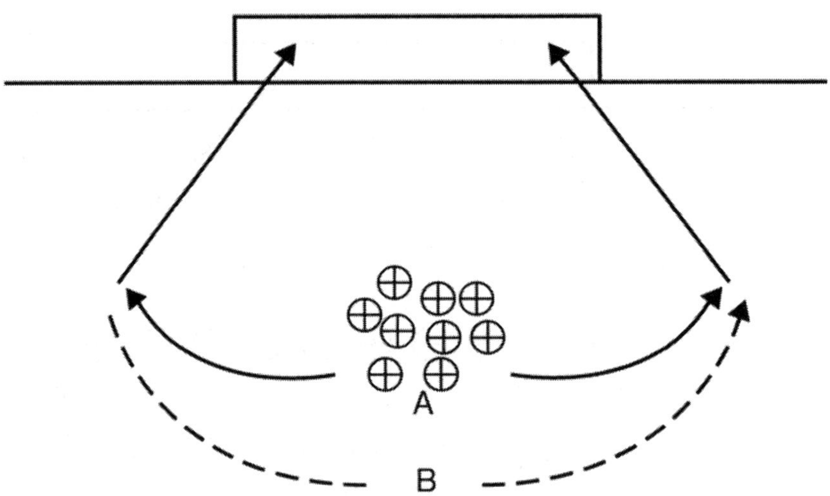

- 3인 1조, 골문 중앙에서 12m 떨어진 지점에서 A가 좌우로 볼을 패스낸다. B는 A와 3m 떨어져 있는 접시콘 좌우로 달리면서 슛한다.
- 경기 상황으로 슛하고 골키퍼가 막아낸다. 득점수를 계산한다.
- 익숙해지면 빠르게 볼을 공급한다.

• 볼 10개를 사용하며 2세트(20회 슛) 후 역할 교대
• 응용 : 같은 방법이나 공중으로 던져주는 볼의 발리슛이다.

(3) 페널티박스 안을 흐르는 볼에 대한 전력질주 슛

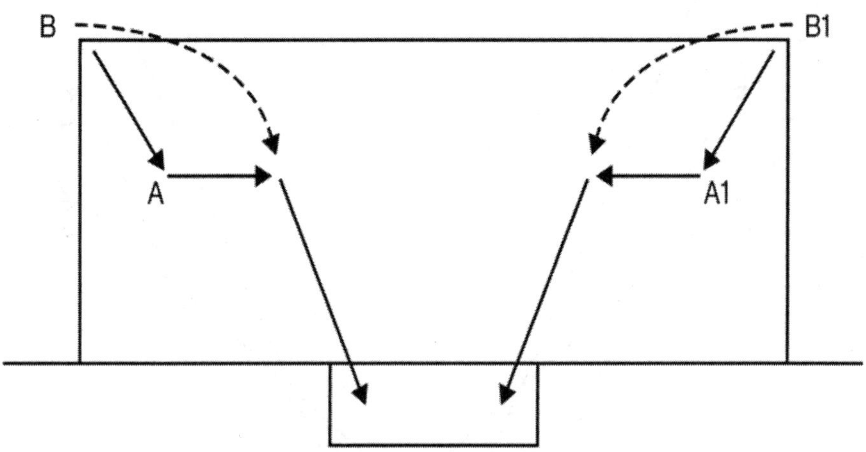

• 3인 1조, B는 페널티박스 오른쪽 모서리에 자리한다.
A는 B 앞에 대각선으로 5~6m 앞에 있다.
• 경기 중 페널티박스 안을 흐르는 볼은 누구의 소유인가?
볼에 가장 빨리 접근하는 선수의 소유다.
• B가 A에게 패스 내고, A는 인사이드로 자신의 왼쪽으로 볼을 보낸다.
• B가 전력질주로 접근하여 논스톱으로 인스텝 슛한다. 경기 상황이다. 이후 왼쪽 페널티박스 모서리에서 이렇게 실행한다.
• 골키퍼가 철저하게 막아낸다. 득점수를 헤아린다.
• 좌우에서 20회 실행 후 역할 교대.

(4) 주고 받아 연속적으로 중장거리 슛하기

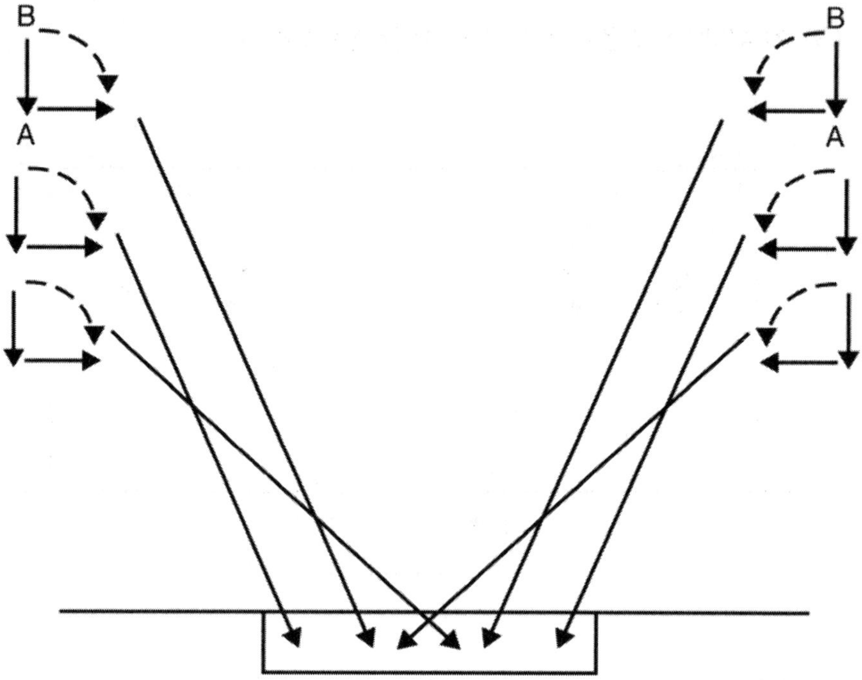

- 그림처럼 볼을 30도 정도의 각도로 대각선으로 좌우 3개씩 배치한다. 볼과 볼의 거리는 4~5m, 가장 멀리 있는 볼이 코너 플래그에서 터치라인으로 40m 위치에 있다.
- 먼저, 오른쪽에서 시작한다. B가 A에게 패스 내고 A는 자신의 왼쪽으로 인사이드로 슛하기 좋은 품질의 패스를 낸다.
- B가 달려오면서 논스톱으로 인스텝 슛한다.
  이어 두 번째, 세 번째 볼도 이렇게 슛한 후 왼쪽으로 가서 이렇게 슛한다.
- 경기 상황이다. 강력하게 중장거리슛을 성공시킨다. 득점수를 계산한다.

• 좌우에서 각 24회(6세트) 슛한 후 역할 교대.

(5) 땅볼 크로스의 인스텝슛

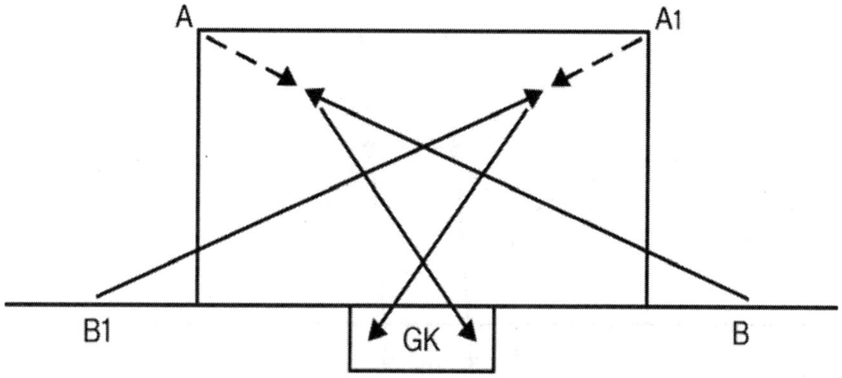

• 3인 1조, B가 오른쪽 페널티 박스 모서리에 있고 A가 골포스트에서 20m 떨어진 지역에서 B와 골문 사이로 땅볼로 강하게 패스낸다. B가 뛰어들면서 한 번에 인스텝으로 슛한다.

• 이후 B는 왼쪽 페널티박스 모서리로 옮겨 이와 같이 슛한다.

• 경기 상황이다. 반드시 성공시키고 골키퍼는 막아낸다. 득점을 계산한다.

• 일정 횟수 연습 후 역할 교대.

• 주의 : 생각보다 득점에 실패하는 경우가 많다. 패스가 빠를수록 더 그렇다. 슛이 B에게 가까운 골포스트 밖으로 벗어나곤 한다. 원인은 딛는 발의 방향이 골문을 벗어나 딛고 있기 때문이다. 출발이 늦을수록 더욱 그렇게 된다. 미리 예측하여 조금 더 일찍 출발하고 가슴이 골문 밖으로 향하지 않고 골문 안으로 보면 딛는 발도 골문 안으로 딛을 수 있다. 이 조그마한 차이가 득점 여부를 판가름한다.

(6) 바운드되는 공중볼의 인스텝슛

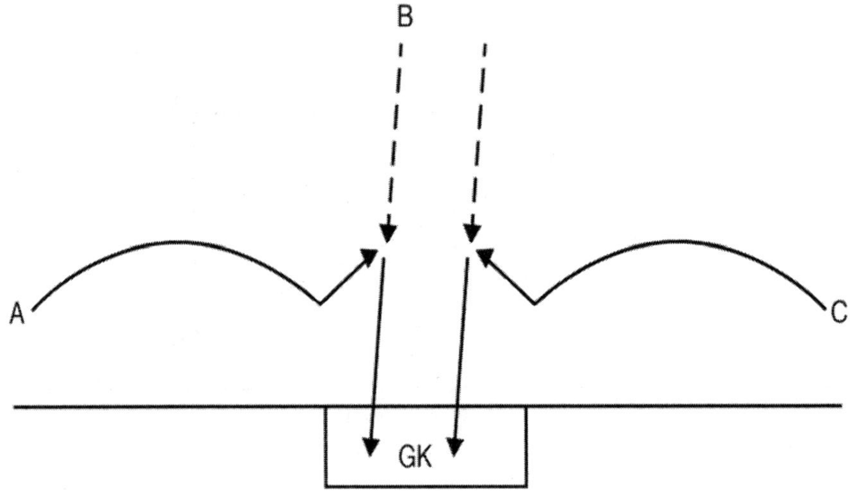

• 4인 1조, 그림처럼 A와 C가 좌우에서 바운드되는 크로스를 올린다.
• B는 한번 바운드된 볼을 인스텝으로 슛한다. 골키퍼가 막아낸다.
• 좌우 각 10회 후 역할 교대.
• 응용 1, 크로스의 인스텝슛
• 응용 2, 센터링의 인스텝슛

(7) 골문 뒤에서 던져주는 공중볼의 인스텝슛

• 3인 1조, B는 페널티 스포트에서 2m 뒤(골문에서 13m)에 있다가 A가 골문 뒤에서 크로스바 넘어로 볼을 던져주면 뛰어들면서 공중볼을 슛한다.
• 이 연습은 골키퍼가 펀칭한 볼을 쇄도하면서 슛하는 상황과 같다.
• 15회 연습 후 역할 교대.

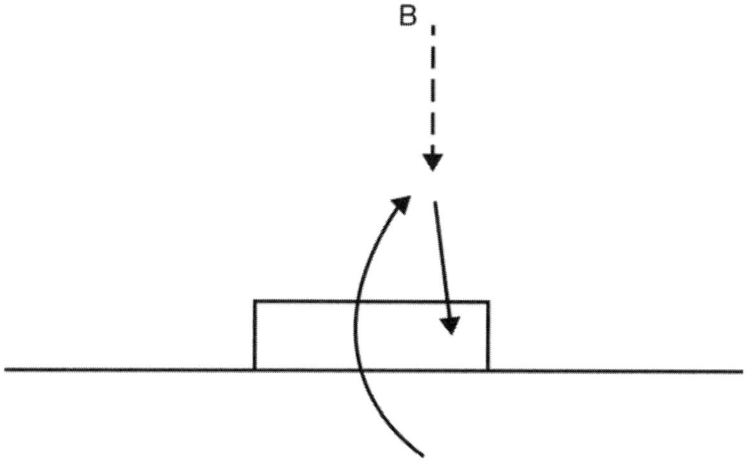

(8) **좌우로 던져주는 공중볼을 따라 들어가면서 인스텝슛**

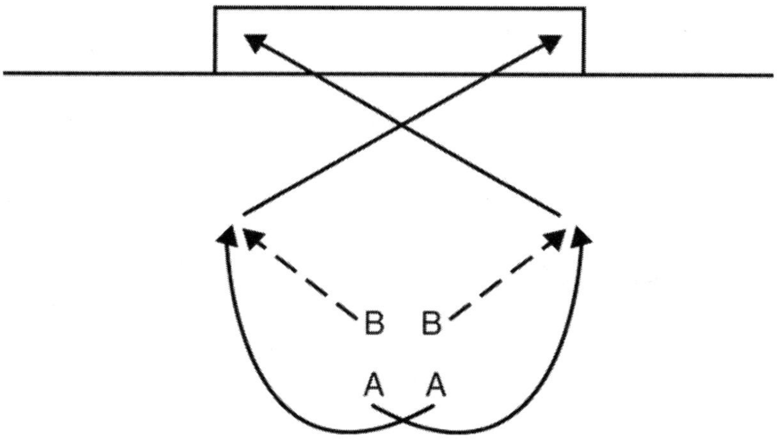

- 3인 1조, A가 페널티스포트에서 공중볼을 공급한다.
- B가 A의 3m 앞에서 마주 보고 있다가 A가 던져주는 공중볼에 신속하게 접근하면서 잔디에 닿기 전에 인스텝 슛한다.
  볼에 빨리 접근할수록 슛에 사용할 수 있는 시간이 많아진다.
- 좌우 각 10회 후 역할 교대.

Part V

슛 연습 방법

크로스와 센터링 받아 슛

1) 좌우에서 오는 크로스와 슛 1

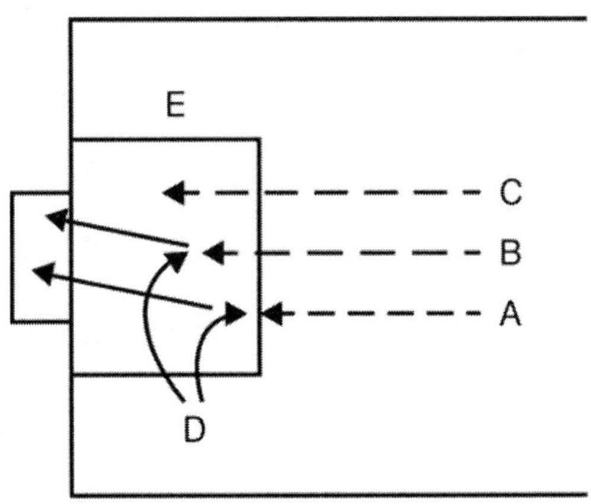

• D와 E가 번갈아가며 크로스보낸다. 각각 20회 킥한다.
 크로스 받는 선수는 오직 한 명이다. 이 선수를 목표로 크로스 낸다.
• A, B, C는 제자리가 아닌 나아가면서 슛한다. 높은 볼은 헤딩 슛한다.
• 발의 여러 부위를 사용하여 다양한 슛을 성공시킨다.
• 볼의 무게중심의 이동을 세밀하게 추적하면서 정확하게 임팩트한다.
• 응용 : 세 선수 중 한 선수가 A, B, C 위치로 이동하면서 슛한다.
 또는 A, B, C가 경쟁적인 볼의 선취경쟁을 통해 슛해도 좋다.

2) 좌우에서 오는 크로스와 슛 2

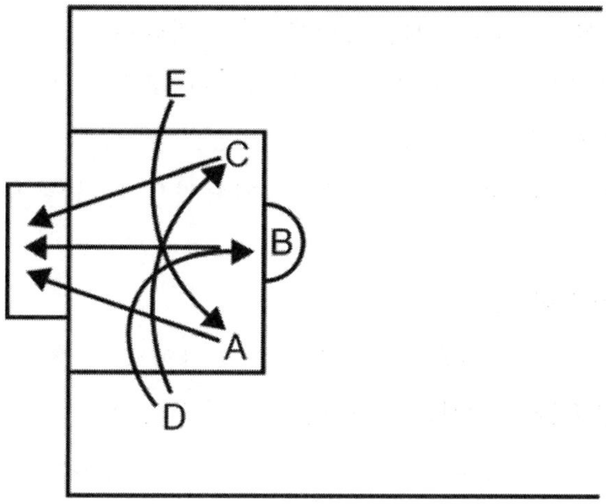

- D와 E가 교대로 크로스 낸다.
- 그 외 연습 방법은 1)과 비슷하다.

3) 대각선으로 나오는 땅볼패스에 슛

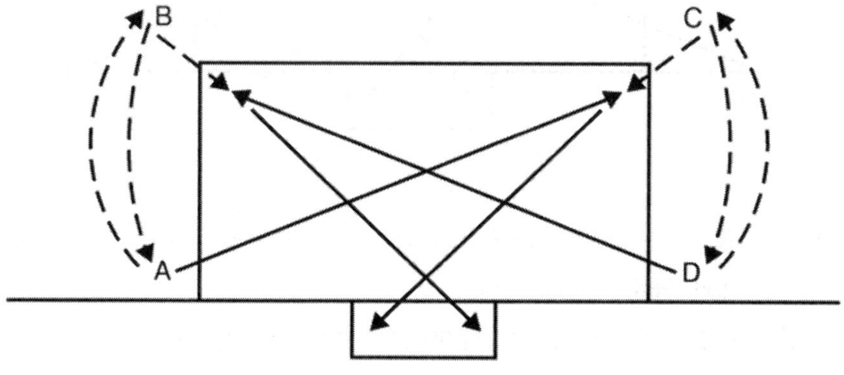

- A는 패스내고 B의 뒤로 가고, C는 슛한 후에 D의 뒤로 간다.
- D가 패스하고 C가 있었던 곳으로 가고, B는 슛한 후 A가 있었던 곳으로 간다.
  이렇게 A와 B, C와 D는 자리를 서로 바꾼다.
- 이어 B가 패스하고 처음 자신이 있었던 곳으로 가고, D가 슛한 후 처음 자신이 있었던 곳으로 간다.
- 먼 골포스트(파 사이드)로 슛한다. 가끔씩은 가까운 골포스트로 슛해도 좋다.
- 위치를 바꾸어 슛한다.
- 인프런트를 적극 사용한다. 인스텝, 인사이드도 좋다.
- 응용 : 공중볼을 보내고 뛰어들면서 발리 슛한다.

– 스트라이커 파워 연습 메뉴 100 / 시미즈 히데토 / SRM / p.94

4) 페널티박스에 흐르는 크로스볼 슛

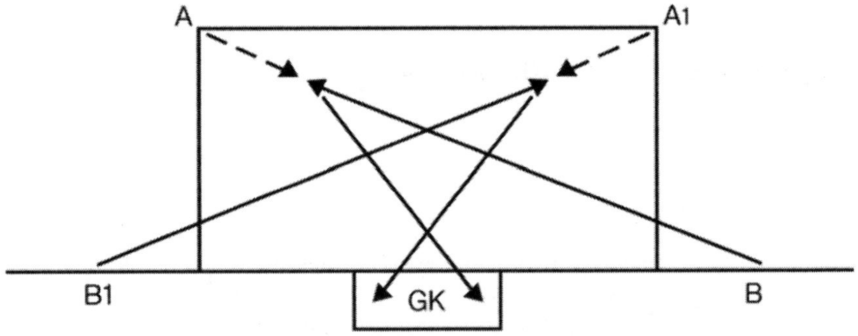

- 3인 1조, B는 가까운 골포스트에서 20m 떨어진 곳에서 강한 땅볼패스를 A와 골문 사이로 낸다.
- 경기에서 자주 나오는 슛 패턴이다. A는 전력질주하면서 발의 여러 부위로 슛한다.

• 이어 A는 A1, B는 B1의 위치로 이동하여 이처럼 슛한다.
• B가 드리블하다 이 지점에서 땅볼 크로스내면 경기상황에 더욱 가까워질 것이다.
• 주의 : 이 연습에서 생각보다 가까운 골포스트 밖으로 벗어나는 슛이 많다는 걸 확인하게 된다.
원인이 무엇인가? 딛는 발의 방향에 있다. 골문 밖으로 향하고 있기 때문이다. 미리 예측하려고 노력하며, 조금 빨리 출발하고, 딛는 발을 골문 안으로(그것도 선택한 방향으로) 딛어야 한다.
• 20회 투입 후 역할 교대
• 응용 : 공중볼을 투입해도 좋다.

5) 측면 드리블 돌파한 크로스와 슛

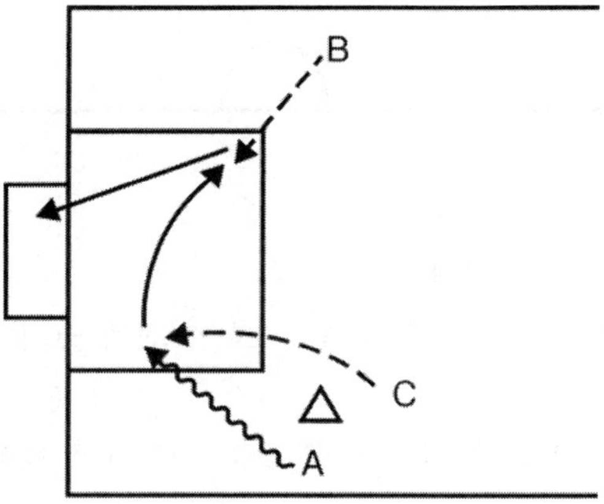

• A가 드리블 하자마자 C가 즉시 달려가 저지하고, A는 이를 이기고 크로스 한다.
• B가 달려 나오면서 슛한다.
왼발, 오른발, 헤딩 등 크로스의 품질에 맞게 최적의 슛을 선택한다.

6) 2개의 골문을 사용하는 크로스와 슛

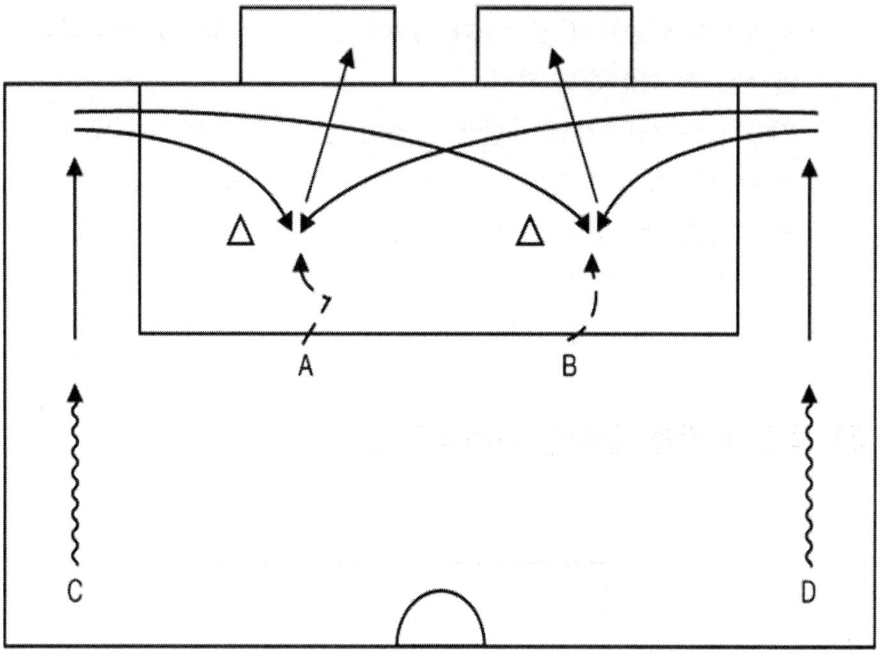

- 2개의 골문을 사용한다.
  어느 골문이든 슛할 수 있다. 단, 슛하기 전에 슛 방향을 미리 결정해야 한다.
- C와 D는 드리블하다 볼을 밀어 놓고 접근하여 크로스 올린다.
- A와 B는 슛한다. 정확한 임팩트가 득점 여부를 결정한다.
  슛이 무엇인가? 한 마디로 슛은 임팩트다.
- A, B, C, D 뒤에 각 2명의 선수를 더 배치하면 쉼 없는 효과적인 연습이 된다.

7) 크로스에 대한 교차 달리기와 슛

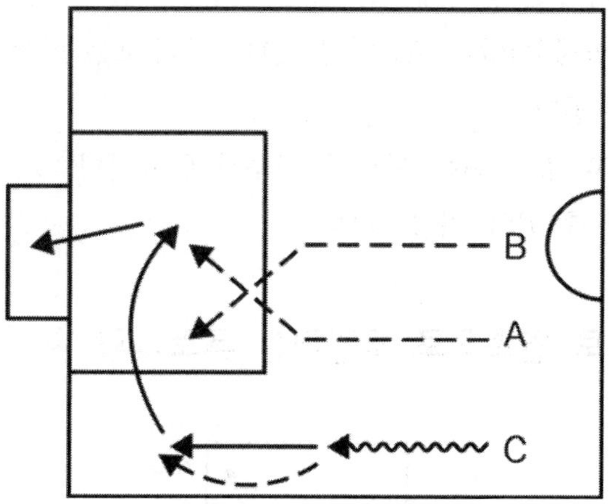

• C가 드리블하다 볼을 밀어 놓고 접근하여 크로스낸다.
• A와 B는 페널티박스 안에서 교차로 달리면서 크로스에 슛한다.
• C는 반대편에서도 크로스 올리고 A와 B는 수시로 위치를 바꾸어 연습한다.

8) 연속적인 다양한 슛

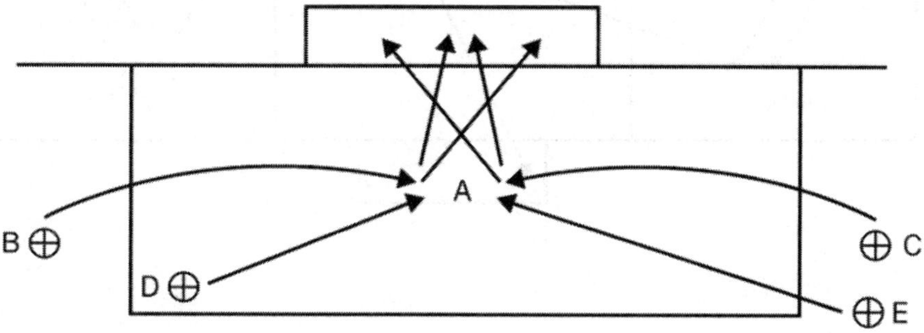

• B, C, D, E 순으로 볼을 투입한다.
A가 슛하자마자 즉시 볼을 패스 보낸다.
• A는 페널티박스 중앙에 위치하며 다양한 패스를 받아 슛한다.
• B와 C는 공중볼(발리 슛, 헤딩 슛)을, D와 E는 땅볼패스(논스톱 슛)를 내어도 좋다.
• 경기 상황과 같이 A는 최대한 신속하게 슛한다.
20회 슛한 후 B와 역할 교대.

9) 두 골문으로 연속으로 투입되는 크로스와 슛

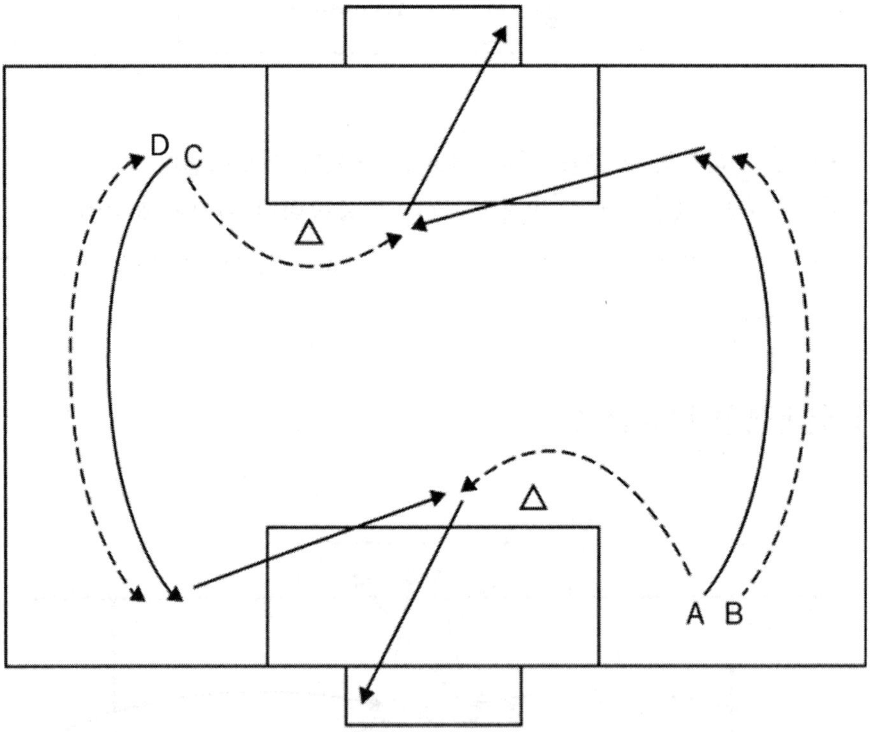

• 경기장의 1/2을 사용하고 골문은 2개다.
B와 D는 코너 플래그 쪽으로 달리고, A와 C는 B와 D에게 패스한다.
• A와 C는 콘을 돌아서 중앙으로 들어가면서 B와 D가 보내는 크로스를 슛한다.
• A, B, C, D는 시계 방향으로 로테이션하면서 슛한다.
4명이 동시에 움직이므로 연습 효과가 뛰어나다.

– 스트라이커 파워 연습 메뉴 100 / 시미즈 히데토 / SRM / p.130.

2 발리 슛

1) 좌우로 던져주는 볼에 대한 발리 슛

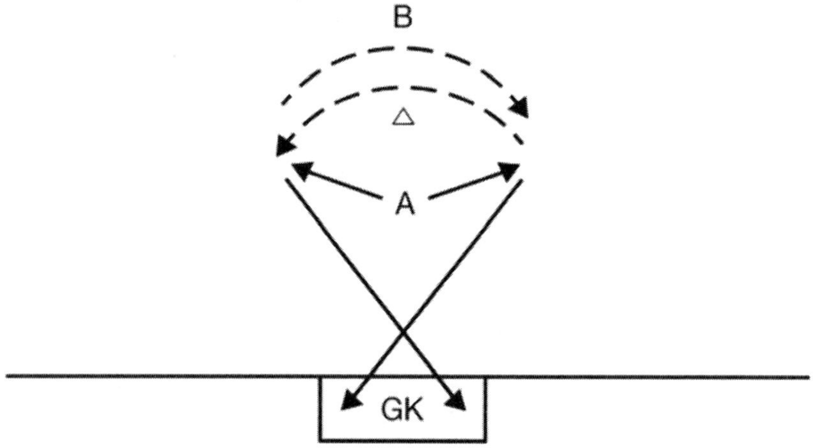

- 3인 1조, A와 골문과의 거리는 11~13m.
  B는 콘 좌우로 달리면서 A가 굴려주는 볼을 슛한다.
- 좌우 각 10회씩 슛한 후 이번에는 A가 공중으로 던져주는 볼을 좌우 각 10회씩 발리 슛한다.
- 발리 슛은 슛한다기보다는 맞힌다는(임팩트한다는) 기분으로 슛한다.
- 이후 역할 교대.

2) 골문 뒤에서 던져주는 볼에 대한 발리 슛

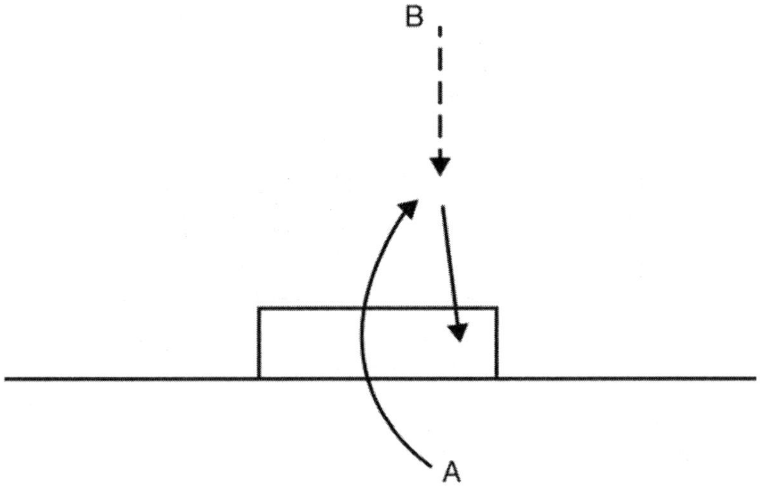

- 경기 중 골키퍼가 펀칭한 볼에 접근하면서 슛하는 상황이다.
- 3인 1조, A는 골문 뒤에서 볼을 크로스 바 넘어로 던져준다.
  B는 골라인에서 13m 지점에서 대기하다 공중볼을 향해 나아가면서 발리 슛한다.
- 골키퍼는 철저하게 막아낸다.
- 20회 실행 후 역할 교대.

3) GK가 펀칭한 볼을 발리 슛

- B가 센터링하고 GK가 펀칭한다.
  A가 쇄도하면서 논스톱 발리 슛한다.
- GK는 다양한 형태의 펀칭을 한다.
- 응용 : 골문 뒤에서 던져주는 볼을 뛰어들면서 발리 슛하기

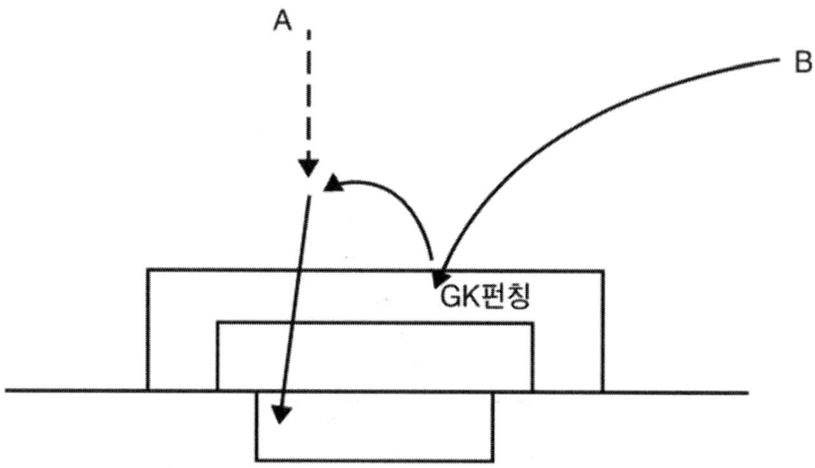

4) 두 수비 사이로 원터치로 돌파 후 슛

- 경기 중 자주 나오며, 이 상황에서 100% 득점에 성공하자.
  박주영 선수가 AS 모나코에서 가슴으로 이렇게 돌파하여 바람처럼 득점하는 걸 기억하고 있는 팬들이 있을 것이다.
- B가 크로스나 센터링 받아 두 수비 A와 C 사이로 원터치로 돌파 후 슛한다.
- 원터치 부위로는 가슴 무릎 이마 어깨 등 그 상황에서 최적의 부위를 활용한다.
- 가능한 지면에 닿기 전의 공중볼을 발리 슛한다.
  더 빠른 슛으로 골키퍼가 준비할 수 있는 시간이 그만큼 줄어들기 때문이다.
- 크로스와 센터링은 오른쪽, 왼쪽에서 골고루 투입한다.
- 좌우 각각 20회씩 연습 후 역할 교대.

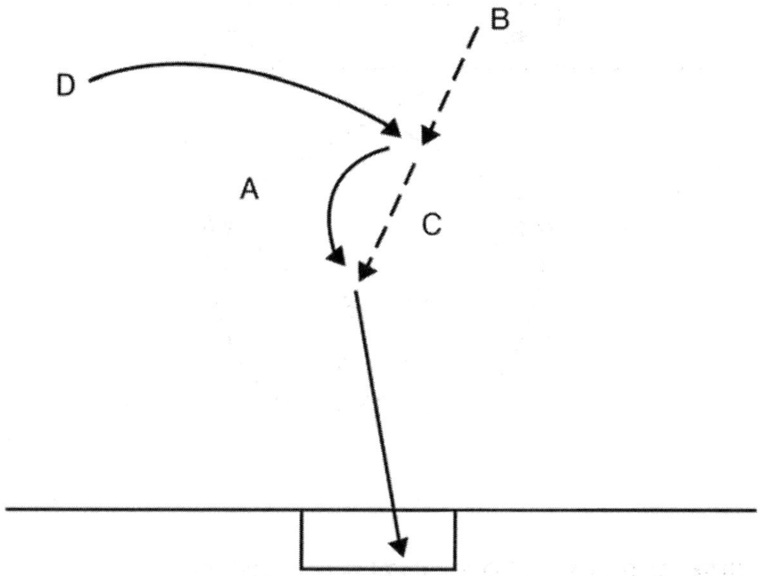

5) 머리 위를 지나는 공중볼 접근하면서 발리 슛

- 3인 1조, 슛하는 거리는 5~6m로 하되 익숙해지면 점차 거리를 늘린다.
- A와 B는 마주 보고 있다. A가 B의 머리 위를 넘기는 공중볼을 보내면 B는 재빨리 돌아서서 볼에 접근하여 발리 슛한다.
  다음에는 A가 다른 방향에서 던진다.
- B가 볼에 빨리 접근할수록 슛에 사용하는 시간이 많기에 더 여유있게 슛할 수 있다.
- 이 슛은 머리 위를 지나는 센터링을 따라 잡아 슛하는 장면과 같다.
- 응용 : A가 직접 센터링하고 B가 추적, 접근하여 발리 슛한다.
- 좌우 각 20회 연습 후 역할 교대.

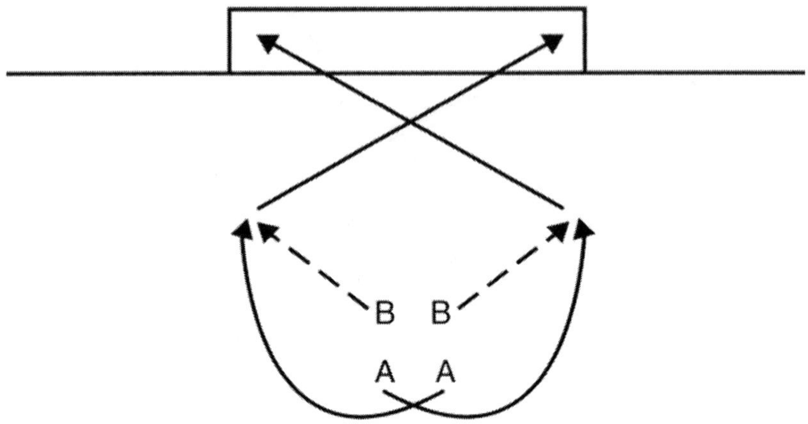

6) 반대편 골포스트 앞으로 던져주는 볼에 대한 슛

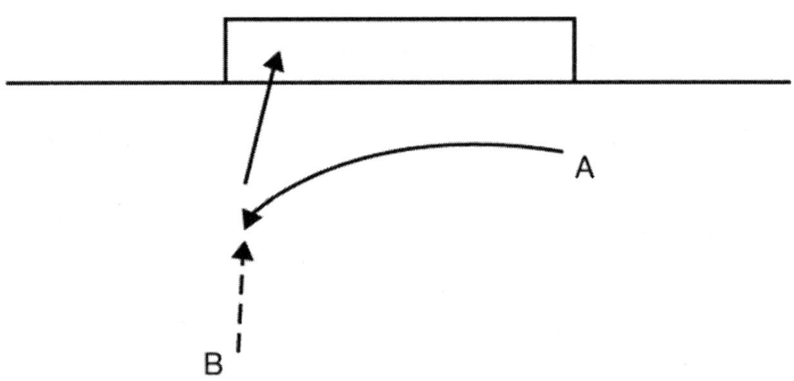

- A가 두 손으로 공중볼을 보내고 B가 발리 슛한다.
  인스텝이나 인사이드슛을 권장한다. 반대 방향에서도 연습한다.
- A가 튀어 오르는 하프 발리 볼이나 공중 크로스를 보내어도 좋다.
- 오른발 왼발 각 25회씩 연습 후 역할 교대.

7) 볼을 던져주는 코치를 돌아서 하프 발리 슛

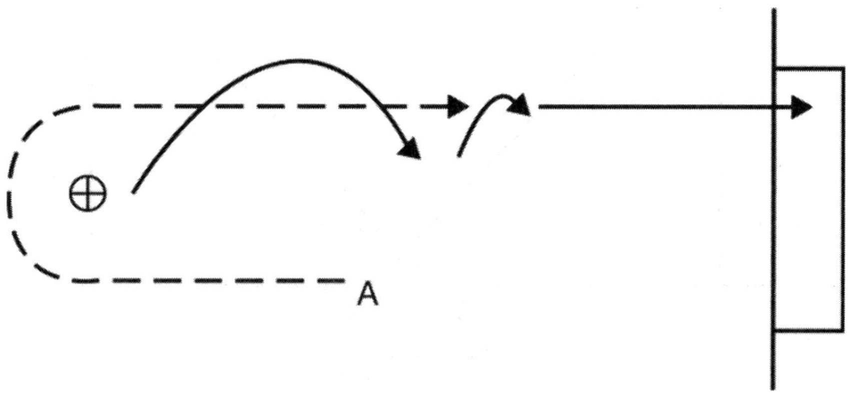

- A가 코치 등 뒤로 돌아 나오면서 코치가 던져주는 볼에 순간 접근하여 하프 발리 슛한다. 슛 거리를 조정해도 좋다.
- 응용 : 공중볼을 발리 슛해도 좋다.
- 왼발 오른발 각 20회씩 실행 후 역할 교대.

8) 손으로 던진 볼을 발리 슛

- 크로스를 반대편 발로 슛하는 상황이다.
- B와 D가 던진 볼을 A와 C가 슛한다.
  10회 연속 슛한 후 A와 D, B와 C는 위치와 역할을 바꾸어 슛한다.
  이렇게 2세트 진행(각 20회) 후 A와 D, B와 C는 구역을 바꾸어 이렇게 연습한다.
- 슛은 반드시 볼이 온 방향과는 반대쪽 발로 한다.
  왼쪽에서 온 볼은 오른발, 오른쪽에서 오는 볼은 왼발로 슛한다.
- 볼이 온 방향과 반대쪽 발로 슛하기에 볼을 충분히 끌어 들인 후 슛한다.

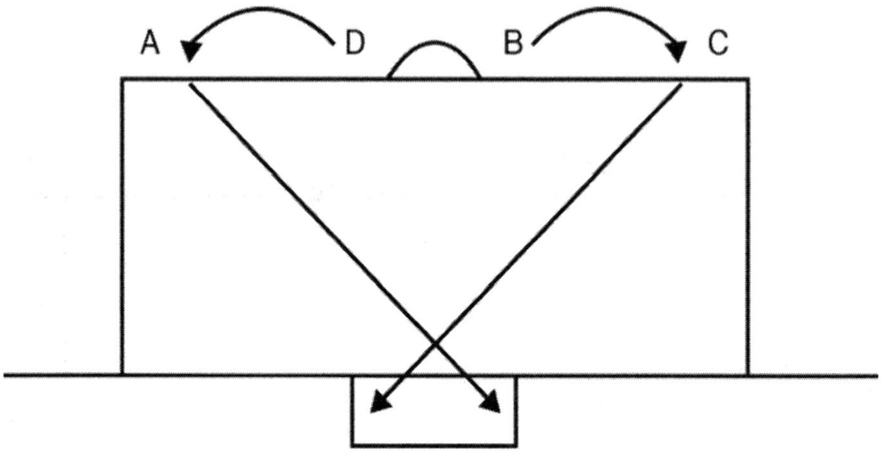

9) 제자리에서 인스텝 리프팅하다 발리 슛

- 페널티박스 라인(16.5m) 위에서 인스텝 리프팅하다 정확하고 강력한 발리 슛한다.
- 발의 여러 부위를 사용하여 슛한다. 볼 리프팅하는 높이에 변화를 준다.
- 응용 1 : 골문을 등지고 리프팅하다 볼을 몸의 좌우로 보내고 순간 접근하여 슛한다.
- 응용 2 : 골문을 등지고 리프팅하다 볼을 머리 넘어로 보내고 순간 접근하여 슛한다.

10) 콘 위의 볼을 연속 발리 슛

- 정식 골문 안에 중간 크기와 작은 크기의 골대가 1개씩 있다.
- 콘 위에 있는 볼을 오른발로 왼쪽에서 오른쪽으로 가면서 슛한다.

슛하기 전에 방향 높이를 결정한 후 슛하며 슛 정확도를 스스로 확인한다.

- 다음에는 오른쪽에서 왼쪽으로 가면서 왼발로 슛한다.
- 4세트(총 28회 슛) 후 역할 교대.
- 콘의 위치에 변화를 주어도 좋다. 콘 위의 볼의 수는 최소 7개 이상으로 하자.

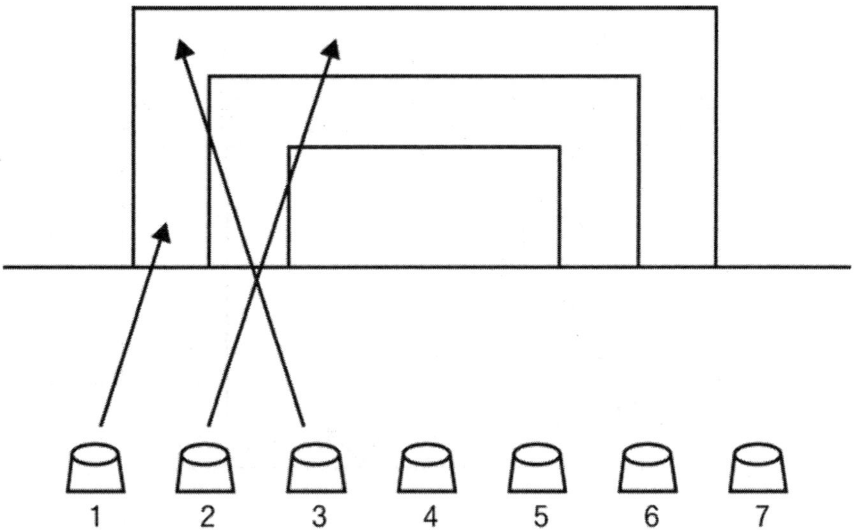

11) 크로스바와 골포스트 맞추기 슛 경쟁

- 3팀을 만들어 줄을 선다.
- 3팀의 선두 선수는 볼 리프팅으로 페널티박스 라인으로 가서 골포스트 또는 크로스바를 목표로 슛한다.
- 3팀이 출발하는 위치를 바꾸어 가면서 슛해도 좋다.
- 점수 경쟁을 한다. 골포스트 맞고 골인은 3점, 크로스바 맞고 득점은

2점, 어디에도 안 맞고 득점하면 1점이다.
• 모든 연습에는 골키퍼를 두나 이 연습에는 없다. 3명이 동시에 슛하기 때문이다.

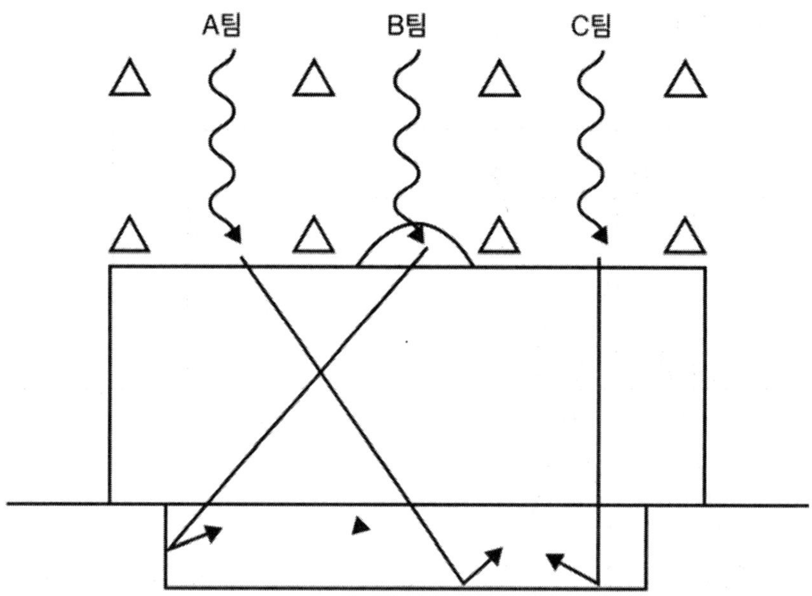

12) 수비 머리 위로 볼 넘기고 발리 슛

• A와 C는 5~7m, A와 B는 2~4m.
• C가 A에게 공중볼을 던져 보내고 A는 공중볼을 튕겨 올리고(인사이드, 인스텝, 무릎 등) 다가오는 B의 머리 위로 볼을 넘기고 신속하게 접근하여 발리 슛한다.
• 익숙해지면 크로스로 공중볼을 보내준다.
• 왼쪽, 오른쪽에서 각 20회 투입하고 역할 교대.

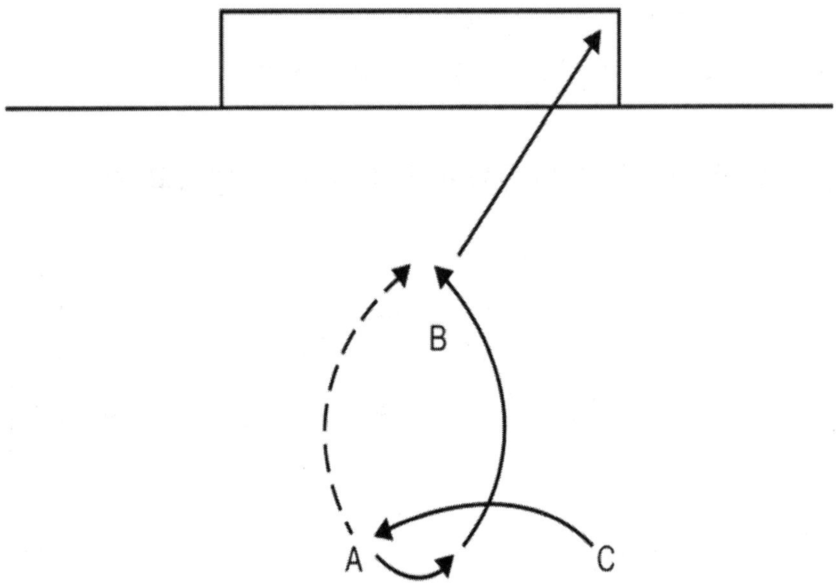

13) 볼 리프팅을 이어 받아 발리 슛

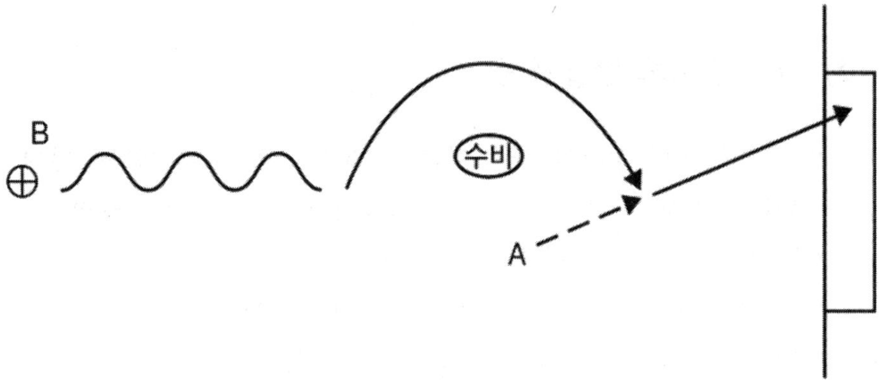

- B가 리프팅하면서 전진하다 수비 넘겨 공중 패스를 낸다.
- A가 접근하면서 발리 슛한다.
- 위치를 바꾸어 가면서 다양한 각도로 슛한다.

14) 발등 리프팅으로 이동하면서 수비 머리 넘기고 슛

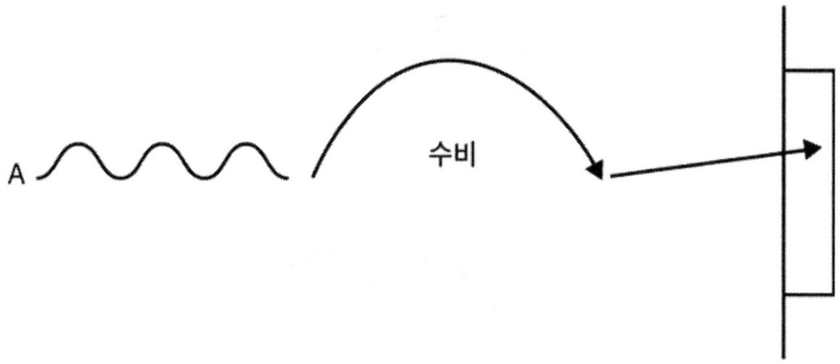

- A가 껑충껑충 뛰면서 머리 높이로 리프팅하다 수비 머리 위로 넘기고 재빨리 접근하여 슛한다.
- 위치(지역)를 바꾸어 대각선으로 나아가다 슛한다.
- 왼발 오른발 각 20회 연습 후 역할 교대

15) 하프 발리로 만들어 슛

- 경기 중 이런 상황이 자주 나온다. 필히 득점할 수 있어야 한다. A가 던져 튀어오르는 볼에 B가 접근하면서 하프 발리 슛한다.
- 익숙해지면 킥해서 하프 발리로 만든다.
- 이번에는 B는 위치를 바꾸어 오른쪽에서 슛한다.
- A와 B가 지역을 여기 저기 옮겨가면서 슛한다. 자연스럽게 특정지역에 따른 하프 발리 슛 적응력이 높아진다.

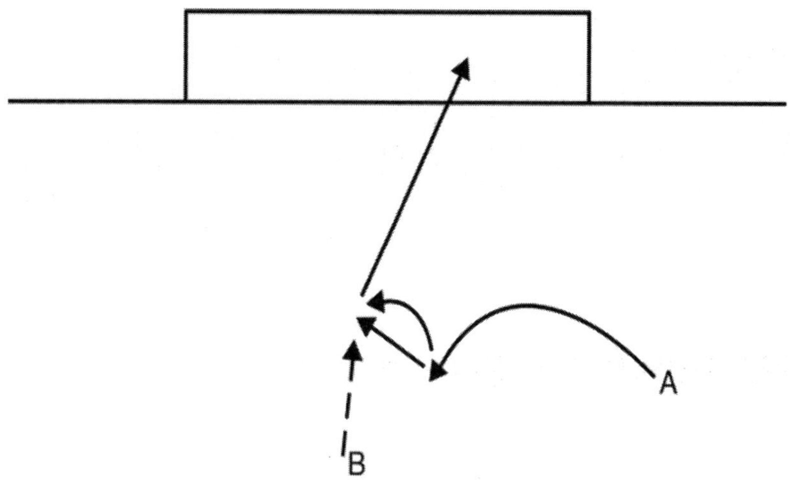

16) 공중으로 던져 올리고 2~4보 접근하면서 발리 슛

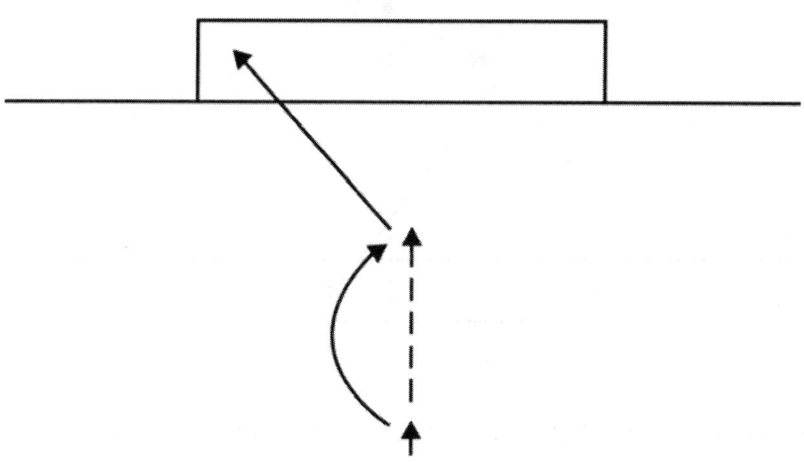

- 문전에서 가볍게 4~5보 달리다 볼을 공중으로 던져 올리고 2~4보 순간 접근하여 발리 슛한다.

3 투 터치 슛

1) 문전 중앙에서 수비 등지고 투 터치 슛

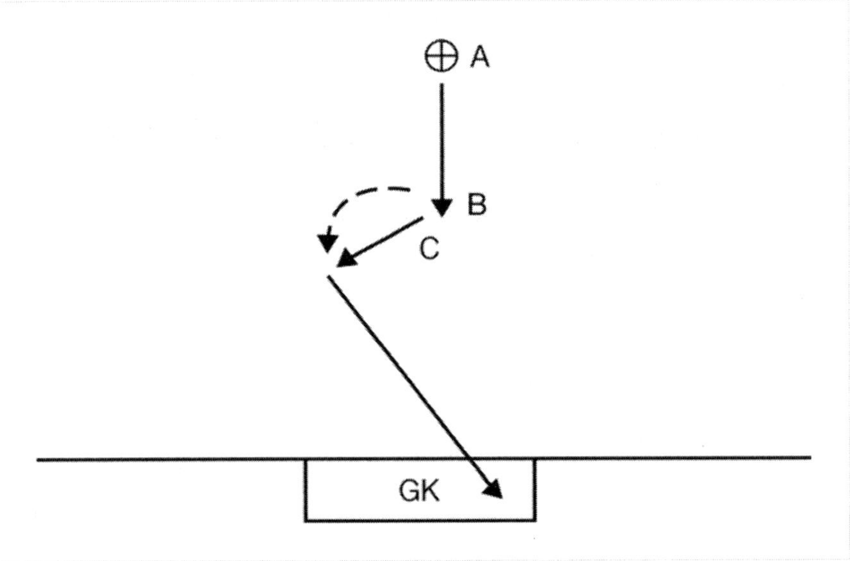

- 4인 1조, A와 B는 7m, B와 C는 1~1.5m, B가 슛하는 거리는 13~15m다.
- A의 땅볼 패스를 받아 B는 다양한 방법으로 슛한다.
  투 터치 슛이다. 첫 터치로 슛할 수 있도록 각도를 열고 순간에 슛한다.
- 슛 각도를 만드는 방법은 여러 가지다.
  수비와 간격을 벌려 방해를 벗어나고자 한 발자국 앞으로 나가며 실행해도 좋다.

슛하는 부위는 인스텝 인사이드 아웃사이드 인프런트 아웃프런트 등 다양하다.

- 슛하는 구체적인 방법은 다음과 같다.

가. 아웃사이드(왼발 오른발) : 왼쪽 또는 오른쪽으로 원터치 후 순간 접근하여 슛한다.

나. 인사이드(왼발 오른발, 몸 앞) : 왼쪽 또는 오른쪽으로 원터치 후 순간 접근하여 슛한다.

다. 인사이드(왼발 오른발, 디딤발 뒤) : 디딤발 뒤로 원터치 후 접근하여 슛한다.

라. 발바닥(왼발 오른발, 몸 앞) : 왼쪽 또는 오른쪽으로 끌어가서 슛한다.

마. 발바닥(왼발 오른발, 디딤발 뒤) : 왼쪽 또는 오른쪽으로 끌어가서 슛한다.

바. 수비 돌아나가기 : 볼은 수비 오른쪽으로 보내고 자신은 수비 왼쪽으로 돌아나가 슛한다.

2) 두 번의 투 터치 슛과 한 번의 논스톱 슛

- 콘 표시에 선수 모형을 배치한다.
- A는 B의 땅볼 패스를 받아 첫 터치로 슛할 수 있도록 컨트롤하고, 투 터치로 슛하자마자
- C가 땅볼 패스를 투입하고 A가 투 터치 슛을 한다.
- 이어 D의 패스를 논스톱으로 슛한다. 가능한 빠르게 슛한다.
- 21회 슛한 후 B와 역할 교대.

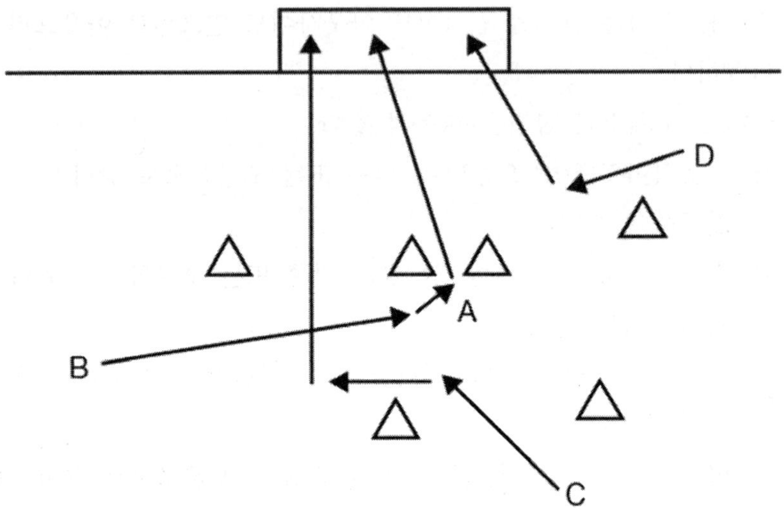

3) 투 터치 슛(순간적인 턴과 슛)

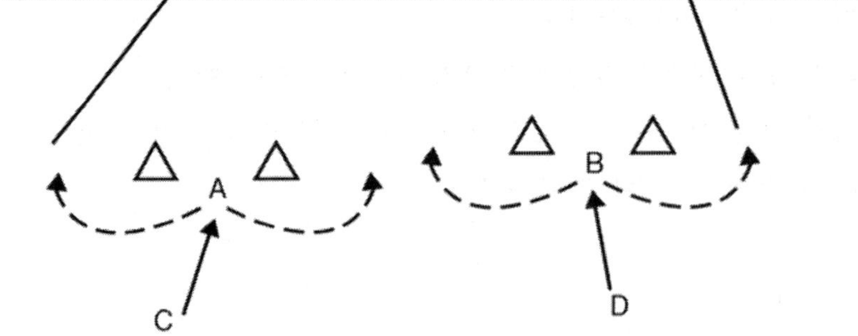

- 투 터치 슛의 하나다.
- '정식 골대' 안에 '중간 사이즈의 골대'를 두고, 다시 그 안에 '작은 사이즈의 골대'를 둔다.
- A와 B는 패스 받아 좌우 어느 한쪽으로 턴하여 슛한다.
  이때 슛의 방향과 높이를 미리 결정한 후에 그대로 슛한다.
  두 개의 작은 골대를 둔 것은 이걸 돕기 위해서다.
- 골키퍼는 철저하게 막아낸다.
- 코치는 유효 슛, 득점 비율, 왼발로 넣은 득점과 오른발로 넣은 골을 알려준다.

4) 문전에서 공중볼 후 투 터치 슛

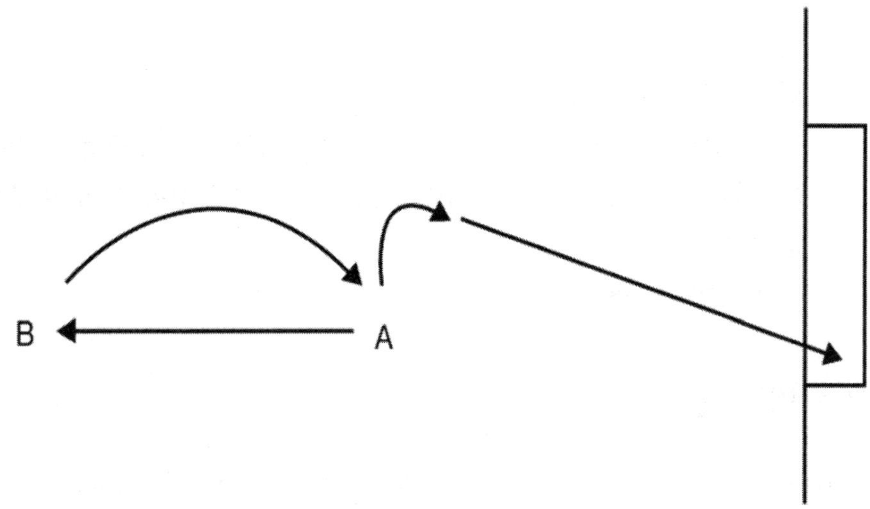

- A와 B의 거리는 10~15m.
- 서로 패스 주고 받다 B가 A에게 공중볼을 보내고 A가 투 터치로 발리 슛한다.
- 왼발 오른발 각 20회 슛한 후 역할 교대.

5) 자유로운 볼 투입과 투 터치 슛

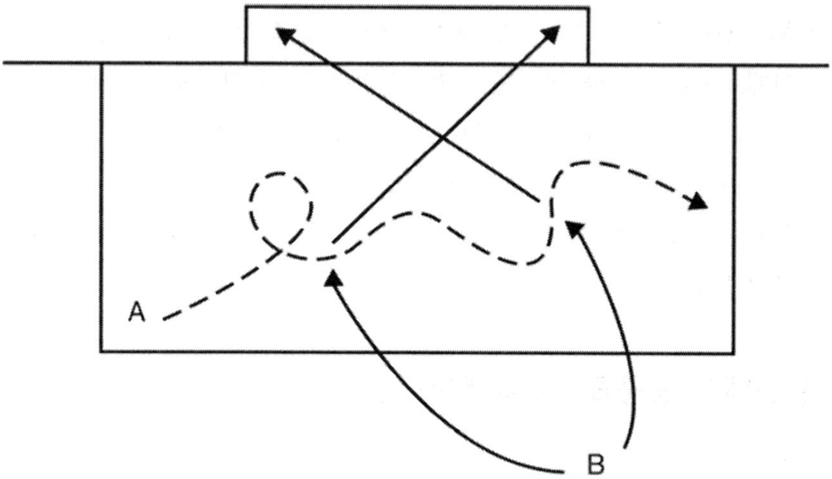

- A와 B 사이의 거리는 20~35m.
- A는 페널티박스 안에서 천천히 달리다 B가 보내주는 공중볼을 직접 슛하거나 한번 컨트롤 후 슛한다. 첫 터치의 정확성이 득점 여부를 결정한다.
- 20회 슛한 후 역할 교대.

6) 다미앙 슛

2012년 8월 7일 런던올림픽 축구 준결승전 한국 0 : 2 브라질 전에서 브라질의 다미앙이 넣은 골이다. 페널티박스 좌측 깊숙이 침투한 동료의 땅볼 패스를 받아 다미앙이 한국 수비 한 명을 앞에 두고 오른발 인사이드 방향전환으로 수비를 벗겨내고 순간 접근하여 인사이드로 밀어 넣었다. '탁탁'하는 두 동작이 너무나 빨라 수비와 골키퍼는 반응다운 반응조차 하지 못했다.

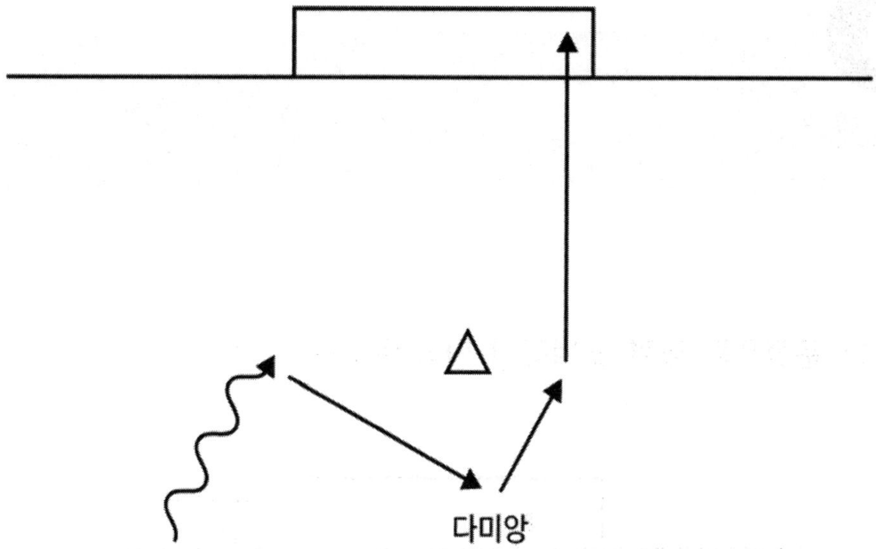
다미앙

4 1 : 1 돌파 후 슛

1) 문전으로 달려 들어갔다 나오면서 슛

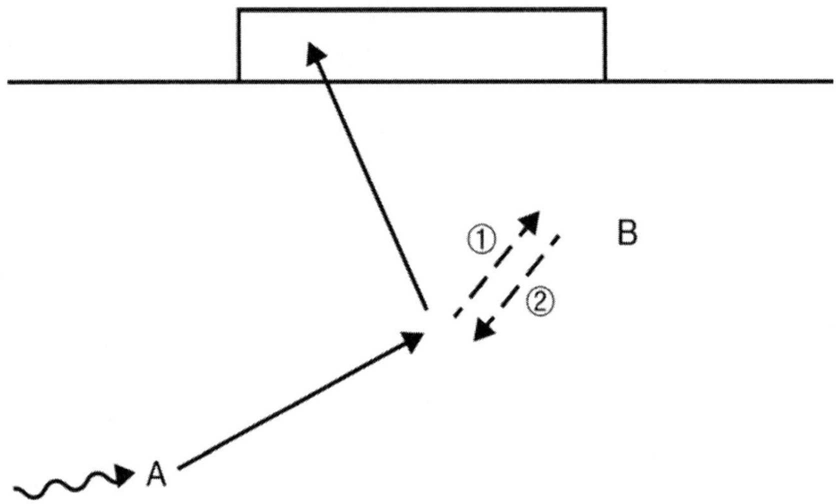

- 3인 1조, B는 문전으로 달려 들어갔다(수비수를 달고 가서) 나오면서 논스톱으로 슛한다.
  간단하지만 매우 실전적인 슛 연습이다.
- 오른쪽에서 20회, 왼쪽에서 20회 실행 후 역할 교대.

2) 드리블 돌파하여 슛

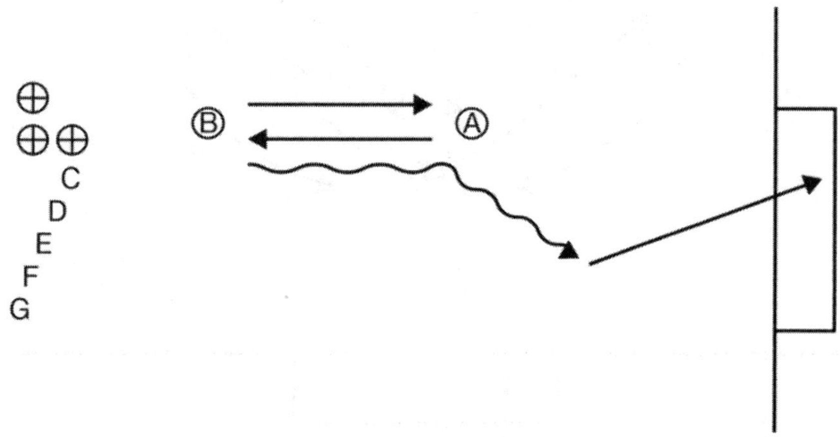

- 드리블과 패스의 목적이 무엇인가? 득점이다.
  상대 문전에서 스트라이커가 최종 수비 1명과 마주한 상황에서 드리블 돌파에 자신이 있다면 적극적으로 돌파 후 슛하지 않을 이유가 없다.
- 지역을 바꾸어 가면서 연습하면 더욱 좋다.

3) 볼의 선취경쟁과 슛

다양한 형태의 선취경쟁에서 이긴(볼에 먼저 도달한) 선수가 슛한다.

- 1, 2, 3 동작 후(1 동작에서는 손으로 볼을 터치한다) 먼저 도달한 선수가 슛한다.
- 엎드려 있다 일어나 전력질주로 볼에 접근하면서
- 제자리에서 한 바퀴 돈 후 스타트하여 슛
- 앞으로 한 번 구르고 순간 도달하여 슛
- 한 바퀴 돌고 앞으로 구른 후 볼에 접근하여 슛
- 두 발 앞으로 뻗어 엉덩이 붙이고 두 손 머리에 깍지 끼고 접근하여 슛

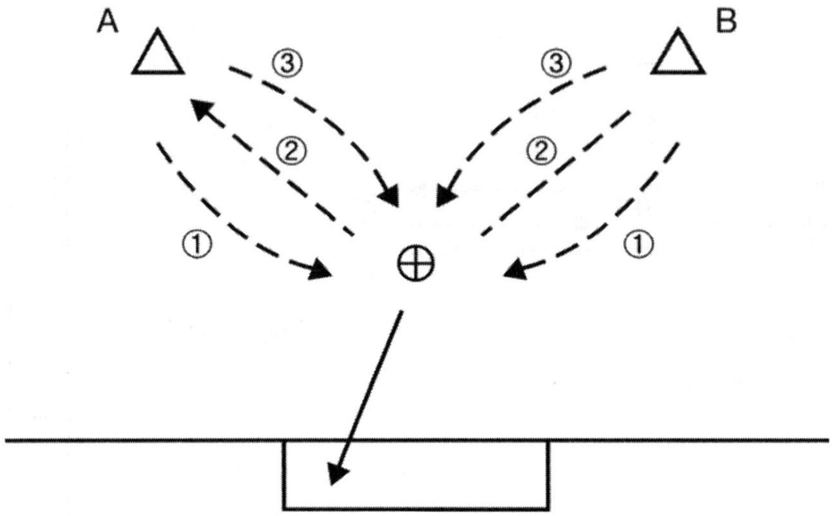

4) 드리블하다 발바닥으로 뒤로 주고, 돌파하여 슛

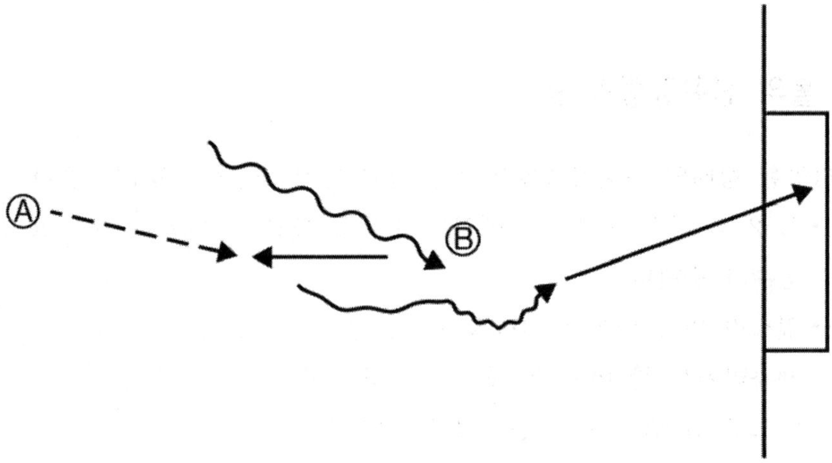

- 드리블하는 B를 따라 가다 볼 받은 A가 수비를 돌파하여 슛한다. 너무나 쉬운 슛이 아닌가! 경기에서 자주 사용할 수 있다.
- 처음 A와 B는 5~10m 거리를 유지하며 이동한다.
- B는 A가 보다 잘 사용하는 발에 볼을 건네준다.
- 응용 : B가 발바닥으로 패스 주는 볼을 A가 논스톱으로 슛한다. 처음 연습보다 더 간결하고 실전적이다.

5) 수비와 스피드 경쟁을 이기고 슛

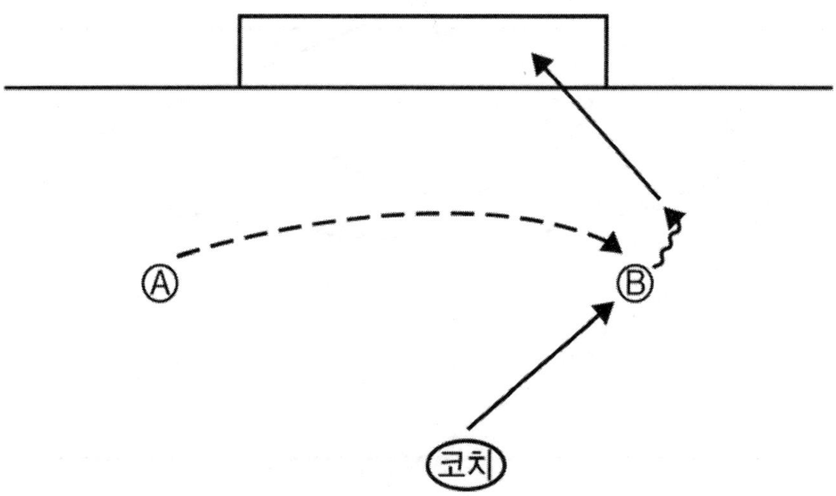

- 코치가 B에게 패스하면 A는 즉시 B를 수비하러 달려가고, B는 A를 드리블 돌파하여 슛한다.
- 최선의 진행은 A가 수비하러 막아서기 전에 이미 슛을 마무리하는 것이다.
- A와 B의 거리는 좁혔다 넓혔다 변화를 준다. 거리가 멀수록 수비하기 어렵다.

• 수비하러 달려오는 선수의 관성을 이용하여 한번에 돌파하는 드리블을 선택하라.
• 코치는 A와 B에게 번갈아가며 또는 불규칙적으로 패스준다.

6) 수비의 추격을 극복하고 슛

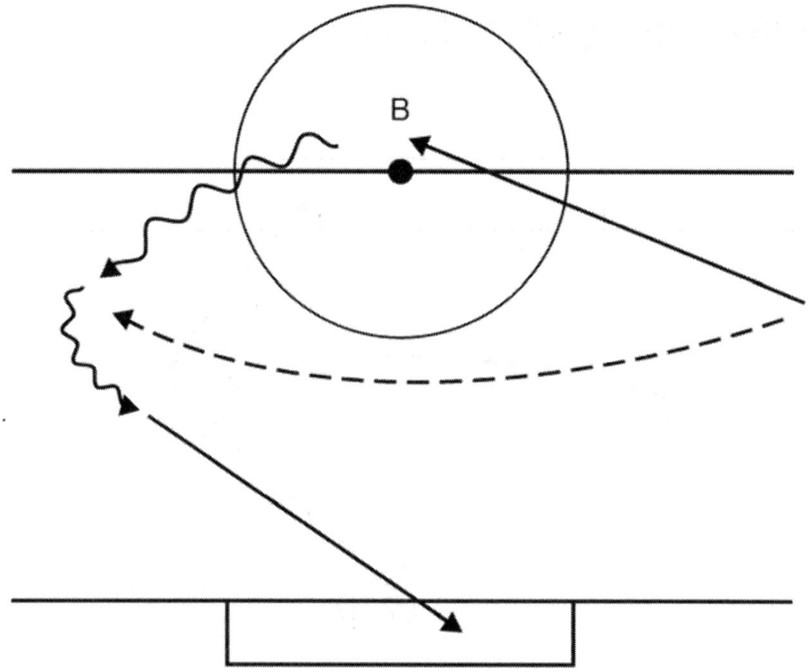

• 수비의 추격을 받으면서 긴 거리를 드리블하다 슛하는 상황이다.
• A가 중앙원 안에 있는 B에게 패스하자마자 방해하러 전력 질주한다. B는 A를 돌파하여 드리블하다 슛한다.
• B는 가능한 A가 도착하기 전에(A의 방해를 받지 않고) 슛한다. 이 과정에서 A는 끝까지 B를 추격하면서 B가 슛하는 걸 저지한다.
• 좌우에서 각 10회 슛한 후 역할 교대.

7) 뛰어나오는 수비를 제치고 슛

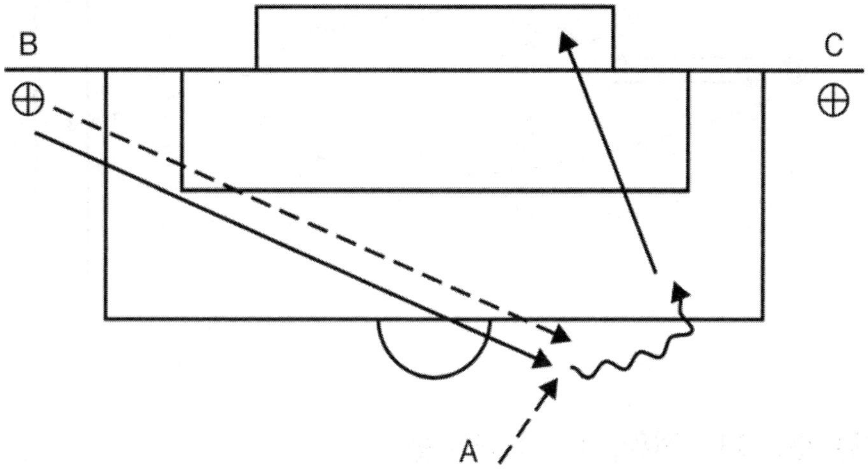

- B는 골포스트 20m 지점의 골라인에서 45도 각도로 강한 땅볼 패스 내고 곧바로 A를 수비하러 출발한다.
- A는 골라인에서 최소 25m 밖에서 볼을 소유한다. 그리고 B를 돌파 후 슛한다.
- 골문 좌우에서 교대로 패스내고, 각 15회 실행 후 역할 교대.

8) 패스 주고받다 신속하게 슛

- A와 B의 거리는 5~7m.
  A와 B가 제자리에서 계속 패스하다 A가 두 콘 사이로 드리블하는 순간 즉시 A의 슛을 저지하기 위해 움직인다.
- 위치를 바꾸어서도 연습한다.
- 왼발 오른발 각 20회 연습 후 역할 교대

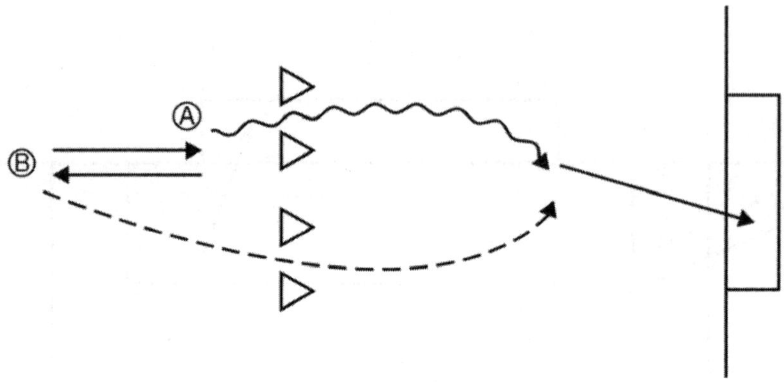

9) 슛, 수비 전환, 1 : 1 드리블

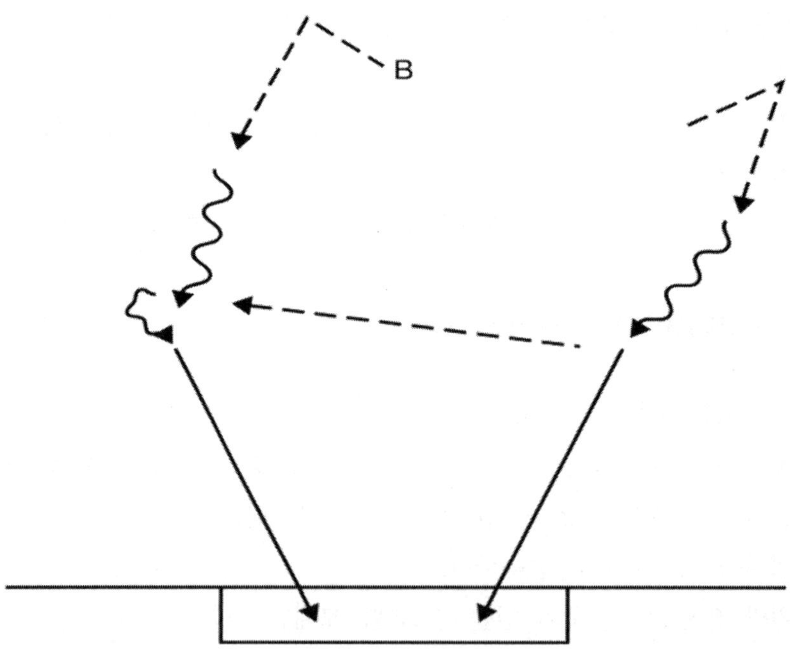

• A가 체크 후 드리블하다 슛한다.
• 이후 B가 체크 동작 후 수비로 전환한 A를 드리블 돌파 후 슛한다.
• B는 다양한 위치에서 출발하여 1 : 1 하는 구역을 다양하게 만든다.
• A와 B의 위치를 바꾸어 연습한다(슛하는 발도 바꾼다).
• 현대축구는 신속한 공수의 전환이 중요하므로 스트라이커는 슛한 직후 바로 수비로 전환하는 습관을 가져야 한다.

10) 오프사이드 트랩을 허물고 슛

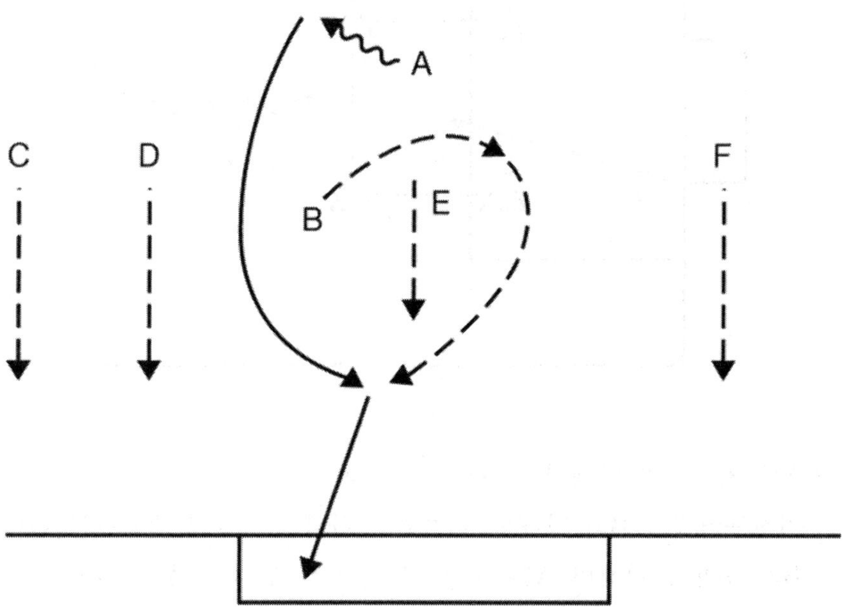

• A는 상대 골문 반대편으로 드리블하고 B는 상대 수비 라인 앞에서 대각선으로 달린다.
• A가 돌아선 순간 B는 상대 수비 라인 뒤쪽으로 오프사이드가 안되도록 뛰어나가 A의 공중 패스를 잡아 슛한다.

• B는 오프사이드가 되더라도 슛 기회를 늘리기 위해 반드시 슛한다.
• 20회 실행 후 역할 교대.

– 스트라이커 파워 연습 메뉴 100 / 시미즈 히데토 / SRM / p.104

11) 1 : 1 드리블 돌파 후 슛

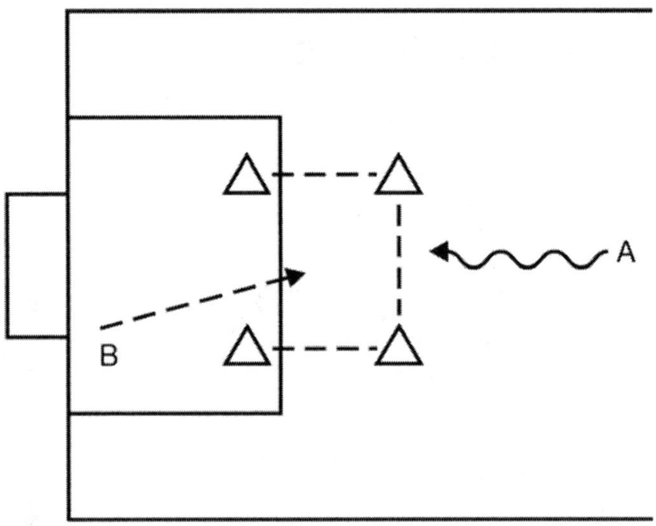

• A는 지정구역 안에서만 슛할 수 있다.
지정구역에서 B의 방해를 이기고 슛한다. 스피디하게 드리블한다.
B가 늦게 도착하면 A는 지정구역에서 바로 슛할 수 있다.
• A가 10회 연습 후 B와 역할 교대.
이렇게 교대로 A와 B가 각 2세트(20회) 실행한다.

12) 여러 가지 1 : 1과 슛

• (위) A는 2명의 수비를 드리블 돌파하여 슛한다.

• (가운데) B는 높고 낮은 패스를 받아 수비를 뒤에 두고 신속하게 슛한다.

• (아래) C는 수비 G를 뒤에 두고 동료에게 패스 후 골문으로 달려 들어가 다시 패스 받아 슛한다.

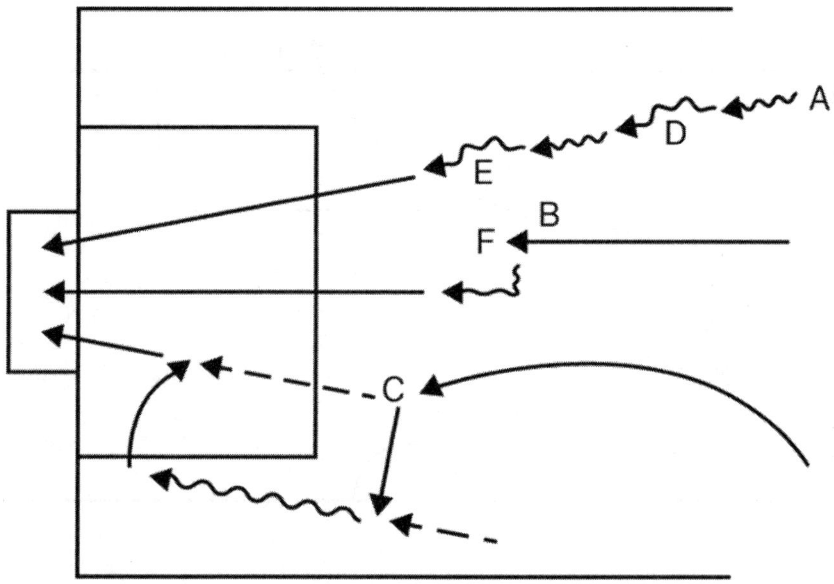

13) 손흥민 전매특허 슛

• 손흥민 선수는 2017년 9월 현재 한국 최고의 축구 선수다.
토트넘에서 지금보다 더 큰 성공을 보여주기를 응원한다.
그리하여 한국 축구선수들의 유럽 진출에 크게 도움이 되기를 기대한다.

• 손흥민 선수의 전매특허 슛이다. 자주 이렇게 득점을 올리곤 한다. 단순하고 간결하지만 매우 효과적인 슛이다. 왼쪽 터치라인을 치고

올라가다 수비를 돌파하고 중앙으로 드리블하면서 슛한다.

- 인스텝슛도 좋고, 오른발 아웃프런트로 먼 골포스트 안쪽 상단을 노려도 좋다.
- 오른쪽 터치라인에서도 연습한다.

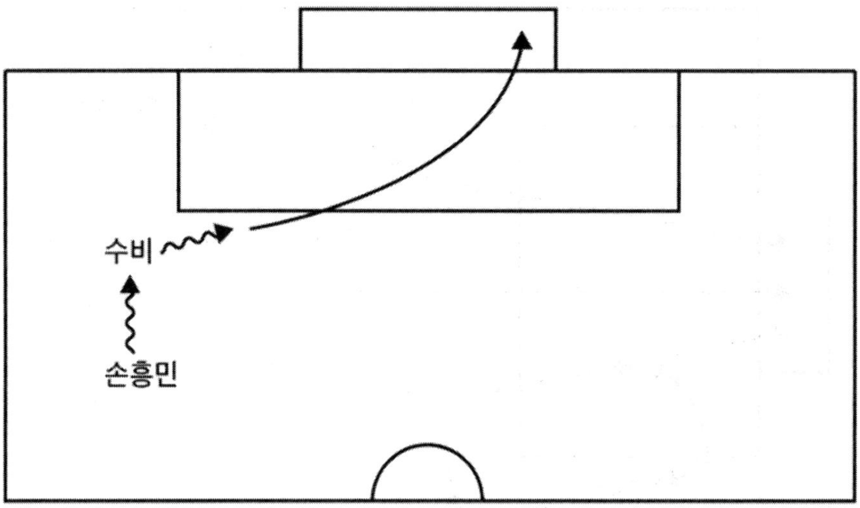

14) 수비 두 다리 사이로 슛

- 굳이 수비를 돌파하지 않고도 얼마든지 슛할 수 있고 득점할 수 있다. 수비를 앞에 두고 슛하는 매우 실전적이고 효과적인 슛이다.
- B는 패스 받아 드리블 하다 수비를 앞에 두고 슛하는 동작을 취한다.
- 이때 수비가 왼발을 들어 슛을 막으려고 할 때 수비의 디딤발(오른발)과 슛을 막기 위해 든 발(왼발) 사이의 공간으로 슛한다.
- 드리블하다 이처럼 슛할 때 디딤발을 최소 90도 이상 꺾어서 놓으면 득점에 유리하다. 연습해보면 이걸 실감하게 된다.

• 이때 수비는 할 수 있는 게 없다. 디딤발(오른발)을 옮겨 디딜 수도, 든 발(왼발)로 슛을 저지할 수도 없다.
• 위치를 바꾸어서도 슛한다.
• 슛 동작(슛 페이크)의 두 동작 사이에 간격을 둔다. 유도동작(속임수 동작)과 본 동작은 0.06~0.1초 사이에 이뤄지는 게 효과적이다. 이 두 동작이 0.04초 이내의 찰나이면 수비는 두 동작을 구분하지 못하고 하나로 본다. 그래서 첫 번째 동작, 즉 유도동작에 대한 반응을 보일 수 없다.

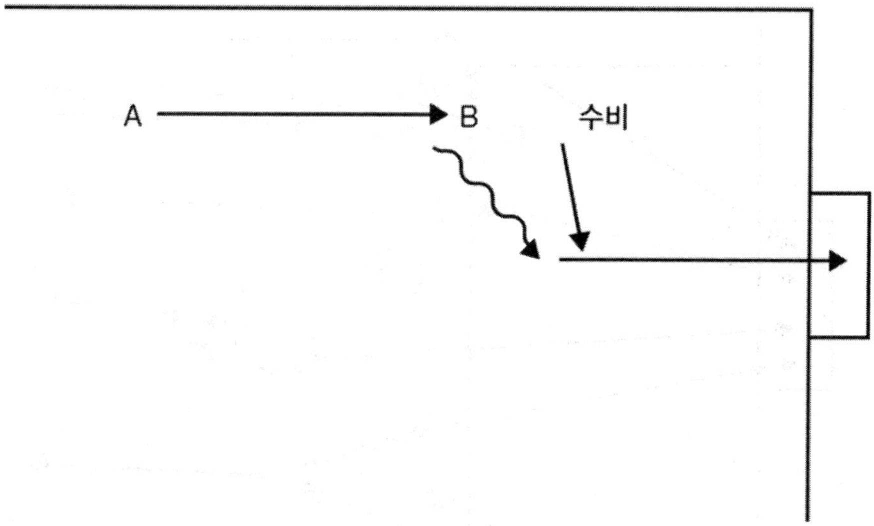

15) 스트라이커 개인 역량에 의한 슛

스트라이커 개인 기량으로 수비를 허물고 슛하는 연습이다.
• A1 : B가 앞으로 나오면서 A1의 패스를 돌려주고 몸을 둥글게 열면서 수비 뒤로 돌아나가 다시 패스 받아 논스톱 슛한다.

• A2 : B가 수비 뒤로 돌아나와 A2의 패스를 하프 턴하면서 첫 터치로 인사이드로(크루이프턴) 대각선으로 밀어 놓고 순간 접근하여 슛한다.

• A3 : A3의 패스를 오른발 인사이드로 터치하여 2m 정도 드리블하다 오른발 발바닥으로 뒤로 끌어 당겨 움직인 후 오른쪽으로 뒤돌아서서 접근하여 왼발 슛한다.

경기 중에는 수비를 달고 나오면서 최대한 빨리 슛한다.

• A4 : B가 체크 후 A4의 패스를 안쪽으로 가져가면서 드리블 하다 순간에 슛한다.

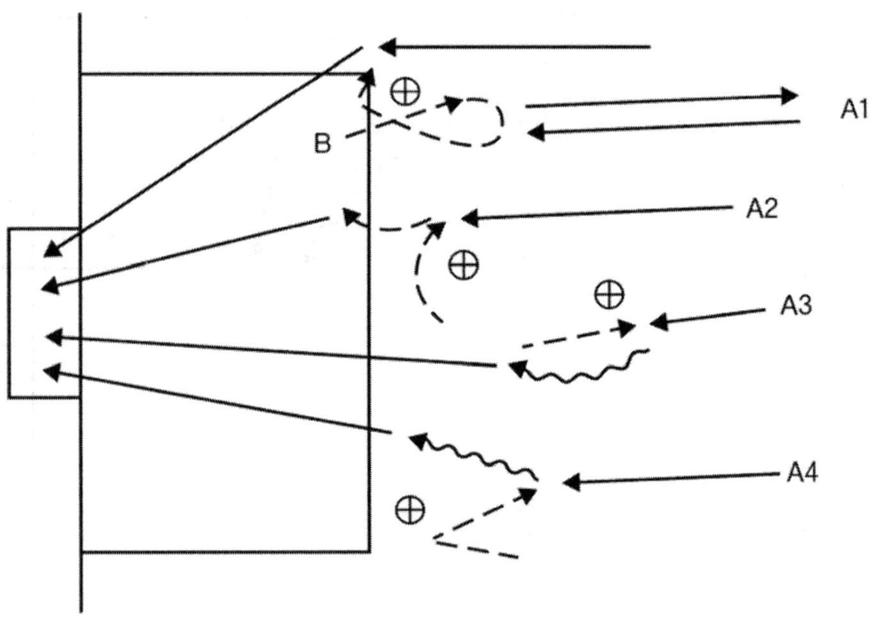

16) 2 : 1 슛 게임

• 두 골문 사이는 40m, 가와 아 사이는 25m.

• A가 아에게 패스하자마자 가가 달려가 수비한다.
아는 가를 돌파한 후 전진해온 A에게 패스하고 A가 논스톱 슛한다.
슛한 후에 가는 라 뒤로, 마는 아 뒤로, A는 D 뒤로 간다.
• 아가 가를 드리블 돌파하여 직접 슛해도 좋다.
• 이번에는 E가 나에게 패스하고 사가 저지하러 나온다.

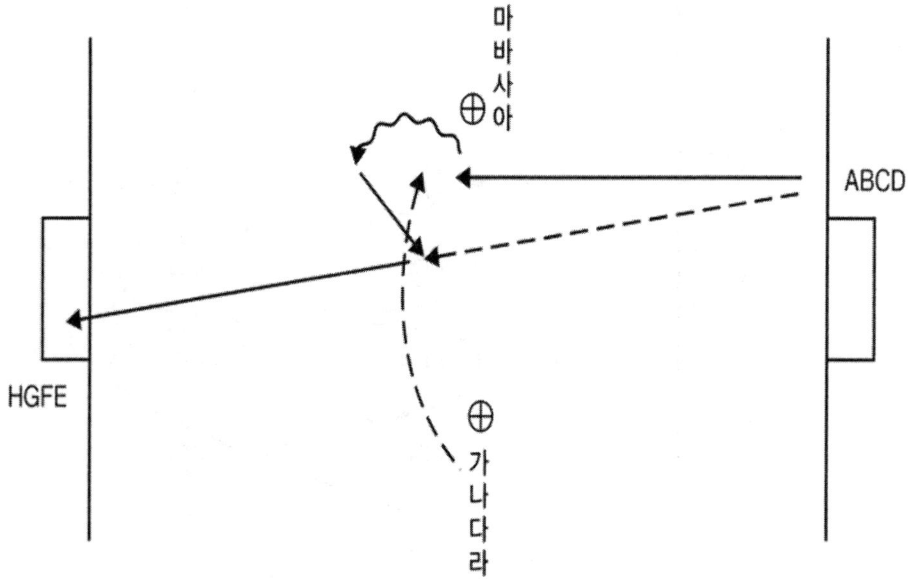

17) 지그재그로 달리면서 신속하게 슛

• 빠른 드리블로 수비의 방해를 이기고 슛하는 연습이다.
• A, B, C, D 뒤에는 3명의 선수가 대기하고 있다.
볼을 가진 A가 B열의 두 번째 볼을 통과하자마자 B는 슛을 방해하러 지그재그로 달린다.
• A가 빠른 드리블로 B가 추격해오기 전에 슛한다.

- A가 슛하자마자 맞은 편의 볼 가진 C가 출발하고 D는 B처럼 움직인다.
- 4명이 슛을 마치면 A열과 B열, C열과 D열은 역할을 바꾸어 연습한다.

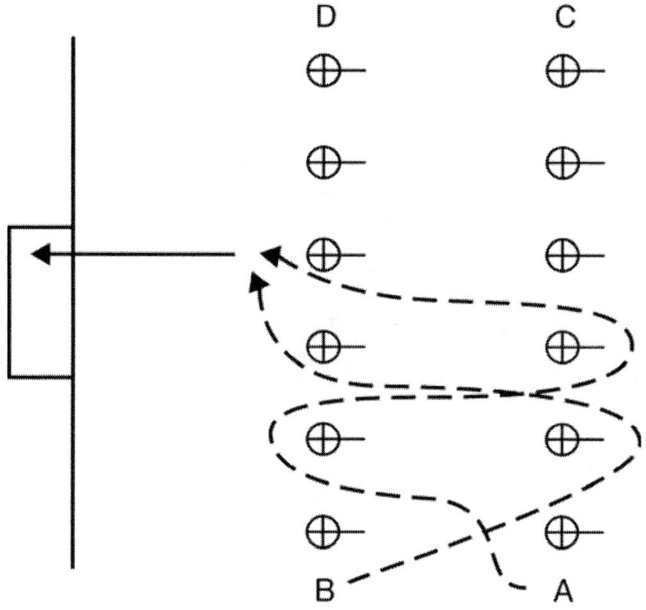

18) 득점을 쉽게 잘하는 슛

- 이 연습의 핵심은 A가 B를 돌파하지 않고 슛하는 것이다.
  슛 각도가 있으면 굳이 수비를 완전히 돌파하지 않고도 얼마든지 슛할 수 있다. 반 박자 빠른 슛이기에 골키퍼가 준비할 수 있는 시간이 그만큼 줄어든다. 결과적으로 반 박자만큼 빠른 슛 타이밍이 득점 가능성을 성큼 높인다.

• A가 슛하기 위해 드리블하고 B가 저지하러 나온다.
A는 B를 완전히 돌파하지 않고 B와 동일선상에서 슛한다.

• 위치를 바꾸어 A가 오른쪽에서 출발하여 왼발로 슛한다.

• 왼발 오른발 각 20회 슛한 후 B와 역할 교대.

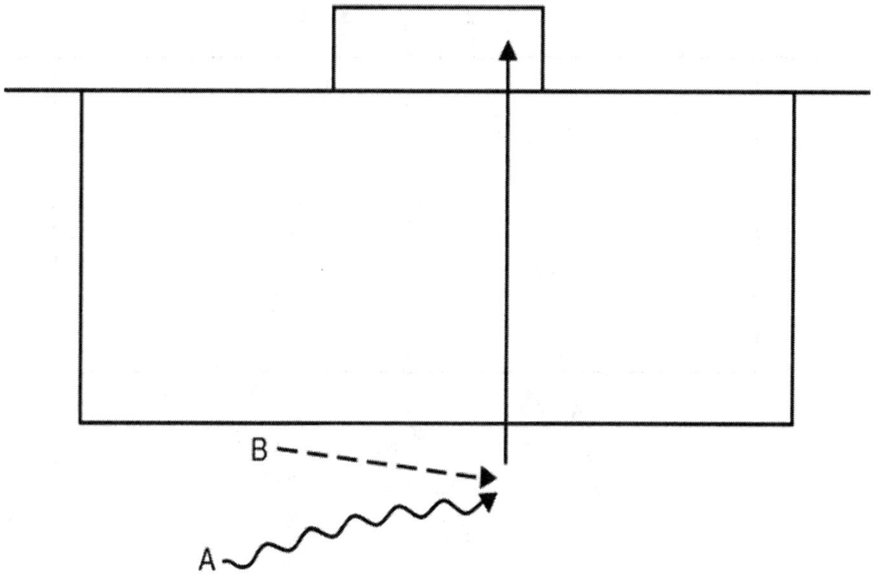

19) 5 가지 슛 패턴 연습

• 패턴 1 : B가 콘 왼쪽에 연속적으로 볼을 놓아주고 A가 10번 슛한다.
이어 위와 같이 하되 방향을 미리 정한 후 슛한다.
첫 번째 슛은 왼쪽 골포스트 하단, 두 번째는 상단, 세 번째는 오른쪽 골포스트 하단, 네 번째는 상단이다.
이렇게 12회 슛한 후 B는 볼을 콘 오른쪽에 연속 놓아주고 이렇게 슛한다.

• 패턴 2 : A는 볼을 좌우로 밀어 놓고 자유롭게 맘껏 슛한다.
• 패턴 3 : 드리블하다 스텝 오버 후 콘 오른쪽(두 번째는 왼쪽)으로 나와서 슛한다.

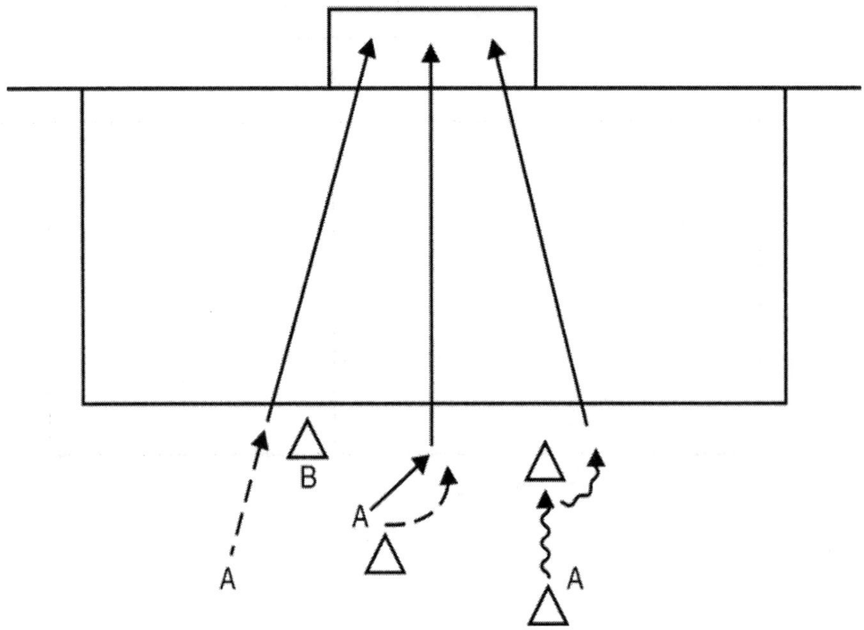

아래의 두 연습은 인프런트로 커브를 그리며 들어가는 슛 연습이다.

• 패턴 4 : A가 두 콘 앞으로 볼을 보내고 접근하여 오른발 인프런트로 맞은 편 골포스트로 향해 휘어 들어가는 슛을 한다.
  20회 실행 후 두 콘이 위치를 바꾸어 왼발 인프런트로 20회 슛한다.
• 패턴 5 : A가 볼을 등지고 있다가 오른발 아웃사이드로 볼을 이동시키고 접근하여 왼발 인프런트로 20회 슛한다. 이후 오른발로도 20회 슛.

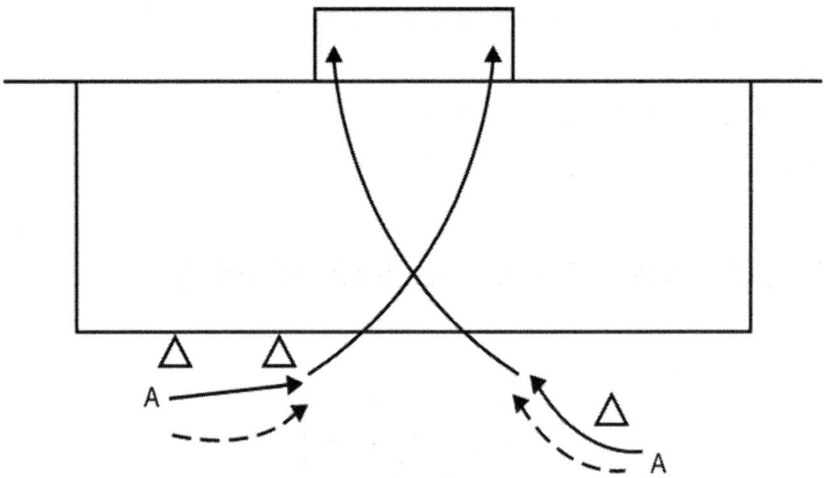

20) 두 명의 수비를 돌파하고 슛하는 윙어

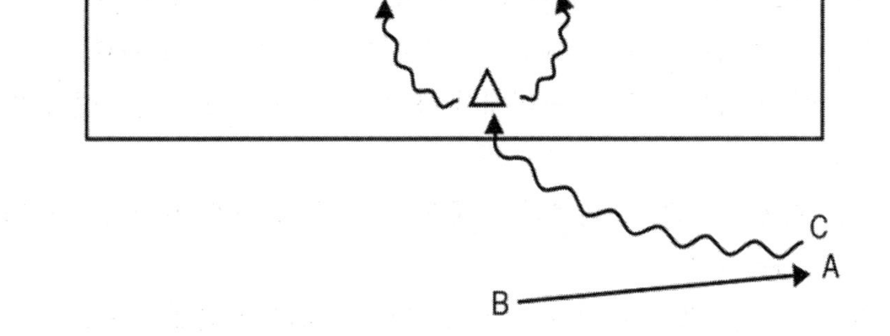

- 윙어 A가 B의 패스를 받아 수비 C와 D를 돌파하고 슛한다.
- A는 패스가 오는 순간에 돌파에 사용할 드리블 기술을 미리 선택해야 한다.
- 맞은 편 구역에서도 연습한다.
- 좌우 각 10회 연습 후 B와 역할 교대.

21) 최고의 반응 스피드를 이끌어내는 다양한 슛

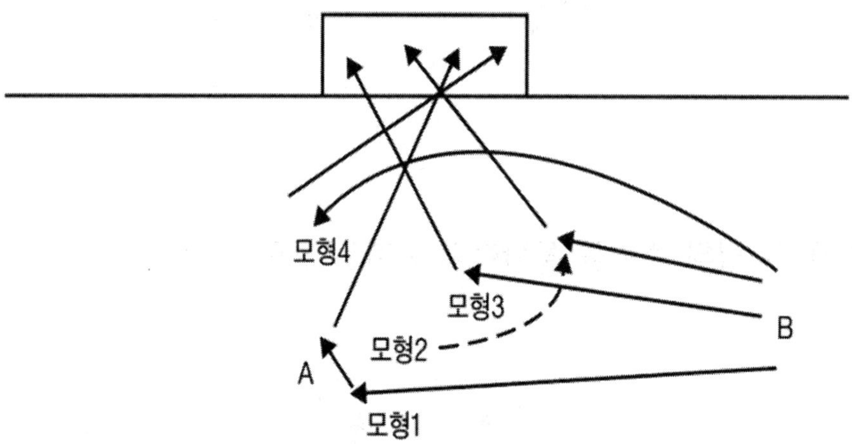

- 4개의 마네킹(모형)을 사용한다.
  슛은 논스톱 슛을 장려한다. 최대 투 터치 슛으로 제한한다.
- 경기 상황이다. A는 최대한 스피드하게 움직이면서 슛한다.
  패스를 기다릴 때는 제자리에서 또는 주위를 가볍게 달리면서 대기한다.
- B는 다양한 코스로 땅볼과 공중볼을 보낸다. 이때 헤딩슛이나 발리슛도 가능하다.
- A는 패스된 볼을 터치하기 전에 반드시 미리 선택해야 한다.

논스톱 슛이냐, 투 터치 슛이냐?

슛의 방향과 높이는?

투 터치 슛의 경우 첫 터치는 몸의 어느 부위로 어떻게 하는가?

- A가 좌우에서 오는 볼을 각 10회식 슛한 후 역할 교대.

22) 달려 나오는 수비를 돌파하고 슛

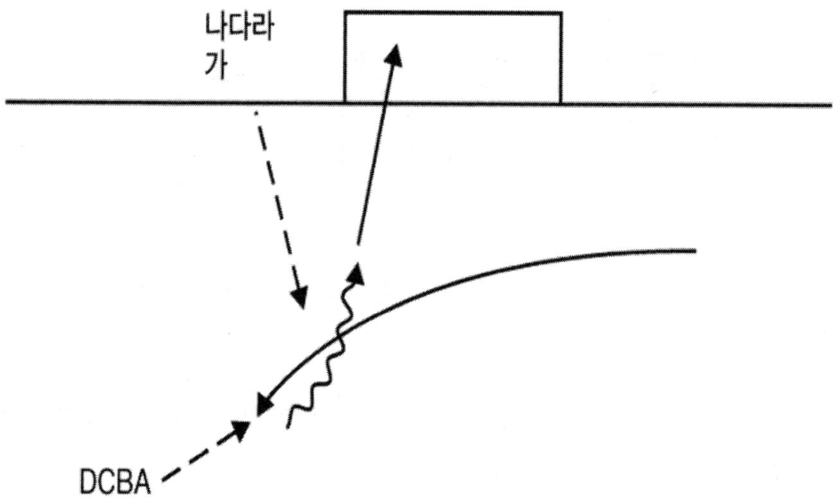

- A가 크로스 받아 달려 나오는 수비 가의 방해를 돌파하고 슛한다. A와 가는 줄의 뒤로 간다.
- 이어 나가 크로스 보내고 맞은편의 선수들이 위처럼 연습한다. 맞은편에도 이와 같은 대형의 선수들이 포진하여 순차적으로 연습한다.
- 공중볼의 정확한 컨트롤, 신속한 돌파, 정확한 슛 방향 선택과 스피디한 슛을 한다.

23) 슛하고 수비로 전환하기

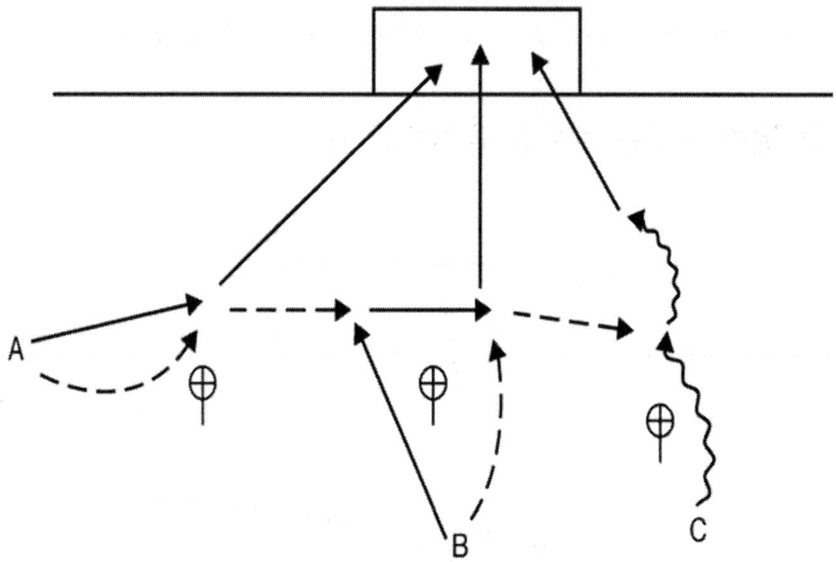

• A가 스스로 볼을 밀어 놓고 달려가 슛한 후 B의 패스를 리턴 한다.

• B가 패스 받아 논스톱 슛한다.

• 이어 B는 달려가면서 수비로 전환한다.
C는 드리블로 수비 B를 제치고 슛한다.

24) 2 가지 유형의 슛

• B그룹에게 땅볼 패스하고 달려 나가 리턴패스 받아 논스톱 슛한다.

• A그룹의 한 선수가 패스 받는 순간 B그룹의 대기 선수가 달려 나가 수비의 역할을 하고, 이 선수를 드리블 돌파 후 슛한다.

• 이 외에도 다양한 방법을 만들어 슛한다.

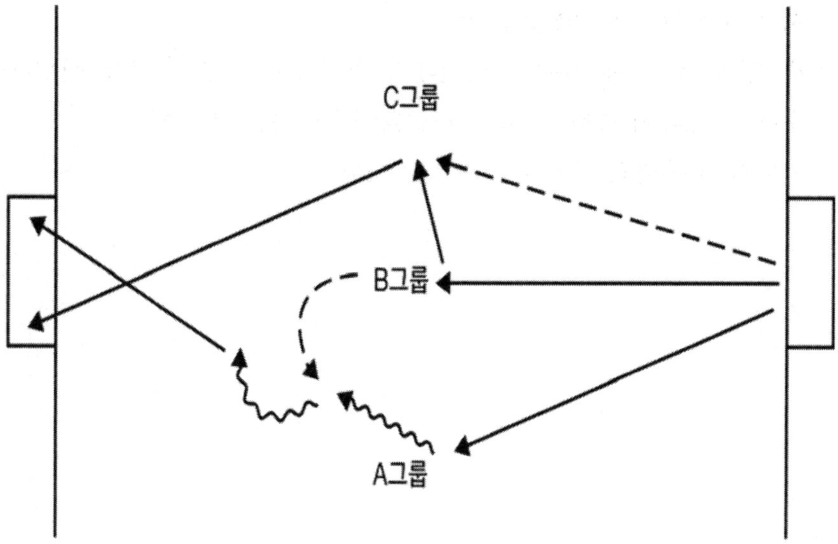

25) 루이스 수아레스처럼 슛하기

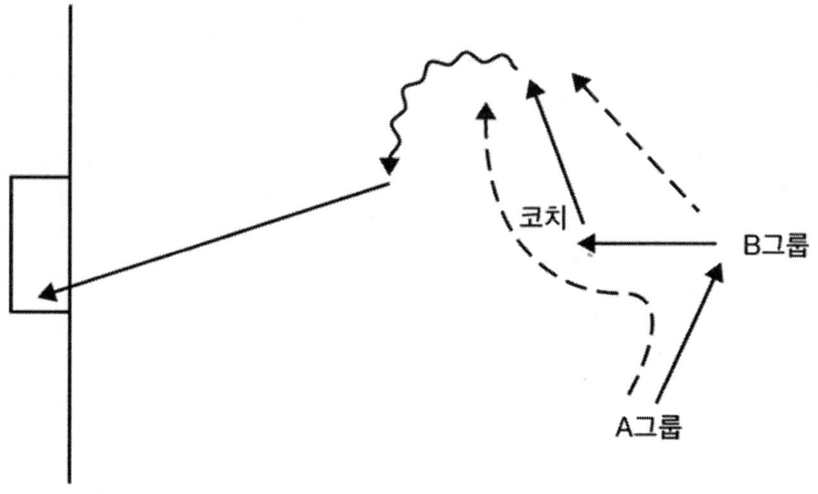

- A그룹의 첫 번째 선수가 B그룹의 첫 번째 선수에게 패스내고, 점선 처럼 움직여 수비 역할을 한다.
- B그룹의 첫 번째 선수는 리턴패스 받아 2가지 중 하나를 실행한다. 수비가 아직 방해하러 도착하지 않았으면 논스톱 슛한다.
  수비가 방해하면 드리블 돌파 후 슛한다.

5 중장거리 슛

1) 정지된 볼 연속 슛하기

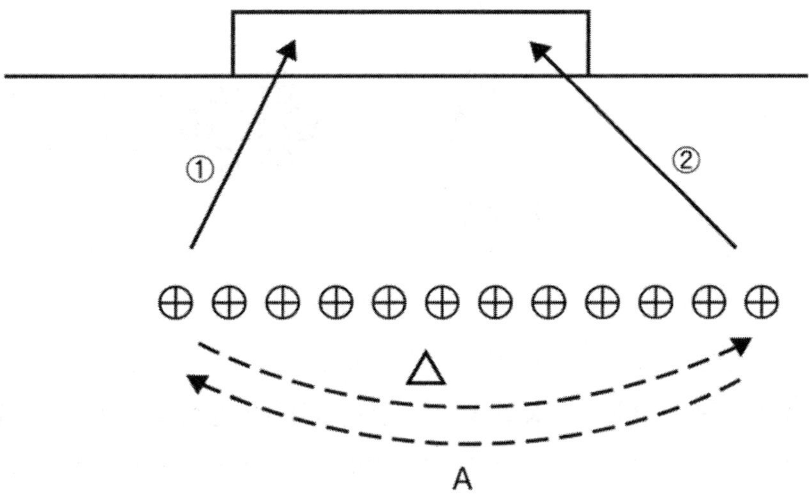

- 2인 1조, 볼과 골라인과의 거리는 11~13m, 콘과 골라인과는 13~15m.
- 슛하는 방법은 3가지다.
  그림처럼 콘 좌우로 달리면서 슛, 오른쪽에서 왼쪽으로 가면서 차례대로 슛, 왼쪽에서 오른쪽으로 가면서 차례대로 슛하는 방법이다.
- 1~1.5m씩 점점 뒤로 볼을 놓고 슛한다.
- 자신의 슛이 어느 정도의 거리까지 위협적인지 점검한다.

• 발의 다양한 부위로 슛한다. 모든 부위를 사용한다.
• 볼을 많이 배치할수록 연습 효과가 높기에 최소 15개 이상 배치하자.
• 응용 : 페널티아크에 볼을 20개 정도 놓고 슛한다.

2) 순차적으로 놓아주는 볼을 슛

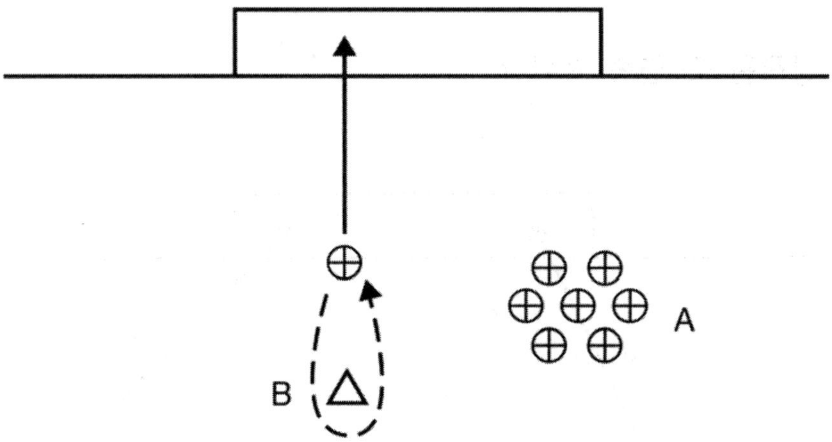

• 3인 1조, 볼과 골라인 사이는 11~20m.
B가 콘을 돌아오는 동안에 A가 볼을 하나씩 놓아주고 B가 슛한다.
• B는 콘을 왼쪽으로 돌아 15회, 이어 오른쪽으로 돌아 15회 슛한다. 왼쪽으로 돌때는 오른발로, 오른쪽으로 돌 때는 왼발로 슛한다. 이후 역할 교대.
• 스스로 슛 품질을 점검하고 성공한 슛 숫자와 득점 성공률을 헤아린다.
• 중장거리 초장거리 슛을 하려면 거기에 맞게 거리를 늘린다.

3) 크게 타원형으로 달리면서 슛

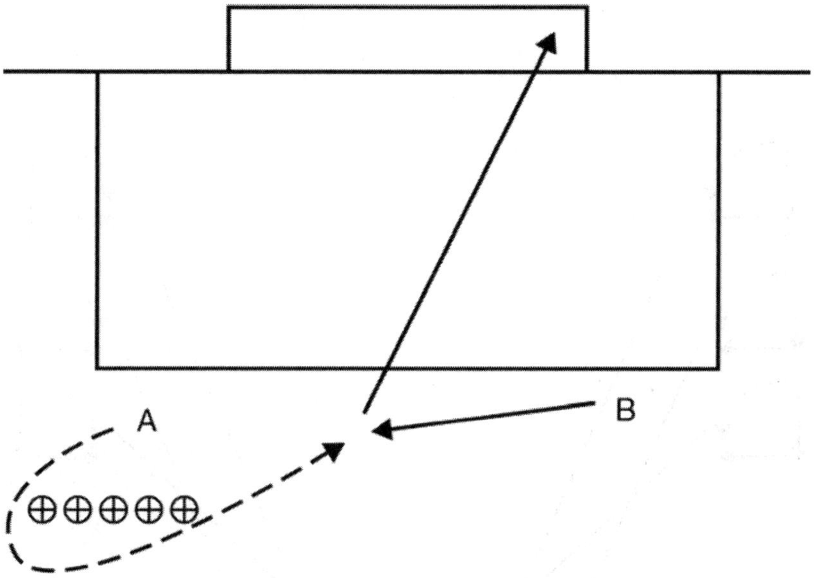

- 중장거리, 초장거리 슛 연습에 안성맞춤이다.
  강력한 인스텝슛이나 크게 휘면서 들어가는 인프런트 슛을 시도한다.
- A가 볼을 돌아 중앙으로 달리면서 B가 내는 패스에 슛한다.
- 익숙해지고 체력에 자신이 있으면 전력질주로 달리면서 슛한다.
- 20회 슛한 후 맞은 편 구역에서 20회 슛한다. 이후 역할 교대.

4) 연속 중장거리 슛

- 3인 1조, B는 A의 패스를 받아 연속해서 슛한다.
- 중장거리 슛이다. 첫 번째 슛은 골문에서 35~40m, 두 번째 슛은 30~35m, 세 번째 슛은 25~30m 정도 볼이 비행하도록 한다.
- 한 쪽에서 연속 3회 슛하고 건너편으로 이동하여 슛한다.

좌우 각 12회씩 슛한 후 역할 교대한다.

• 체력 훈련을 겸한 슛 연습을 하려면 횟수와 거리를 늘린다.
• 골키퍼는 철저하게 막아내고 슛 횟수와 득점수를 계산한다.

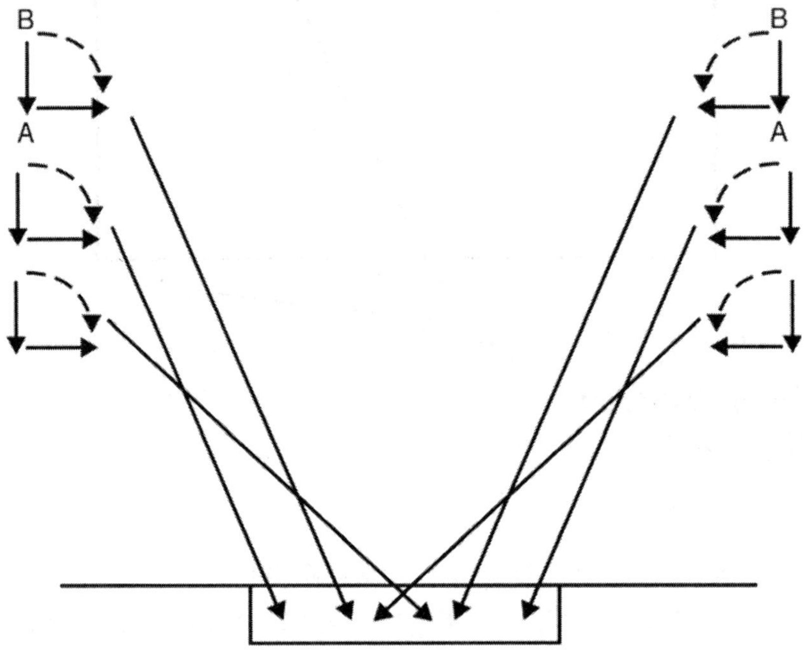

5) 원 터치 패스 & 원 터치 슛

• 정확한 볼 컨트롤과 신속한 슛이 목표다.
• 페널티박스 우측에서 A에게 공중볼 또는 땅볼 보내고, A는 원 터치로 가에게 어시스트한다. 가가 슛한다.
• 이어서 페널티박스 좌측에서 가에게 패스하고, 가는 원 터치로 A에게 어시스트하고 A가 슛한다.

• 한 번 슛하고 어시스트한 A와 가는 줄 뒤에 자리한다.
• 이어 B와 나가 이처럼 연습한다.

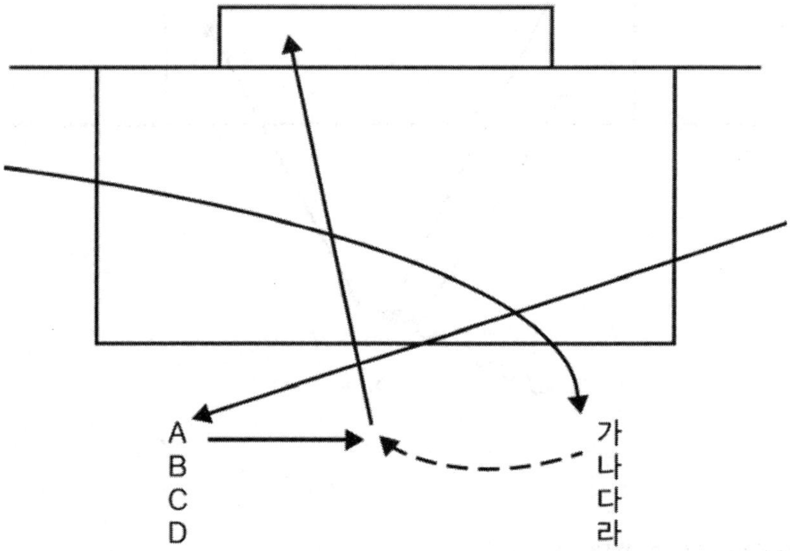

6) 벽에 자유롭게 슛하기

• 혼자서 하는 연습이다. 자신의 슛 자세와 동작을 스스로 점검하는 게 목표다.
  슛하는 거리는 13~15m(조정 가능)다.
  드리블하다 슛하기 좋도록 비스듬히 밀어 놓고 이 지점에서 슛한다.
• 반드시 미리 방향(도달점)을 정해 놓고(선택한 후) 슛해야 한다.
  즉, 실행(슛) 이전에 선택(방향, 목표점)이 있어야 한다.
  그리고 정확성을 스스로 점검해야 한다.
• 적당한 벽이 없으면 골문 뒤에서 슛한다.

• 좌우 각 20회씩 슛한 후 다음 연습으로 나아간다.

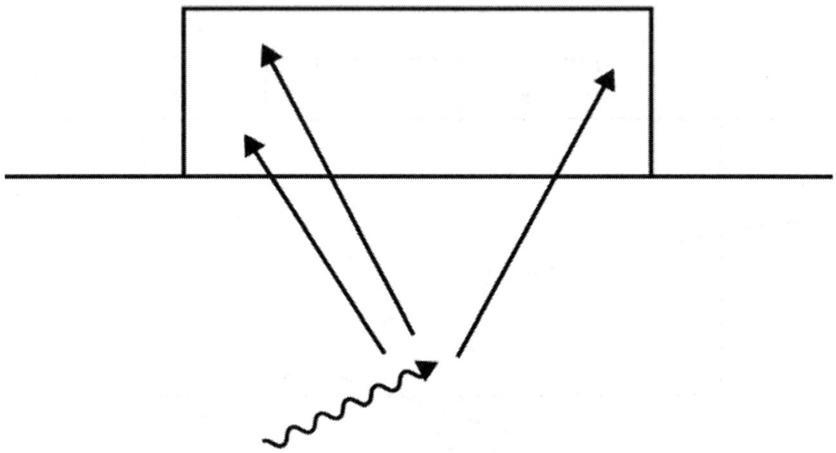

7) 정확하고 계획적인 슛

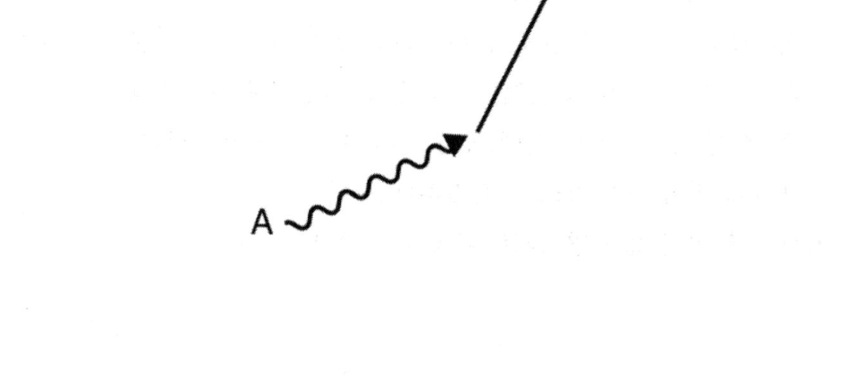

• 10cm 정도 폭의 색깔있는 고무줄로 그림처럼 골문을 네 구역으로 나눈다. 쉽게 만들 수 있다.
• A가 드리블하다 구역을 정하고, 그 구역으로 슛을 통과시킨다.
• 필요하면 수비 1명을 배치하여 슛을 방해해도 좋다.

8) 자유롭게 밀어 놓고 맘껏 슛

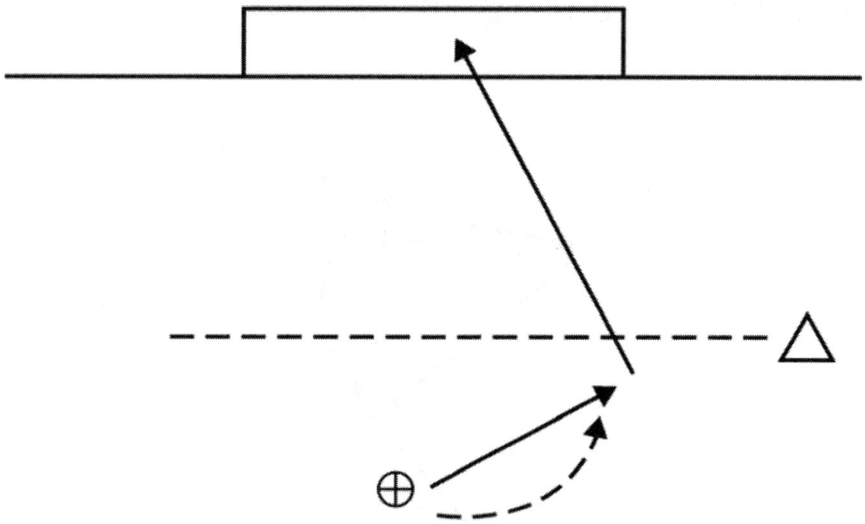

• 자유로운 중장거리, 초장거리 슛이다. 점점 거리를 늘린다.
• 2인 1조, 골키퍼는 철저하게 막아낸다.
• 좌우로 밀어 놓고 또는 드리블하다 슛한다.
• 슛은 임팩트다. 의도한 볼 부위에 정확하게 임팩트한다.

6 패스 주고 받아 슛

1) 벽 패스(wall pass)를 이어 받아 슛

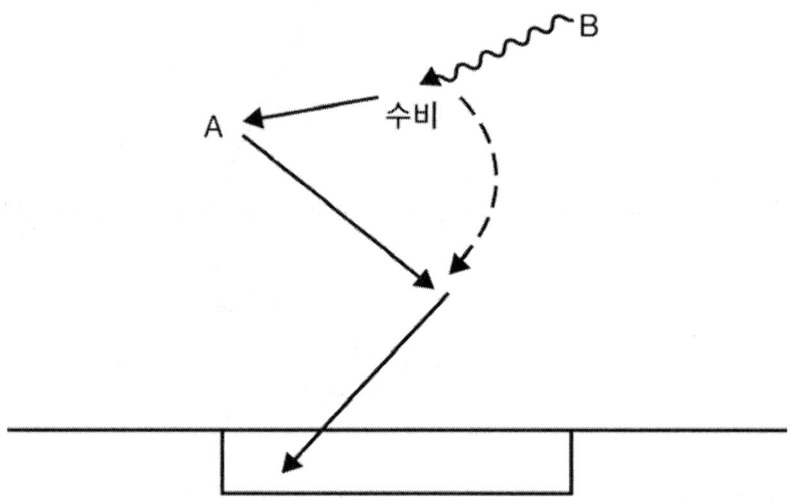

- 벽 패스는 순간적인 숫적 우위(공격 2 vs 1 수비)를 만들어 돌파하는 패스다. 거의 100% 돌파가 이루어지고 돌파하는 시간도 최단시간이다. 이게 벽 패스의 장점이다.
- 그림에서 B가 수비를 직접 돌파하려고 시도하면 돌파할 수도 있고, 볼을 뺏길 수도 있다.

거기다 드리블로 돌파하더라도 시간이 지체되어 수비를 조직할 수 있는 시간을 주게 된다.

• 두 선수가 연속적인 벽 패스도 얼마든지 만들어낼 수 있다.

2) 수비 머리 위를 지나는 벽 패스와 슛

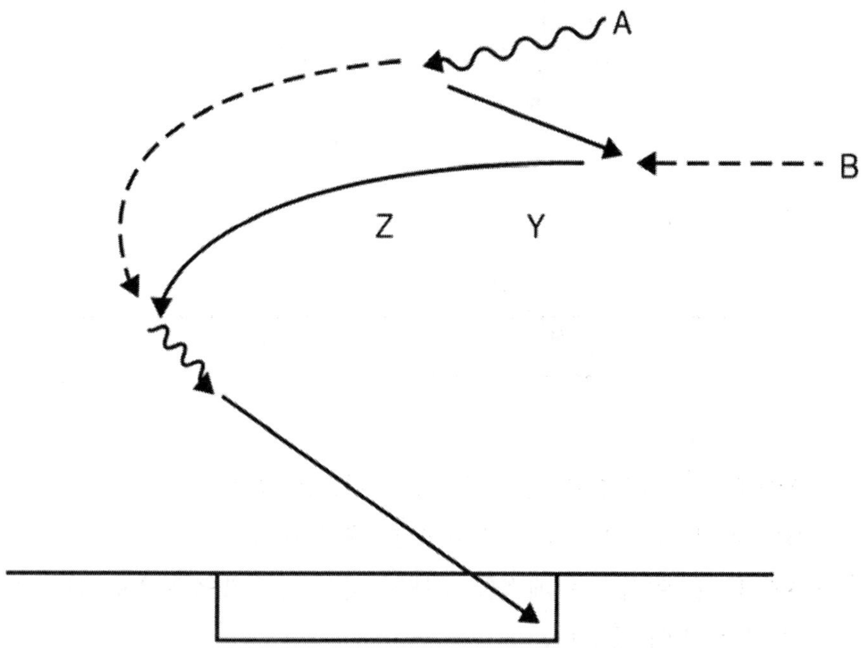

• 수비인 Z와 Y의 간격이 촘촘하여 두 수비 사이로 땅볼 패스를 할 수 없기에 볼을 띄워 수비 머리 위를 넘긴다.
• A는 수비(Z와 Y)에 멀어지면서 크게 곡선으로 달려 공중으로 오는 볼을 잡아 슛한다.
• 왼쪽 오른쪽 모두에서 연습한다.

3) 벽 패스 받아 슛

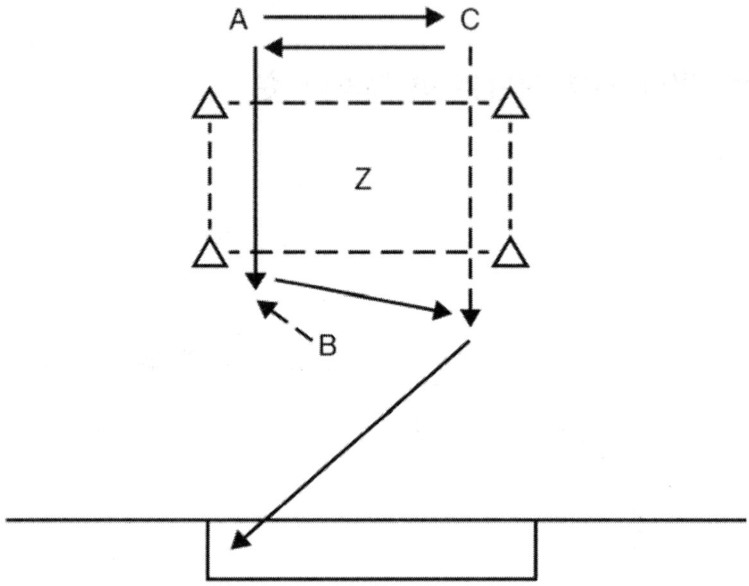

- A와 C는 패스 주고 받다 B에게 어시스트 패스한다.
  B는 뛰어나와 오는 패스를 논스톱 패스 낸다.
- A와 C 중 어시스트 패스를 보내지 않은 선수가 직진으로 뛰어 들면서 패스 받아 슛한다.
- B는 볼이 튕겨나올 때에 슛하기 위해 골문으로 달려간다.
- Z(수비)는 지정구역 밖으로 나올 수 없다.
- 난이도를 높이려면 지정구역에 수비 2명을 배치해도 좋다.

4) 2회 연속 벽 패스로 슛

- A와 C는 패스 주고 받다 B에게 어시스트 패스한다.
  B는 뛰어나와 오는 패스를 논스톱 패스 낸다.

A와 C 중 어시스트 패스를 보내지 않은 선수가 직진하여 D에게 패스 준다.

- 이어 B가 달려 나오면서 D의 패스를 받아 슛한다.
- D는 골키퍼와 수비 맞고 튀어 나오는 볼을 슛하기 위해 달려간다.
- 수비인 Z와 Y는 지정구역 밖으로 나올 수 없다.
- 지정구역을 넓혀 수비를 2명 둘 수 있다. 이때에는 수비 2명 사이를 통과하는 어시스트 패스를 적극적으로 시도한다.

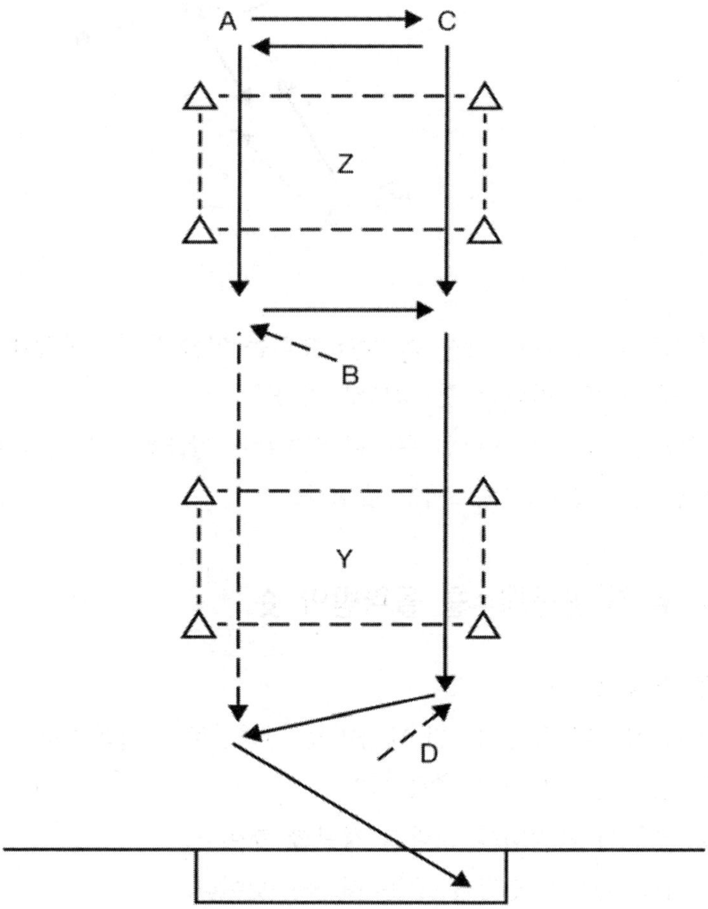

5) 4번의 연속 컴비네이션 패스 받아 슛

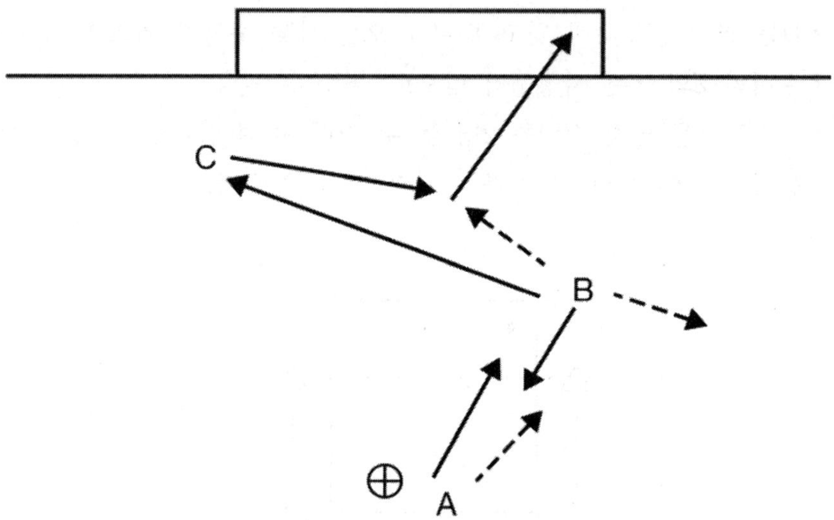

- 연속적으로 컴비네이션 패스 받아 슛하는 연습은 부분전술에 속한다. 그 종류는 무한하다고 할 정도로 많다.
- 이 연습은 그 중의 하나일 뿐이며 얼마든지 창조하여 연습할 수 있다.
- 가능한 논스톱으로 패스하고 슛한다.

6) 패스 후 긴 공중패스를 돌려받아 슛

- 아주 역동적인 슛이다.
  이렇게 장거리 공중패스를 내자마자 전력질주로 달려가서 다시 볼을 받는 움직임을 본 적이 있는가?
  관중들이 이 움직임에 놀라고 경탄할 것이다.
  한마디로 뜻밖의 영감을 주는 패스와 슛이다.
- B가 A에게 최소 45m 이상의 장거리 공중패스를 내고, 전속력으로

다가가 다시 볼을 패스 받아 드리블 하다 슛한다.
가능한 빨리 슛한다.

• 이후 왼쪽 터치라인에서, 오른쪽 터치라인에서, 센터링으로 공중패스를 투입하고 B가 위와 같이 슛한다.

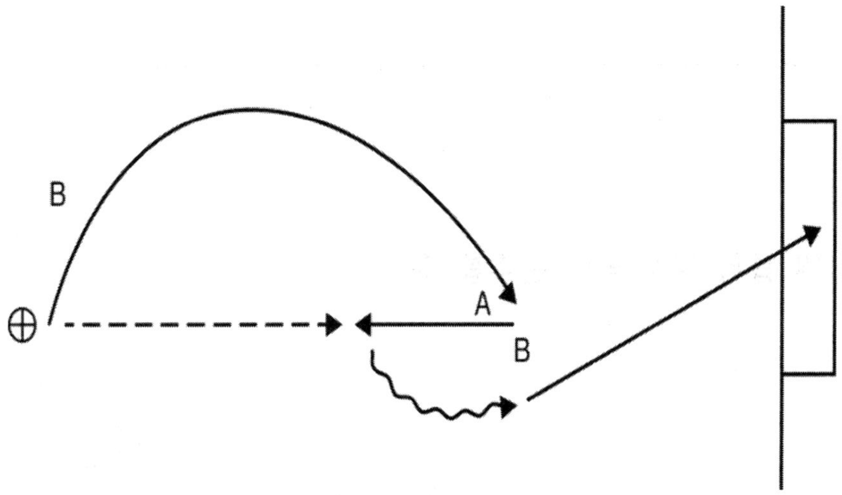

7) 반원패스하다 논스톱 슛

• 3인 1조. B는 제자리에서 인사이드로, A는 반원으로 달리면서 인스텝으로 한 번에 주고 받다가 B가 A에게 "슛"이라고 말하면 즉시 슛한다.
• 슛할 때 A의 딛는 발이 골문 안으로(양쪽 골포스트 사이) 향해야 한다.
• 이 슛은 경기 중 수비가 대각선으로 땅볼로 걷어낸 볼을 마중 나가면서 한 번에 슛하는 상황과 같다.
• 오른발, 왼발 각 12회 연습 후 역할 교대.

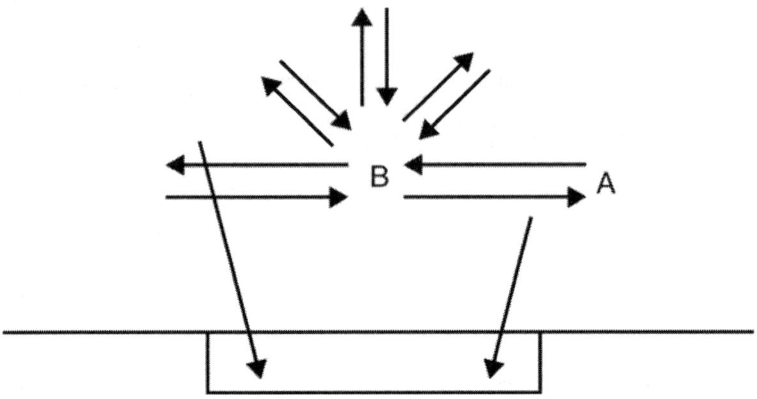

8) 원 톱의 패스 받아 논스톱 슛

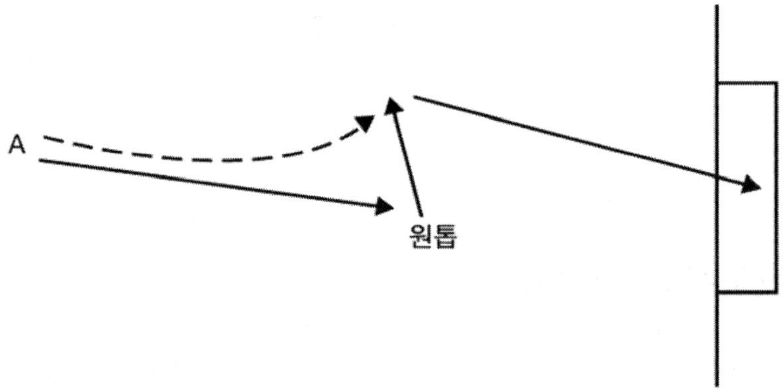

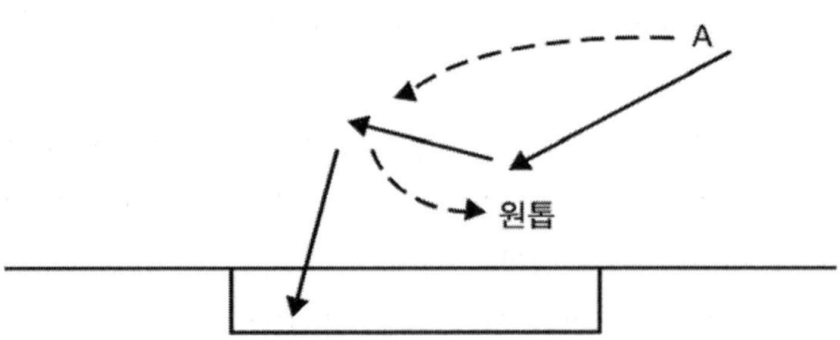

• 3인 1조, 문전에서 원 톱의 패스받아 논스톱으로 슛한다.
• A가 원 톱에게 패스내고 그 방향으로 달려가다가 어느 시점에 방향을 왼쪽으로 바꾼다. 이 직후 원 톱의 패스가 오고 논스톱으로 슛한다.
• 매우 간단하고 쉽다.
하지만 연습해보면 알겠지만, 매우 효과적인 득점 방법이다.
복잡하고 화려한 방법으로 슛 기회를 만드는 것은 거의 언제나 바람직하지 않다. 간결하고 단순할수록 효과적이다.
• 좌우 각 15회 슛한 후 역할 교대.

9) 패스 주고 다시 패스 받아 논스톱 슛

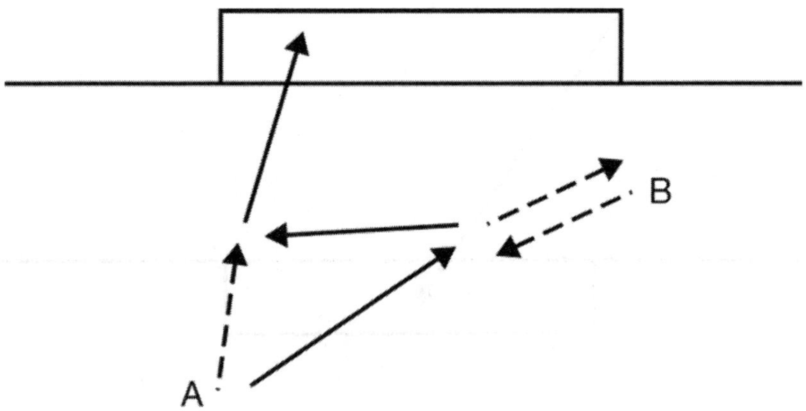

• 3인 1조, A가 패스 내고 앞으로 나오면서 패스 받아 논스톱 슛한다.
B는 움직이지 않고 패스(논스톱 또는 잡았다가) 주어도 좋다.
• 매우 실전적인 연습이다.
정확한 방향으로 슛하면 쉽게 득점할 수 있다. 인사이드 슛을 권장한다.
거리가 멀면 인스텝이나 인프런트 슛을 하자.

• '원 샷 원 킬'을 목표로 슛한다.
• 좌우에서 각 20회 슛한 후 역할 교대.

10) 수비를 뒤에 둔 스트라이커의 패스 받아 슛

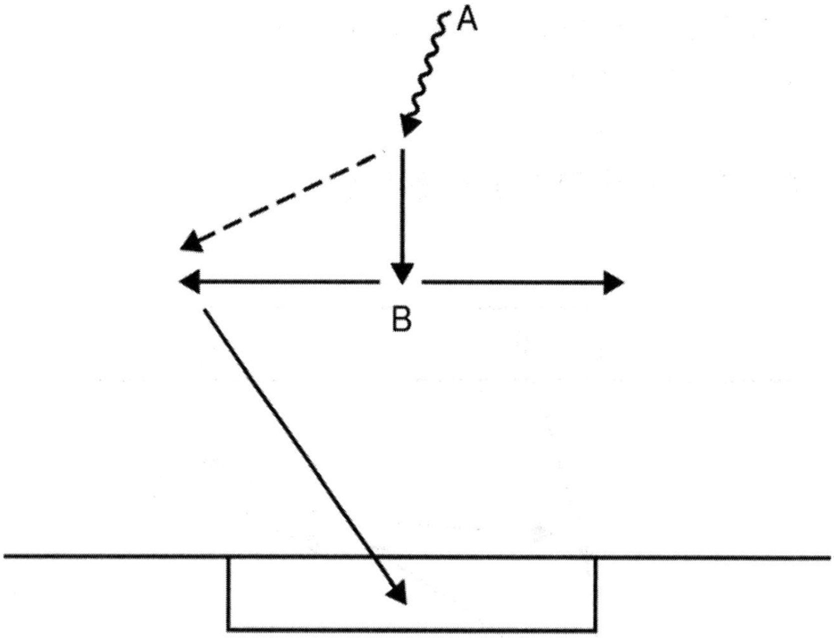

• 매우 쉽다. 간결하다. 수비 방해 없이 맘껏 슛할 수 있다. 정확하게 임팩트하면 바로 한 골이다.
• A가 드리블하다 수비를 등지고 있는 스트라이커 B에게 패스하고 리턴 받아 슛한다.
• A는 패스내고 한 방향을 선택해서 달려 들어가면서 B의 패스를 그 방향으로 유도한다.

11) 2 가지 타입의 슛

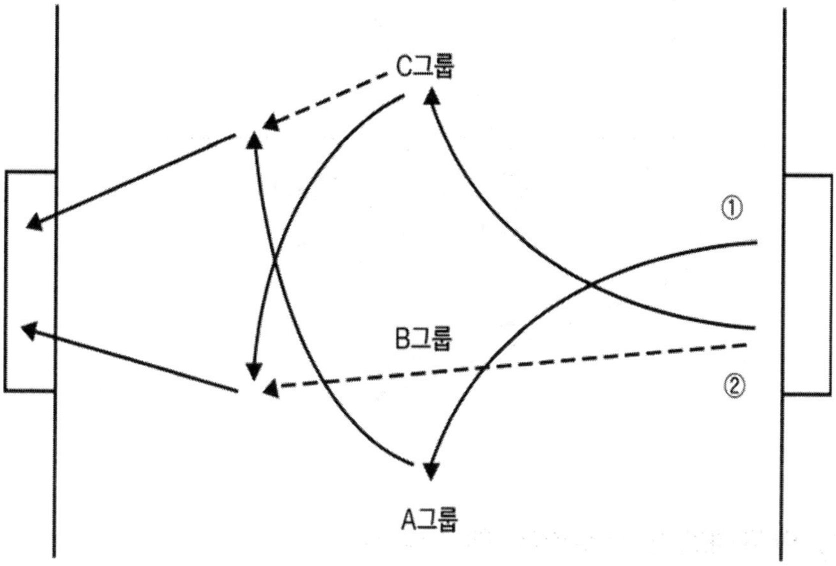

- 경기장의 1/2 구역을 사용하며 골문은 2개다.
- 1의 움직임 : A그룹의 첫 번째 선수에게 패스를 내고, 이 선수는 볼 컨트롤 후 대각선으로 공중패스 낸다.
  C그룹의 첫 번째 선수가 달려오면서 논스톱 발리 슛한다.
- 2의 움직임 : C그룹의 두 번째 선수에게 패스하고 골문으로 달려 나가 센터링 받아 논스톱 발리 슛한다.

12) 아구에로가 능숙하게 해내는 슛 1

- A가 C에게 패스하고 난 후 뒤로 반원형으로 물러나다가 C가 패스내면 신속하게 접근하여 슛한다.

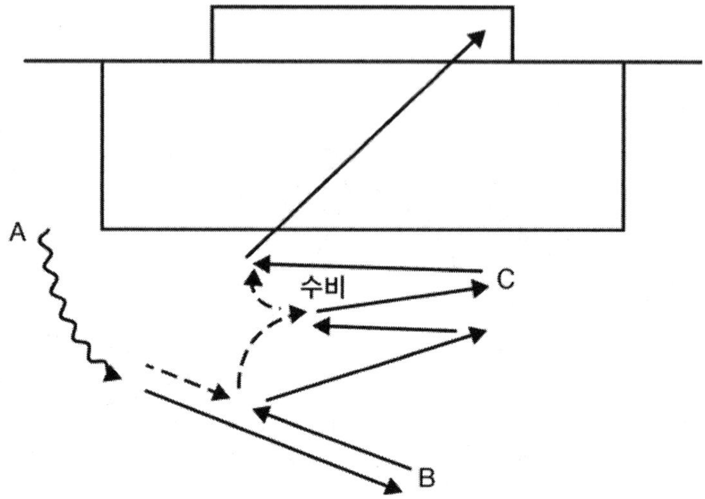

13) 아구에로가 능숙하게 해내는 슛 2

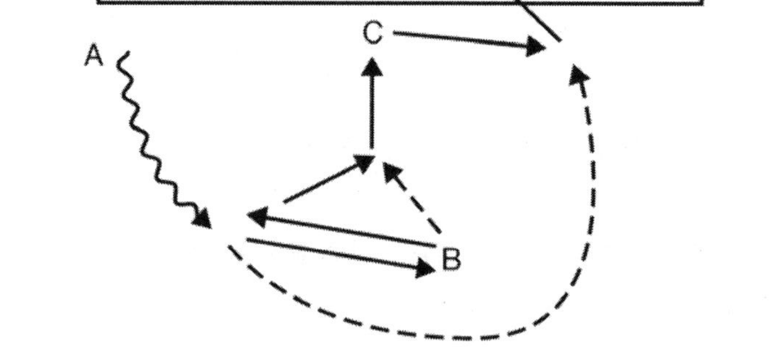

• A는 B에게 패스하고 B를 돌아나가 C의 패스를 논스톱 슛한다.

14) 2번 연속 슛하기

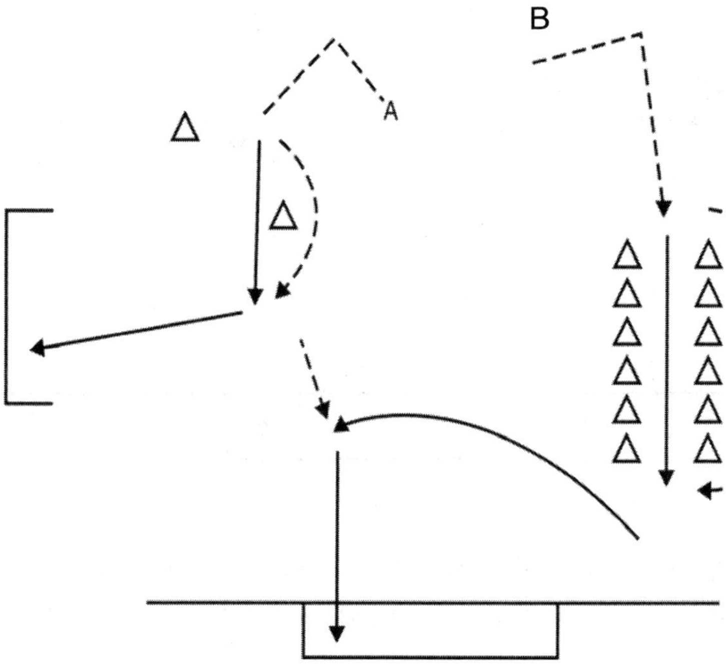

• 2개의 골문을 사용한다. 코치의 신호에 맞춰 A와 B는 볼을 킥하고 자신은 바깥쪽을 돌아서 볼을 따라 잡는다.
• B가 볼을 따라 잡기 전에 A가 슛한다.
• 이후 볼을 따라 잡은 B가 보낸 크로스를 향해 A가 슛한다.
크로스에 대해 중간에 잠시 기다렸다 들어가는 방법과 곧장 달리는 방법 모두 연습한다.
• A는 20회 연습 후 B와 역할 교대.

– 스트라이커 파워 연습 메뉴 100 / 시미즈 히데토 / SRM / p.91

15) 자유로운 위치에서 패스 받아 슛

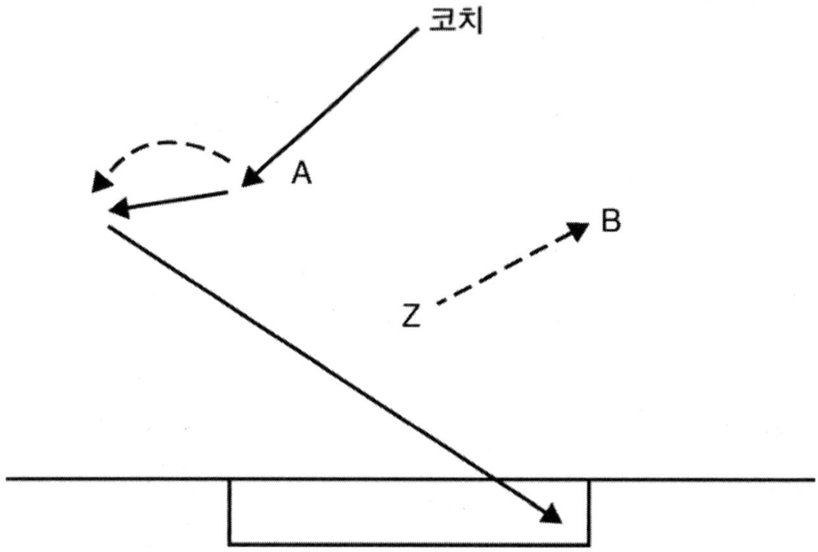

• 코치의 신호에 따라 Z는 A나 B를 수비하러 앞으로 나간다.

• A와 B 중 Z가 방어하지 않는 선수가(그림에서 A) 코치의 패스를 받아 뒤돌아서자마자 슛한다.

• 일정 횟수 슛한 후 A와 B는 위치를 바꾸어 연습한다.

16) 코너 플래그 부근에서 만드는 인프런트 슛

• A가 패스받아 먼 쪽 골포스트 그물을 겨냥하여 인프런트 슛을 한다. 이외에도 2가지 선택이 가능하다.

• 하나는, 쇄도하는 C에게 공중볼을 보내고 C가 발리 슛한다.

• 또 하나는, C가 건드리지 않아도 골문으로 들어갈 것 같은 궤도로 센터링을 올리고 C가 슛한다.

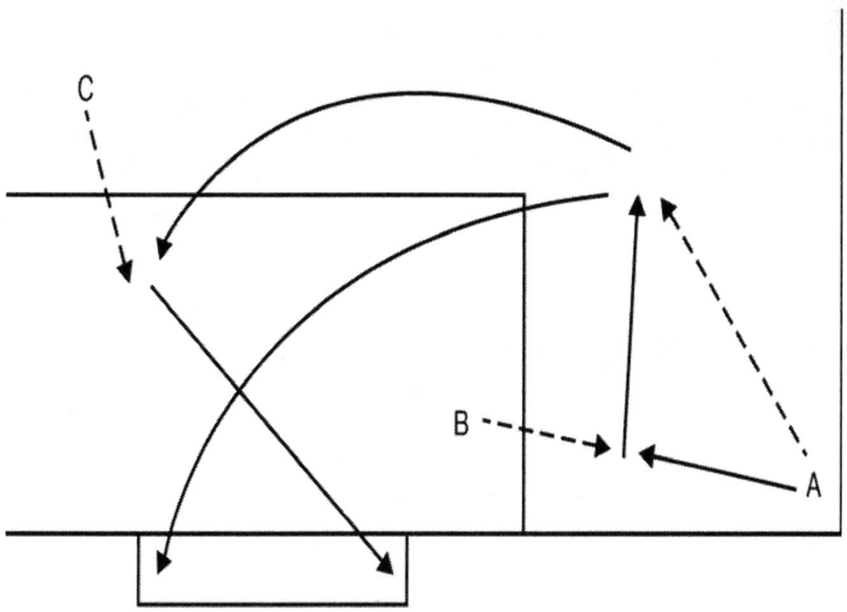
C
B
A

7 패스 받아 슛

1) 스트라이커의 발바닥 어시스트 받아 슛

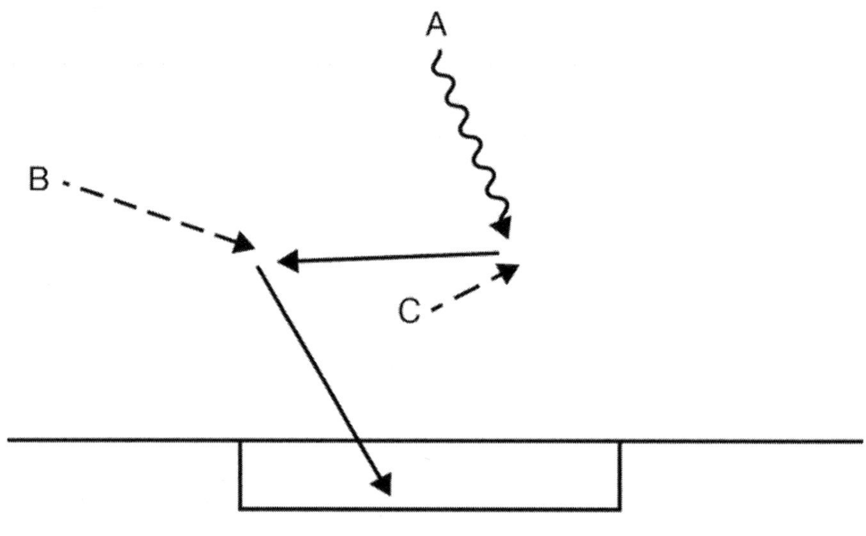

• 슛 기회를 가능한 빠르게, 단순하게, 간결하게 만들어야 한다.
이게 최고 수준의 슛 기회를 창출하는 방법이다. 그런데 이걸 제대로 못하고 있다.
불필요한 화려함이나 복잡한 패스와 동작은 실패 가능성만 높일 뿐이다.

실수가 많아지고 상대팀에게 수비를 조직하고 위험지역을 커버할 수 있는 시간을 줄 뿐이다.

자연스럽게 슛 기회를 만들기 어렵고 득점 가능성이 줄어든다.

왜 계속 이래야 하는가?

여기에 간결 단순하면서도 득점 가능성이 획기적인 슛 방법 하나를 제시한다.

- 스트라이커 A가 슛하기 위해 빠른 스피드로 드리블하고 있다.
  수비 C가 슛 기회를 주지 않기 위해 밀착 마크하고 있다.
- 이때 A가 발바닥으로 옆으로 어시스트하고 B가 접근하여 슛한다.
  수비 방해없이 자유롭게 슛할 수 있기에 득점 가능성이 매우 높은 슛이다.

2) 스피드 경쟁 우위를 통한 슛

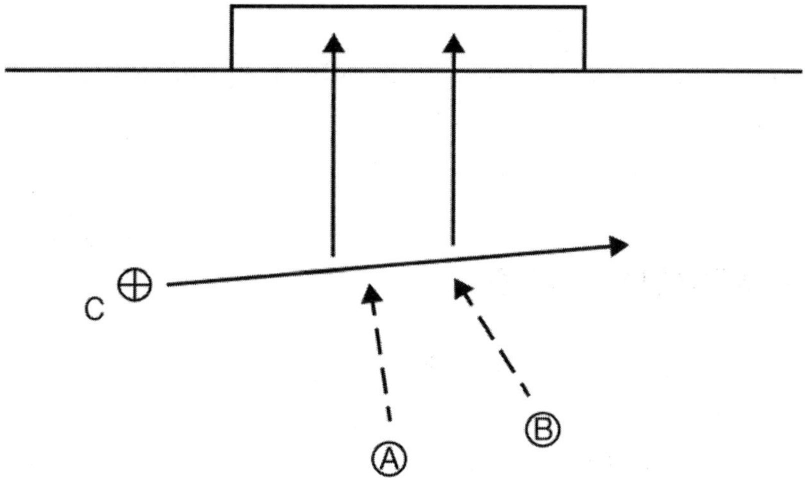

- C는 A와 B가 공평하게 경쟁할 수 있는 코스로 패스내고 A와 B가 경쟁적으로 접근하여 먼저 도달하는 선수가 슛한다.

• 공중 패스 내어 헤딩 경쟁시켜도 좋다.
• C가 20회 패스낸 후 역할 교대.

3) 신속하게 공간 침투하여 슛

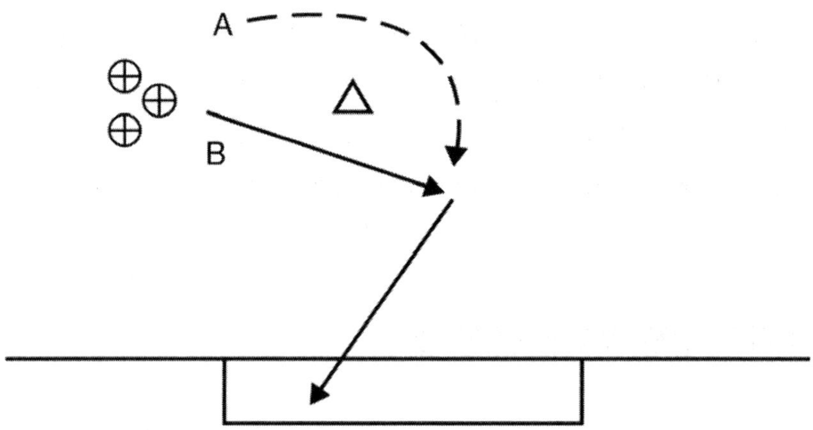

• A가 빈 공간으로 투입되는 패스 타이밍에 맞추어 수비를 돌아나가 슛한다.
• 반대 방향에서도 연습한다.

4) 콘 돌아오면서 연속 슛

• A는 다양한 위치에서 패스 낸다.
수평 위치에서, 위에서 아래로, 아래에서 위로 등 ……
• 점점 슛하는 거리를 늘린다.
• 20회 슛한 후 반대 방향에서 패스 낸다.
• B가 오른발 왼발 각 20회 슛한 후 역할 교대.

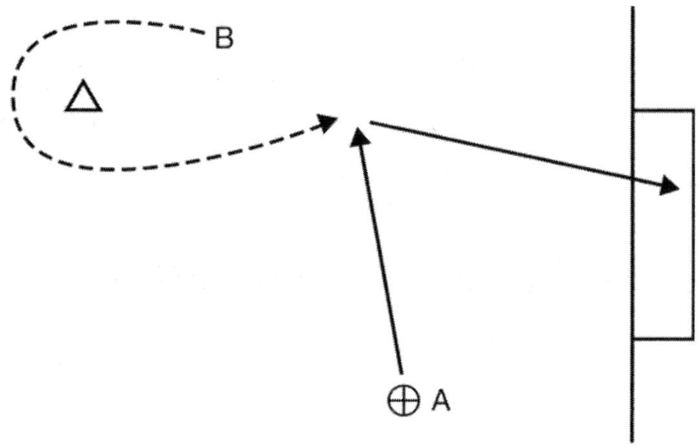

5) 수비와 선취경쟁과 슛

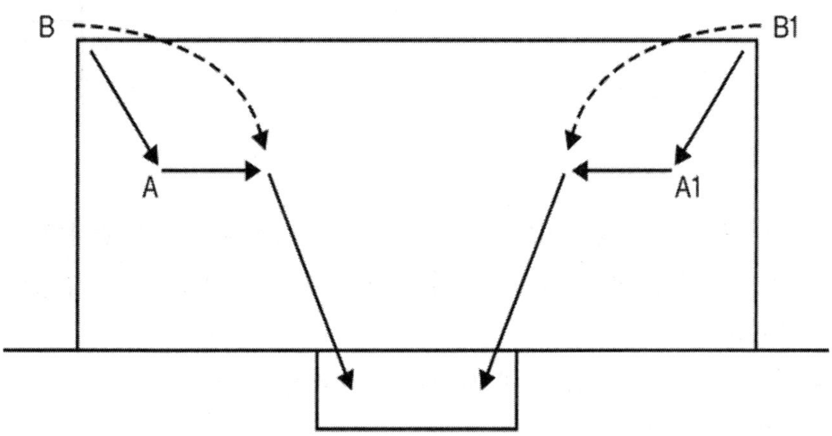

- 3인 1조, A는 대각선으로 B와 5m에 떨어져 있다. 페널티박스 안에 흐르는 볼은 누구의 볼도 아니다.

가장 빨리 볼에 도달하는 선수의 소유가 된다.

- B는 A에게 패스한 후 전력질주로 A의 패스를 한 번에 슛한다. 이후 맞은 편 페널티박스 귀퉁이로 옮겨가 같은 방법으로 슛한다.
- 골키퍼는 철저하게 막아내고, 20회 슛 중 득점수를 B에게 알려준다.
- B가 좌우 각 10회씩 슛한 후 A와 역할 교대.

6) 패스된 볼을 곡선 접근으로 따라 잡으면서 슛

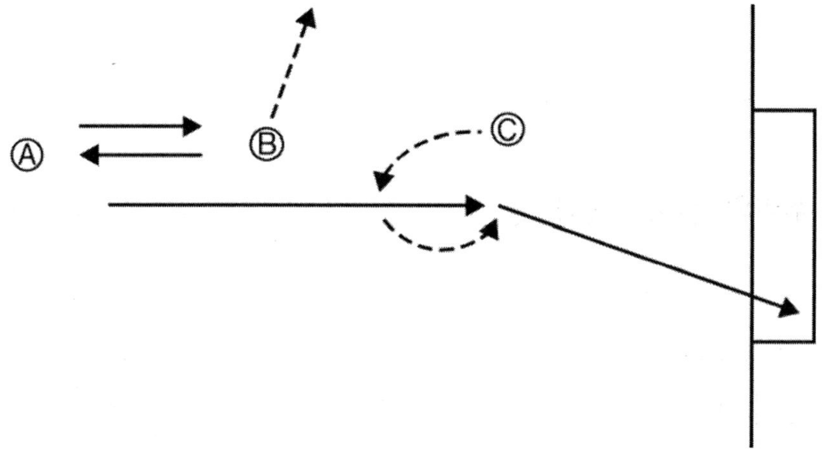

- 경기 중 이렇게 움직이며 슛하면 예상하지 못한 수비가 당황하게 된다.
- 4인 1조, B는 리턴 패스 후 패스 받아 슛할 수 있는 다른 장소로 움직인다.
- C는 A의 패스에 곡선 접근하면서 한 번에 슛한다.
- 좌우 20회 슛한 후 역할 교대.

7) 스위치 후에 슛

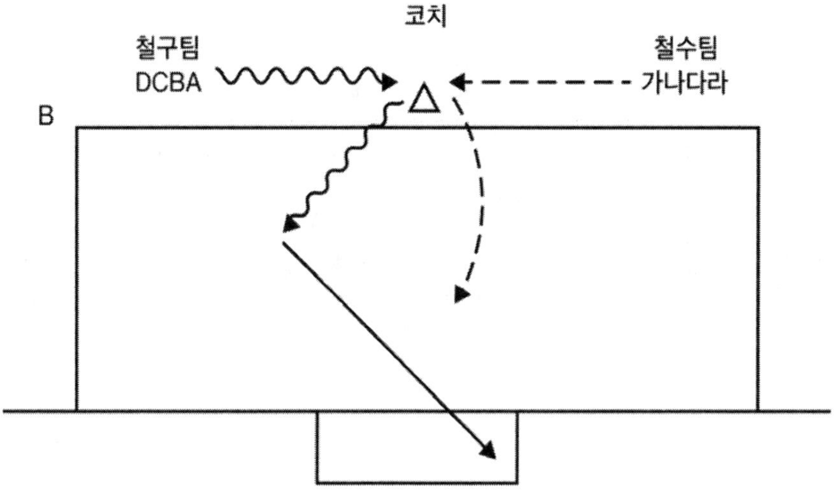

- 철구팀과 철수팀으로 나눈다. 이때 두 팀의 이름의 첫 글자는 같게 해서 골키퍼가 누가 슛할지 알기 힘들게 만든다.
- 한 쪽은 드리블, 다른 한 쪽은 러닝으로 서로 다가서서 콘 앞에서 교차하는 순간에 코치가 어느 한 쪽의 이름을 부른다.
- 이름이 불린 쪽의 선수가 슛한다. 반대 사이드의 네트를 노리고 슛한다.
- 슛하지 않는 선수는 튀어나오는 볼을 슛하기 위해 달려 들어간다.

– 스트라이커 파워 연습 메뉴 100 / 시미즈 히데토 / SRM / p.114

8) 90도 방향 전환 슛

- 4인 1조, A가 골라인과 평행으로 좌우로 달리면서 B와 C의 패스를 받아 슛한다.
- 스핀을 먹지 않은 인스텝과 인사이드로 슛할 때는 미리 디딤발의 방향을 결정한 후 그 방향으로 딛는다.

- 페널티박스 라인(16.5m) 위로 오가며 슛해도 좋다.
- 오른발 왼발 각 20회 슛하고 역할 교대.

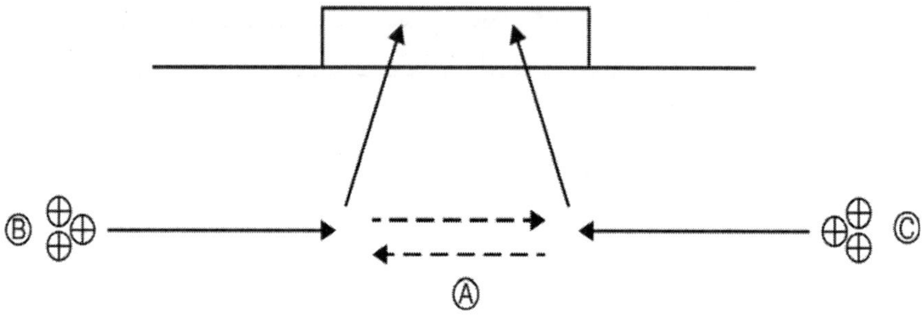

9) 방향 전환 슛

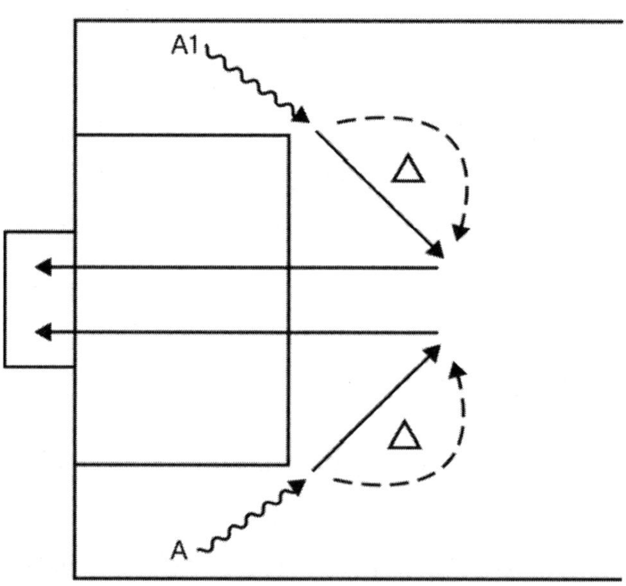

• A는 드리블 하다 콘 4~5m 앞에서 콘 안쪽으로 패스하고 바깥쪽으로 돌아 달리면서 슛한다.
• 이어 반대편 지역에서도 이렇게 슛한다.
• 이때 딛는 발의 방향이 양쪽 골포스트 사이로 향한다.
골문을 벗어나서는 안 된다.

10) 1명의 스트라이커가 3명의 패스 받아 슛

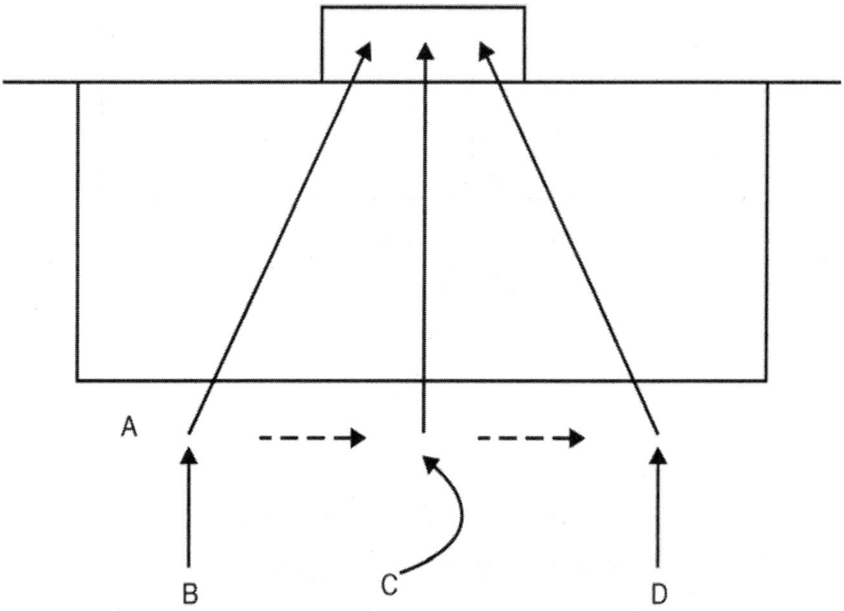

• A는 B의 패스를 오른발 인사이드로 돌려놓고 즉시 슛한다.
이후 C의 패스를 받기 위해 움직인다.
• C는 손으로 공중으로 던져주고, A는 온 몸을(손과 팔은 사용안 함) 사용하여 투 터치 슛한다. 가능한 발리 슛을 한다.
• D의 패스를 A가 왼발 인사이드로 돌려 놓고 신속하게 슛한다.

- 최대한 빨리 슛하고 슛한 후에는 전력질주로 다음 슛 장소로 이동한다. 이번에는 오른쪽에서 왼쪽으로 이동하면서 전처럼 슛한다.
- A가 18회 슛한 후 B와 역할 교대.

11) 킬러패스(스루 패스) 받아 슛

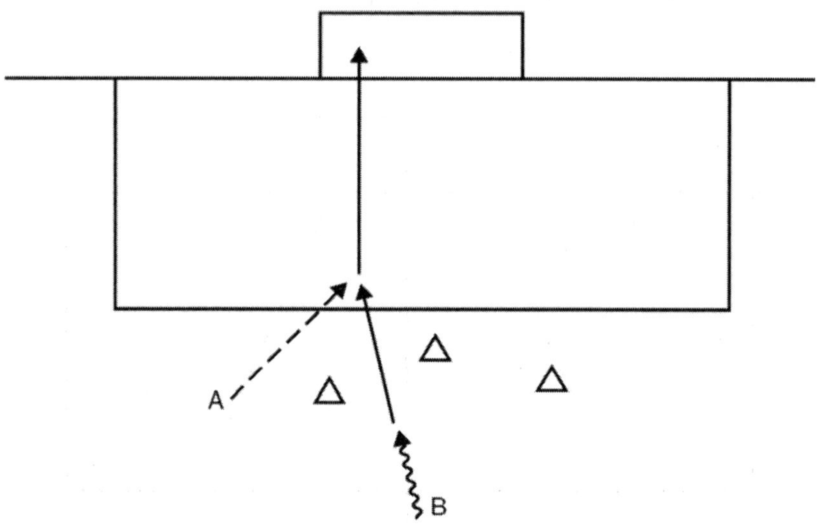

- 콘이 있는 곳에 선수 모형(마네킹)을 배치한다.
- 문전에서 침투패스(스루 패스) 받아 슛한다.
  스루 패스는 선수를 향하는 게 아니라 공간을 목표로 한다.
- 패스 받는 선수는 공간으로 지나는 패스에 최대한 신속하게 접근하여 슛한다.
- A가 미리 들어가 오프사이드 트랩에 걸려들어서는 안 된다.
  B가 킥한(패스한) 후에 오프사이드 지역에 들어가 볼을 잡으면 오프사이드가 아니다.
  축구의 경기 규칙에, 볼이 외주(68~70cm)만큼 움직인 후에 오프사이드 지역으로 들어가 패스 받으면 오프사이드가 아니다.

- B는 A가 3 방향으로 침투하도록 3 방향으로 골고루 패스 낸다.
- 21회 슛한 후 B와 역할 교대.

12) 원 터치 슈팅 게임

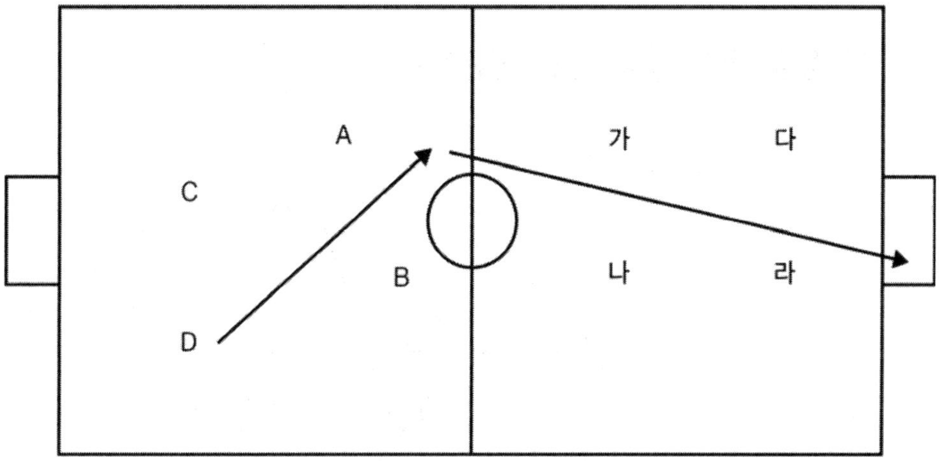

- 터치라인 40m, 골라인은 35m다. 연령에 따라 경기장 크기를 조정해도 좋다.
  4 : 4 경기를 한다. 5 : 5 경기도 좋다.
- 중앙선 밖에서 코치가 발로 볼을 차주고, 볼을 차지한 선수는 논스톱 슛한다.
- 논스톱 슛을 할 수 없는 상황에서는 동료에게 패스하고, 이 선수는 논스톱으로 슛한다.
- 양팀 선수는 움직이면서 자기 진영에서 상대의 슛을 방해하고 블로킹할 수 있다.
- 5분간 진행하고 득점이 많은 팀이 승리한다.

8 또 하나의 슛

1) 볼을 밀어 놓고 순간 접근하여 슛

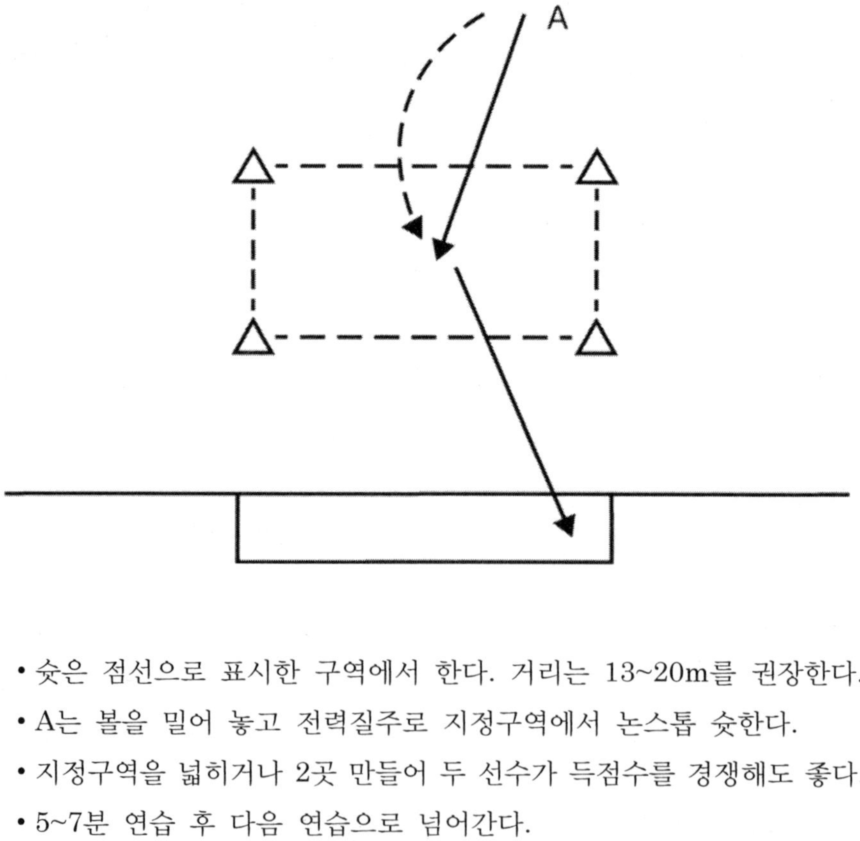

- 슛은 점선으로 표시한 구역에서 한다. 거리는 13~20m를 권장한다.
- A는 볼을 밀어 놓고 전력질주로 지정구역에서 논스톱 슛한다.
- 지정구역을 넓히거나 2곳 만들어 두 선수가 득점수를 경쟁해도 좋다.
- 5~7분 연습 후 다음 연습으로 넘어간다.

• 응용 : 익숙해지면 2~3번 리프팅하다 공중으로 차보내고 지정구역에서 발리 슛이나 하프 발리 슛한다.

2) 신속하게 콘 사이를 통과하고 슛

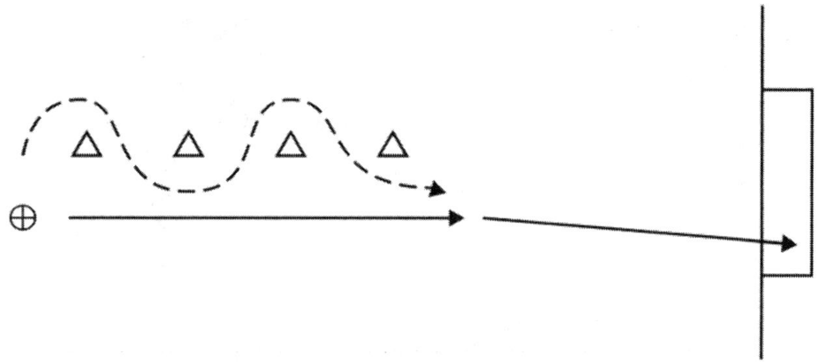

• 혼자 하는 슛 연습이다. 최대한 빠르게 콘을 통과한다.

• 발바닥이나 인사이드로 밀어 자신의 콘 통과 시간과 볼 도착시간이 일치하도록 한다.

• 최대한 신속하게 슛한다.

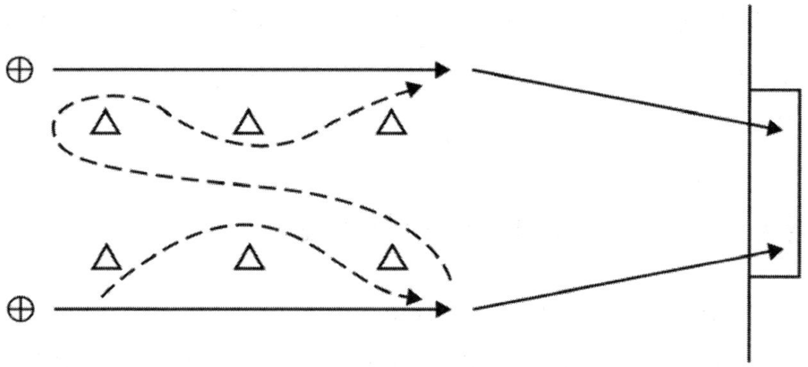

3) 지시하는 방향으로 드리블하다 슛

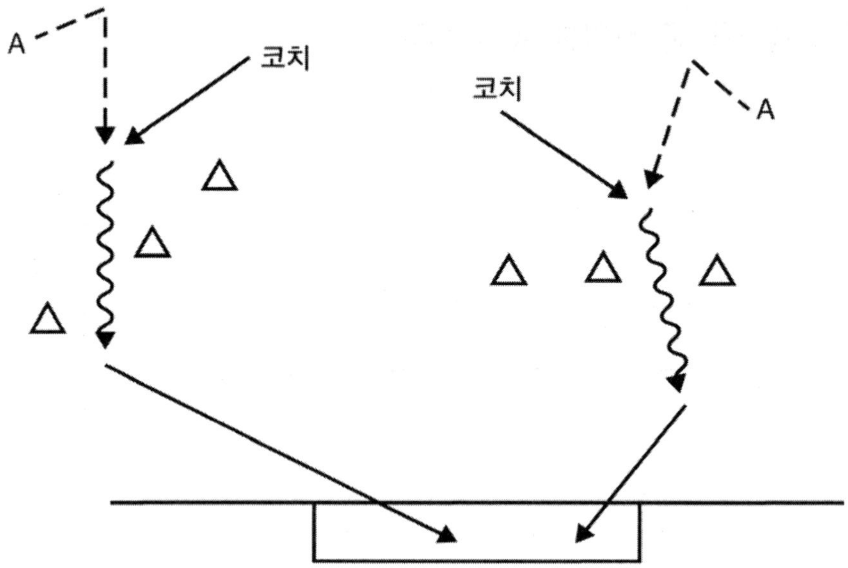

- A는 코치가 주는 패스를 향해 달려간다.
- 코치는 "오른쪽" 또는 "왼쪽" 등 방향을 말로 지시하고, A는 그 방향의 콘 사이를 드리블로 통과한다.
- 그대로 스피드를 살려 슛한다.
- 익숙해지면 코치는 패스를 던져주고, A는 발리 볼이나 하프 발리 볼을 한번 터치로 콘 사이로 빠져 나가 슛한다.
- 위치를 바꾸어 슛한다.

4) 볼을 흘려보내고 신속하게 다가가 슛

- 3인 1조, 슛하는 거리는 13~18m.
- A는 골문을 향해 보고 있고, B가 드리블하다 여러 가지 방법으로 A

에게 볼을 공급한다. A의 두 발 사이로, 오른발 바깥으로, 왼발 바깥으로 ……

- A는 볼에 순간 접근하여 슛하고 골키퍼는 철저하게 막아낸다.
- 30회 실행 후 역할 교대.

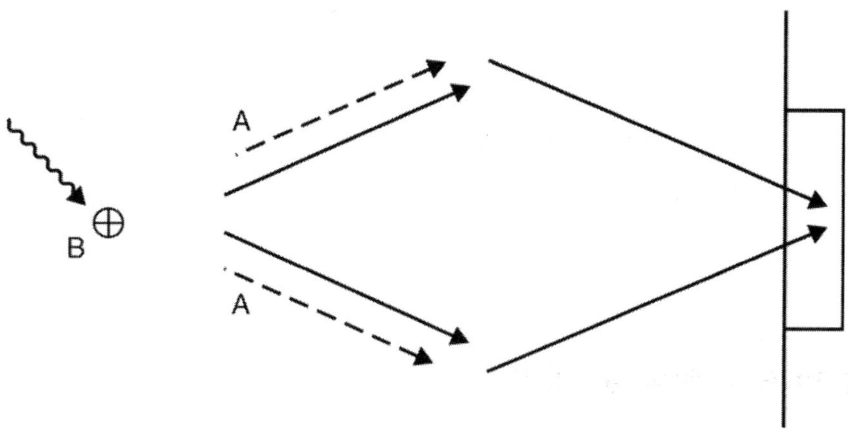

5) 미리 방향 선택 후 슛하기

- 2인 1조, 발의 다양한 부위를 사용하여 슛한다.
  슛하기 전에 미리 방향을 확고하게 정한 후 슛한다. 이게 핵심이다.
  의도한 방향으로 슛이 나아갔는지 확인한다.
- 슛하는 순서는 문전에서 가까운 줄부터 실행한다(7m).
  오른쪽 왼쪽 가운데 볼 순서로 슛한다.
- 볼에 곡선 접근하여 슛한다(콘이 가운데 놓여 있다고 가정하라).
- 가능한 신속하게 그리고 폭발적으로 슛하라!
- 경기 상황이라고 가정하라. 골키퍼는 철저하게 막아내고 득점수를 알려준다.

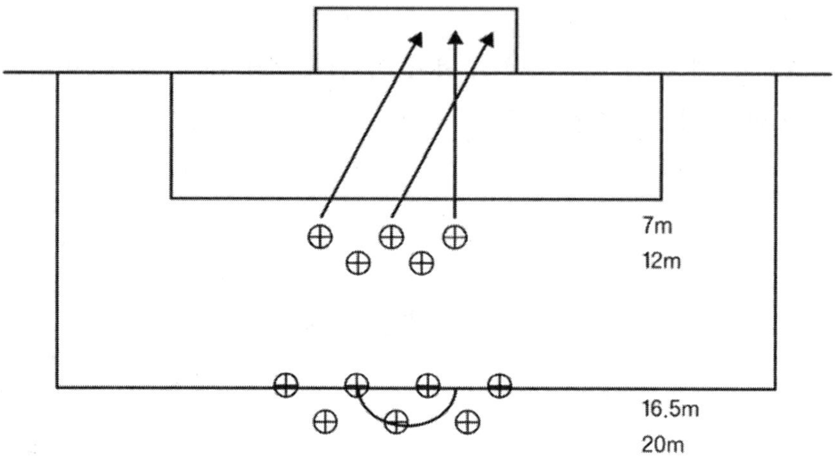

6) 반 박자 빠른 슛, 토우 슛

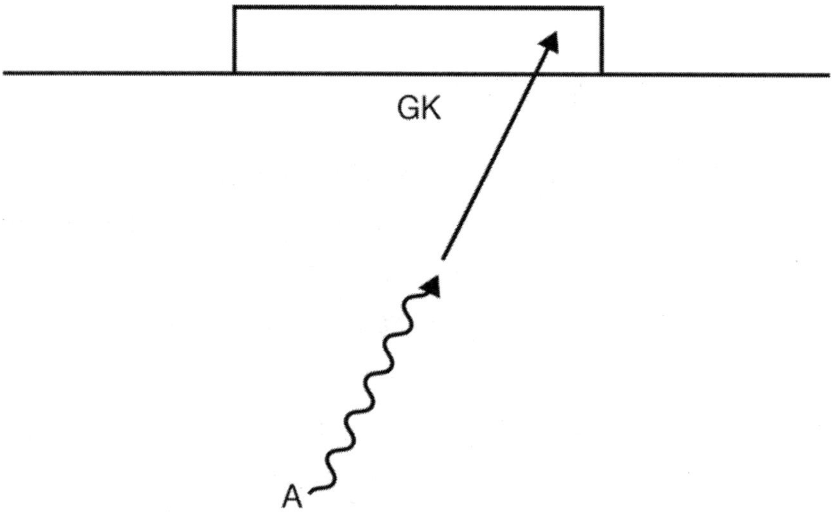

• 경기 중 이렇게 슛해야만 하는 상황이 있다.

• 골키퍼와 1:1 상황이다. A가 드리블 하는 도중 움직이는 볼은 두 발보다 적어도 30cm 이상 떨어져 있고 골키퍼가 뛰어 나오고 있다.

• A는 발끝(토우)으로 슛한다. 이 상황에서는 이게 최선이다.

• 응용 : 골키퍼가 몸을 날릴 때에는 골키퍼 머리 위로 넘기는 칩 샷을 한다.

7) 경기를 통한 실전적인 슛

• 이 연습의 목적은 크게 두 가지다.
하나는, 가능한 슛을 많이 하는 것이다.
또 하나는, 자신의 슛을 분석하여 해결 방법을 찾는 것이다.
슛 품질, 방향과 높이, 미리 선택하기 등을 통해 자신의 슛을 점검하고 분석하여 최적의 해결책을 찾아내는 것이다.

• 경기장은 정식구장의 1/2이다.
골대는 2개 사용하며 5:5 또는 6:6 경기를 한다.

• 골키퍼가 반드시 참가하고 철저하게 막아낸다.

• 보다 많은 슛을 하기 위해 오프사이드는 없다.
경기 상황으로 하려면 오프사이드를 적용한다.

Part Ⅵ

프로축구단을 찾고 있습니다!

1. 프로구단 대표이사 사장, 단장직을 제안드립니다!
2. 프로구단 '기획 경영팀장 겸 유스 담당'을 제안합니다!

K리그는 1983년 5월 8일 출범하여 2017년 현재 35번째 리그를 진행하고 있습니다. 그동안 프로축구연맹과 각 프로구단은 모두 열심히 일했습니다. 일정 부분 발전을 이루었으나 핵심적인 과제는 여전히 해결되지 않고 있습니다. 오히려 과거와는 달리 아시아의 일본 중국 호주 중동 등에 뒤지고 있는 형국입니다. 세계 경쟁력은 말할 필요조차 없습니다.

지금 K리그는 어떤 현실에 직면해 있나요? 리그 출범(1983년) 처음부터 지금까지 끈질기게 적자 경영, 팬들을 충족시키지 못하는 경기력과 관중 감소, 세계 경쟁력 있는 선수를 한 명도 길러내지 못하는 유스 시스템, 갈수록 어려워지는 스폰서 유치, 빠르게 야구 영화 등 다른 여가활동에 점점 시장을 뺏겨 가는 추세 등등 사람들이 'K리그 위기 상황'이라고 말하고 있습니다.

1983년 K리그 출범 이후 무수한 시도를 해왔습니다. 구단 사무국은 열심히 일해 왔고, 코칭스탭은 부지런히 선수 지도를 했습니다. 그러나 현실은 이러합니다. 원인이 무엇일까요? 새로운 방법, 새로운 시도가 있어야 변화가 일어납니다!

지금처럼 그리고 이전의 경영이념과 방법으로는 문제 해결이 불가능하다는 걸 현실이 보여주고 있습니다. "한국축구는 유럽에 비해 30년 이상 뒤져 있다."고 말하는 유럽 축구인들이 적지 않습니다. 지금 선택한 방향과 실천으로는 현재의 위기를 해결하지 못할 듯합니다. 현대경영학의 창시자 피터 드러커는 "마케팅과 혁신만이 수익을 내고 나머지는 소모되는 비용일 뿐이다."라고 지적하고 있습니다.

저는 지금까지 프로구단이 추진해온 방법과 다른 그리고 기존의 방법을 혁신한 방법을 많이 가지고 있습니다. 그동안의 한결같은 공부로 근원적인 문제 해결 방안을 가지고 있습니다. 요청이 있을 시 프로구단에서 프레젠테이션을 할 수 있습니다.

수행하고자 하는 직책은

1) 프로구단 대표이사 사장 및 단장

2) 기획 경영팀장 겸 기술고문 입니다.

1 프로구단 대표이사 사장, 단장직을 제안드립니다!

2017년 5월 3일, 신문을 읽다 문득 'K리그 프로구단에서 대표이사 사장이나 단장으로 많은 일을 할 수 있지 않을까?' 하는 생각이 일어났습니다. 그동안 이 분야를 공부하면서 준비해 왔습니다.

22개 K리그 구단의 사장과 단장의 임기는 온전하게 보장되어야 합니다. 이 제안은 임기가 끝나 공석이 되거나 여러 사유로 자진 사퇴할 경우에 해당하는 일이지요. 이 점 오해가 없기를 당부드립니다.

평소 K리그를 유심히 살펴보고 있습니다. 저 자신이 누구에게도 뒤지지 않는 경쟁력을 가지고 있다는 걸 발견합니다. K리그 구단이 해결해야 할 당면 과제와 중장기 목표를 해결할 수 있는 방안을 가지고 있습니다.

지면 관계로 몇 가지만 말씀드리면?

1) 구단 자립기금 조성 및 활용

목표한 자립기금을 적립해가면서 이자 수익(원금 적립)으로 4분야에 투자합니다. 새롭고 놀라운 효과가 발생하기 시작합니다. 초·중·고 유스팀에 최고 재능의 선수들이 스스로 찾아오기 시작하지요! 목표 적립기금이 조성되면 모기업이나 지자체의 도움 없이도 독립적으로 구단 운영이 가능합니다.

이걸 추진하는 구단 한 곳도 없어요.
구단 자립 기금 조성, 흑자 경영의 출발선이지요!

2) 월드 클래스 육성 시스템 적용

김기희(전북 현대) 선수의 이적료 70억원, K리그 이적료 기록입니다. 나쁘지 않습니다. 그러나 만족할 수도 없습니다. 지금부터 3년 안에(2년 7개월, 1년 9개월도 가능할 수 있지요) 해마다 매년 이적료 최소 200억 원 이상의 선수를 1명 이상 길러낼 수 없을까요?

현재 22개 K리그 프로구단은 이런 생각조차 하지 않고, 못하고 있습니다. 자신이 없기 때문입니다. 해낼 능력이 없기 때문이지요. 동시에 유럽 남미에 많이 뒤져 있는 지금의 유스 육성 시스템으로는 불가능합니다. K리그 유스 시스템이 너무나 낙후되어 있고, 유럽과 남미에 아득하게 뒤져 있습니다.

월드 클래스 선수 육성? 물론 가능합니다! 어렵지 않습니다!
오히려 이걸 못하고 있는 게 신기할 뿐입니다.

18세의 AS 모나코의 킬리안 음바페는 16/17 유럽챔스리그에서 7골을 기록, 팀을 4강에 올렸습니다. 레알 마드리드는 이적료 1억 유로(1,213억 원)를 배팅했습니다. 839억 원인 올해 대한축구협회의 예산보다 1.5배 많은 금액입니다. 이걸 어떻게 받아 들여야 할까요? AS 모나코에 2,400억 원이라는 거대한 이적료를 안겨주고 파리 생제르맹으로 이적했습니다.

그들이 했으니 우리도 할 수 있습니다. 단, 지금 같은 코칭 철학과 낙후된 프로 유스 시스템으로는 여전히 불가능합니다.

3) 세계적인 생활축구 모범도시(지역) 만들기

한국에는 이런 도시나 지역이 한 곳도 없습니다.
조기축구팀이 인조구장에서 경기하기가 무척이나 어렵습니다. 세계적인 생활축구 모범도시, 가장 효과적인 지역밀착형 마케팅이지요. 여기에는 많은 돈이 투자되어야 하나 이미 조달 방법을 가지고 있습니다. 달성해 가는 과정에서 그리고 성취한 후에 엄청난 시너지 효과가 창출됩니다. "스포츠에 1% 투자하면 환자가 3.4% 줄어든다."는 효과도 나타납니다. "생활체육의 천국"으로 평가받는 독일이 가장 많은 프로축구 경기 관중을 가지고 있는 건 우연이 아닙니다.

4) 메이저 스폰서와 계약이 이루어집니다!

지금 K리그에 광고하려고 하는 기업이 거의 없다시피 하지요.
K리그 타이틀 스폰서를 구하지 못해 몇 년째 계속 현대오일뱅크(권오갑 K리그 총재 회사)가 맡고 있는 실정이지요.

그러나 관중석 점유율이 70% 이상 되고(70~100%) 지역의 호응이 열렬하면 스폰서는 관심을 가지게 됩니다. 이 역시 어렵지 않습니다.

5) 관중석 점유율이 최소 70% 이상이 됩니다!

지금까지 이런 기록 가지고 있는 구단 있나요!

6) 무엇보다 지속적인 흑자경영을 이루어 내지요!

늦어도 3년 안에 가능합니다!
즉흥적이고 단편적인 계획으로는 불가능하고, 뛰어난 선수와 고객의 요구를 능가하는 서비스를 지속적으로 만들어내는 앞서 있는 시스템이 완비되어 있어야 가능합니다.

이 외에도 여럿 있지만 때가 되면 발표할 기회가 있을 것입니다.

이 글에 관심이 없는 분은 편안하게 지나가시면 되고, '이 사람이 할 수 있지 않을까? 한국축구 발전을 위해 내가 할 수 있는 일이 무엇일까?'라는 생각이 드는 분은 구단에 추천하거나 이 정보를 줄 수 있습니다.

구단 관계자가 읽으면 바로 저에게 연락(HP 010. 3776. 5935, 이메일 aw78kkh@hanmail.net)하셔도 좋습니다. 이 글을 구단 홈페이지에 그대로 올려주시면 나쁘지 않지요. 저도 올리겠습니다.

한국축구계에서 저보다 하루에 축구 공부를 많이 하고 있는 분이 얼마나 있는지 궁금합니다. 6종 7권의 축구전문서를 출간한 것이 하나의 예시입니다. 주위에서 한국 축구 역사 136년(1882~2017) 이래 축구전문서를 가장 많이 낸 사람이라고 하더군요.

(1) 1등 축구팀을 만드는 비결 / 김기호 / 도서출판 사람들 / 2017. 1. 25 / 15,000원
(2) 헤딩 / 김기호 / 도서출판 사람들 / 2014. 8. 1 / 18,000원
(3) 축구코칭론 / 김기호 / 두남 / 2009. 12. 29 / 22,000원
(4) 킥 오프 / 김기호 / 삼보출판사 / 2005. 5. 5 / 10,000원
(5) 신태용의 축구교실 킥 / 김기호 / 예림기획 / 2003. 3. 31 / 15,000원
(6) 축구 기초기술지도 상 하 / 김기호 / 금광 / 1992. 3. 31 / 각권 6,500원

그리고 2017년 6월 21일 이 책 「슈팅」을 탈고했고, 11월에는 출판될 것 같습니다. 이어서 바로 「프로축구 선수를 만드는 컨설팅」(가칭)을 집필할 계획입니다. 평생 축구에서 은퇴가 없듯이 저의 축구서적 집필 역시 멈추지 않을 것입니다.

저는 세계 최고 경쟁에 들어가 있는 축구경영자인 동시에 선수 지도 전문가입니다. 한국축구와 세계 축구는 계속 발전해야 합니다!

꿈꾸는 사람은 멈추지 않습니다.
인류 역사에서 꿈같은 이야기를 한 사람들이 꿈같은 업적을 이루어 왔습니다. 이제는 준비되었기에 계속 제안서를 보내고 찾아가고 대화할 것입니다. 언젠가는 프로구단에서 일하리라 확신하고 있으며 위에 제시한 과제를 성취, 전파하여 한국축구를 획기적으로 그리고 지속적으로 발전시키겠습니다.

한국축구를 세계 축구의 중심으로, 선수 대비 프로선수 수출국 세계 1위, 생활축구 모범국가 등 해야 할 일이 많습니다.

축구계에서 평생 은퇴는 없으며 세월 속에서 세계 첫째가는 축구 석학을 추구합니다.

2 프로구단 '기획 경영팀장 겸 유스 담당'을 제안합니다!

프로구단에서 어떤 일을 할 수 있을까요?
방대한 축구 분야 중에서도 보다 핵심적인 영역인 유스 육성과 구단 마케팅, 생활축구, 1군 경기력 향상에 초점을 맞추어 준비해 왔습니다. 새롭고 혁신적인 방안으로 모범사례를 계속 만들어가면서 한국 축구계에 전파하고자 합니다.

프로구단에서 아래와 같은 일을 할 수 있습니다.
요청 시 프레젠테이션이 가능하며, 적극 환영합니다.

1) 분야

(1) 유스 육성 및 프로 1군 경기력 향상

a. 유스 육성

가. 월드클래스 선수 육성 시스템 적용하여 고교 유스의 경우 늦어도 3년 안에 완성시켜 유럽 빅3(잉글랜드 스페인 독일)로 K리그 이적료 신기록으로 해마다 1명 이상 이적 가능함
나. 이전과는 차원이 다른 유스 육성 시스템 적용 및 전파

b. 프로 1군 경기력 향상

가. 코칭스태프에게 획기적인 평생교육 및 집단지성그룹 조력 제공
나. 이전보다 수준 높은 경기로 관중 배가 효과

(2) 구단 마케팅

a. 늦어도 3년 안에 흑자 경영 달성
b. '구단 자립기금' 적립으로 구단 자생력 만들기 사업 시작
c. 지금까지 K리그 구단이 시도하지 않은 다양하고 실현 가능한 방안 추진

(3) 생활축구

a. 프로구단 연고지를 세계 최고의 생활축구 모범지역으로 만듦.
b. K리그가 아직 시도하지 않은 가징 효과적인 '지역밀착 마케팅'임.
c. 구단 수익창출에 결정적인 역할을 함.
d. 획기적인 관중 배가로 스폰서 유치에 결정적으로 유리해짐.

2) 직책 : 기획 경영 팀장 겸 유스 담당

3) 예상되는 효과

(1) 구단 흑자 경영 달성

늦어도 3년 안에 가능합니다!

(2) 지속적인 유스 선수 유럽 이적

선수 1명 이적료가 구단 1년 예산을 능가합니다!

(3) 세계 최고의 생활축구 선진지

획기적인 구단 수익 창출과 관중 배가가 달성됩니다!

(4) 프로 1군 경기력 향상

이전과는 다른 관중석 점유율을 달성하여 대형 스폰서 유치가 이루어집니다!

(5) 한국 축구를 선도하는 프로구단

모범사례를 창출하여 계속 한국 축구계에 전파합니다!

4) 주문

위에서 말씀드린 그대로 제안자를 활용하는 프로구단은 두고두고 큰 업적을 이루어나갈 것입니다. 구단에서 저와 함께 하면 이전에 한 번도 만나지 못한 절호의 기회가 될 것입니다!

그동안의 공부를 실천하고자 프로구단을 찾고 있는 제안자를 타 프로구단보다 먼저 활용하여 세계적인 명문구단으로 도약하기를 권유드립니다.

함께 힘 모아 한국 축구를 성큼성큼 성장시키기를 희망합니다.

전화를 기다리고 있습니다!

노력하는 사람

반드시 이루리!

저 자 약 력

■ **김 기 호**

공주사범대학(현 공주대학교) 교육학과 졸업(1980. 2. 13)
공립 중고등학교 18년 2개월 재직
한국축구연구원 1대 원장(2010. 5. 2 ~ 2017. 3. 5) 역임

저서 : 7종 8권

(1) 슈팅 / 도서출판 두남 / 2017. 12. 5 / 20,000원
(2) 1등 축구팀을 만드는 비결 / 도서출판 사람들 / 2017. 1. 25 / 15,000원
(3) 헤딩 / 도서출판 사람들 / 2014. 8. 1 / 18,000원
(4) 축구코칭론 - 개정판 / 도서출판 두남 / 2015. 8. 10 / 22,000원
(5) 킥 오프 / 삼보출판사 / 2005. 8. 8 / 10,000원
(6) 신태용의 축구교실 킥 / 예림기획 / 2003. 3. 31 / 15,000원
(7) 축구 기초기술지도 上, 下 / 금광 / 1992. 3. 15 / 각 권 6,500원

* 한국축구 역사 136년(1882~2017) 이래 축구 기술전문서를 가장 많이 발간
* (1), (2), (3), (4), (5), (6)은 현재 시중서점과 인터넷서점에서 판매되고 있음

소속 : 한국축구연구원(수석연구원)

축구 카페 카페지기 : http://cafe.daum.net/soccos

발표(프레젠테이션)

(1) 포항 스틸러스 혁신 방안 / 2014. 6. 25 / 포항 스틸러스 사무국
(2) 대구 FC 중장기 발전 방안 / 2016. 9. 9 / 대구 FC 사무국 / 대구스포츠기념관
(3) 그 외 다수

발표한 글

(1) 김기호의 축구 이야기 / 영남스포츠신문사 / 주 1회 연재(2003. 4. 23~2004. 9. 22)
(2) 지금 한국축구에서 희망 찾기 / 쿨투라(종합 문화예술 계간지) 2009년 가을호
(3) 경북 경산시를 세계 최고의 생활축구 모범도시로 만들기 / 경산시 기획담당실 / 2006. 9. 27
(4) 그 외 다수

슈 팅

초 판 1쇄 발행 —— 2017년 12월 5일
초 판 2쇄 발행 —— 2018년 7월 25일
지은이 —— 김 기 호
펴낸이 —— 전 두 표
펴낸곳 —— 도서출판 두남
서울시 강동구 성내로6길 34-16 두남빌딩
신 고 : 제25100-1988-9호
TEL : 02) 478-2065~7, 2311
FAX : 02) 478-2068
E-mail : dunam1@unitel.co.kr
http://www.dunam.co.kr

정가 20,000원

ISBN 978-89-6414-763-4 13690